FILOSOFIA DA CIÊNCIA CONTEMPORÂNEA

FUNDAÇÃO EDITORA DA UNESP

Presidente do Conselho Curador
Herman Jacobus Cornelis Voorwald

Diretor-Presidente
José Castilho Marques Neto

Editor-Executivo
Jézio Hernani Bomfim Gutierre

Conselho Editorial Acadêmico
Alberto Tsuyoshi Ikeda
Célia Aparecida Ferreira Tolentino
Eda Maria Góes
Elisabeth Criscuolo Urbinati
Ildeberto Muniz de Almeida
Luiz Gonzaga Marchezan
Nilson Ghirardello
Paulo César Corrêa Borges
Sérgio Vicente Motta
Vicente Pleitez

Editores-Assistentes
Anderson Nobara
Henrique Zanardi
Jorge Pereira Filho

ROLAND OMNÈS

FILOSOFIA DA CIÊNCIA CONTEMPORÂNEA

Tradução de
Roberto Leal Ferreira

4ª Reimpressão

Copyright © 1994 by Édition Gallimard
Título original em francês: *Philosophie de la science contemporaine.*

Copyright © 1995 da tradução brasileira:
Editora UNESP da Fundação para o Desenvolvimento
da Universidade Estadual Paulista (FUNDUNESP).

Praça da Sé, 108
01001-900 – São Paulo – SP
Tel.: (0xx11) 3242-7171
Fax: (0xx11) 3242-7172
www.editoraunesp.com.br
www.livrariaunesp.com.br
feu@editora.unesp.br

Dados Internacionais de Catalogação na Publicação (CIP)
(Câmara Brasileira do Livro, SP, Brasil)

Omnès, Roland
 Filosofia da ciência contemporânea / Roland Omnès; tradução de Roberto Leal Ferreira. – São Paulo: Editora UNESP, 1996. – (Biblioteca básica)

 Título original: Philosophie de la science contemporaine.
 ISBN 85-7139-120-3

 1. Ciência – Filosofia 2. Ciência – Filosofia – História
 3. Ciência – História I. Título. II. Série.

97-3350	CDD-306.4

Índice para catálogo sistemático:
 1. Ciência: Filosofia: História   501

Editora afiliada:

SUMÁRIO

9 Advertência

11 Agradecimentos

13 Prólogo

Primeira parte: A herança

27 **Capítulo 1**
   A lógica clássica
   Pitágoras e o pária   Platão e o Logos   A lógica de Aristóteles e de Crisipo   Os paradoxos   Acerca de duas noções úteis   Os universais

45 **Capítulo 2**
   A física clássica
   A astronomia, de Hiparco a Kepler   Os primórdios da mecânica   A dinâmica de Newton   Ondas no éter   Os primórdios do eletromagnetismo   A virada das equações de Maxwell

71 **Capítulo 3**
   As matemáticas clássicas
   As matemáticas clássicas   Rigor e profusão no século XIX   As matemáticas e o infinito

87 Capítulo 4
A filosofia clássica do conhecimento
Francis Bacon e a experiência   Descartes e a razão
Locke e o empirismo   Digressão: as ciências cognitivas
O pragmatismo de Hume   Kant

Segunda parte: A ruptura

107 Capítulo 5
As matemáticas formais
A era do formalismo   A lógica formal   Símbolos e conjuntos
As proposições   Acerca da verdade   Domar o infinito
As matemáticas de hoje   A crise da teoria dos conjuntos
O teorema de Gödel

133 Capítulo 6
A filosofia das matemáticas
Que são as matemáticas?   O realismo matemático
O nominalismo   O sociologismo matemático   As matemáticas
e a realidade física

151 Capítulo 7
A física formal
O século da física formal   A relatividade   A teoria relativista da
gravitação   A pré-história dos átomos   A física clássica de
espartilho   Assassinam a física clássica   A colheita dos resultados

175 Capítulo 8
A epistemologia da física
Por que a interpretação?   O princípio de complementaridade
A redução da função de onda

Terceira parte: Retorno do formal ao visual: o caso quântico

191 Capítulo 9
Entre lógica e física
O esboço de um programa   A lógica do senso comum
A dinâmica clássica e o determinismo   Com o auxílio de um anjo
Os rudimentos da língua quântica   As histórias   O papel das
probabilidades   A lógica do mundo quântico
A complementaridade   Uma lei lógica da física

213 Capítulo 10
   As pazes com o senso comum
   O mundo em grande escala   A lógica do senso comum
   O determinismo   Um primeiro balanço filosófico

225 Capítulo 11
   Das medidas ao excesso
   O lancinante problema das interferências   A decoerência   A teoria da medida   A redução da função de onda revisitada
   A questão da verdade   A escâncara

Quarta parte: Inventário e perspectivas

245 Capítulo 12
   Um novo começo
   Um primeiro inventário   Uma filosofia que se inicia   A tentação religiosa e o sagrado

255 Capítulo 13
   Que é a ciência?
   A ciência como representação   De algumas espécies de leis
   As transformações da ciência   Thomas Kuhn   A questão do realismo

271 Capítulo 14
   O método
   Um método para julgar, não para construir   Que método?
   Um método de quatro tempos   As características dos quatro tempos   A lição das tentativas abortadas   Método e ciências humanas   Coerência e beleza   A flexibilidade dos princípios
   A coisa do mundo melhor partilhada

287 Capítulo 15
   Perspectivas fugidias
   A teoria do conhecimento   O Logos   A instauração
   Fundar a ciência

301 Glossário

311 Índice dos nomes

317 Índice das noções

ADVERTÊNCIA

Este ensaio tem um fio condutor já anunciado em A *grande instauração* de Francis Bacon: os princípios da ciência estarão, um dia, tão próximos do coração e das entranhas das coisas, que se tornará possível remodelar sobre eles a filosofia. Moderemos estas palavras, falando apenas de filosofia do conhecimento, e, em contrapartida, fortaleçamo-las, dizendo que o dia anunciado chegou, e eis resumido este livro.

Trata-se, também, de sair pela força, por cima, de uma crise atual da epistemologia. Crise existe, com efeito, pois, ao contrário da história dos conhecimentos, hoje florescente, a reflexão filosófica sobre a ciência está perdida – ou estagnada. Os autores em moda só conseguem ver nesta crise incertezas, paradigmas sem princípios duradouros, ausência de método e revoluções erráticas, no momento mesmo em que seria preciso, pelo contrário, dar conta plena de uma ciência cuja extensão e coerência ultrapassam em muito tudo o que veio antes. Para compensarmos essa insuficiência, contamos apenas com autores mais antigos, sem dúvida mais sábios, mas que não podem oferecer o antídoto necessário, pois sua ciência já não é realmente a nossa. Ela evoluiu demais.

A origem dessa crise está, sem dúvida, ligada a um acontecimento que parece não ter sido corretamente avaliado por ninguém: a irrupção irresistível do formal em algumas ciências fundamentais, como a lógica, as matemáticas e a física. Com isso, elas se tornam quase impenetráveis. Não é preciso procurar alhures o porquê das renúncias ou das aventuras de demasiados comentadores, nem dessa perplexidade do homem comum, que já não sabe de que se está falando.

Boa parte deste livro acompanha a história dessa ascensão rumo ao formal e mostra a sua necessidade, tanto nas matemáticas quanto nos fundamentos da relatividade e da física quântica, nas teorias, por assim dizer, de tudo o que constitui o universo, espaço e partículas. Outra parte mostra, em compensação, como desatar esse formal e nos desfazer dele energicamente. Um exemplo disso nos veio recentemente de certos progressos na interpretação da mecânica quântica. Vimos ali se dissolverem grande número das dificuldades a que continuava impossível nos acostumarmos, mesmo nessa área em que, mais do que em qualquer outra, os princípios da filosofia vêm chocar-se com os da natureza. A chave do problema só apareceu lentamente, graças a trabalhos especializados, mas isso para, retrospectivamente, revelar-se muito simples: os princípios a que a ciência chegou bastam, atualmente, para recuperar o senso comum, para, por assim dizer, demonstrá-lo, ao mesmo tempo que para estabelecer os seus limites e os de certos "princípios" filosóficos que deles provêm. Assim, apesar do formal, a ciência traz consigo uma teoria do conhecimento que voltou a ser transparente, para dizer como o homem compreende o mundo.

Chegará isso até uma filosofia do conhecimento, pela qual se alcance a própria natureza do Real? Não sabemos, ainda que possa parecer que ela se esboce, pois ainda apenas a sonhamos.

AGRADECIMENTOS

Aqueles e aquelas que me inspiraram, ajudaram ou corrigiram este trabalho ao longo do tempo são demasiado numerosos para que possa nomeá-los a todos. Assim, agradecerei aqui apenas a Liliane, minha esposa, cuja paciência se prolongou por muito mais tempo do que o exigia a redação destas não muitas páginas: todos esses longos anos que vão tão longe e que passei tentando compreender.

PRÓLOGO

Estávamos no inferno, ou melhor, no Hades. O lugar é agradável, e nele entrara por acaso. A pergunta de Cérbero, "Quem és tu?", deixara-me primeiro confuso, mas tive a sorte de responder: "Um filho de Pã". O raciocínio era inatacável: Pã gerou os sátiros, que fizeram todo o necessário, copiosamente, para também eles gerarem, e um simples cálculo de probabilidades me garantia que descendo deles. Cérbero logo viu que eu não estava mentindo, e eu entrei, sem beber a água do Lete. Essa rara circunstância é que me proporcionou estar ali, para falar de um mundo de que, saudoso, não me esquecera. Que reunião!... Só filósofos, todos pré-socráticos, os mais ávidos de saber que jamais houve...

"Conhece-se a forma da Terra?", perguntou um. Respondi que é uma esfera, e Parmênides sorriu, ao passo que Heráclito se inquietava ainda mais. Sucederam-se, então, tantas perguntas, prementes, vivas, que não posso lembrar-me de todas elas. Respondi a Heráclito que o Cosmos muda sem cessar, mas teve um nascimento; a Anaximandro que este mundo é infinito, que o homem realmente nasceu de outras criaturas e que há uma só vida em perpétua evolução, descrevi para Leucipo os átomos e seus encaixes de partículas. Pitágoras ouviu ser confirmado que tudo é regido pelo número e que as leis da *physis* são matemáticas.

"Matemático, disse-me ele, és um iniciado?

– Muitos de nós o são, atualmente", respondi desaforadamente.

Não sei quanto tempo durou aquilo, e me sentia exausto. Fez-se então um longo silêncio, repleto de meditações, que Demócrito foi o primeiro a romper. "Assim, disse ele, com um tal saber, a humanidade possui a filosofia. Estarei enganado?", acrescentou ele em seguida, certamente pelo meu jeito embaraçado. Tentei fazer boa figura, e lhes falei do planeta invadido pelas técnicas, da humanidade proliferante e da busca em que estamos dos valores que permitiriam dominar uma situação sem precedentes. Vi alguns sorrirem e o rosto de muitos se fechar. "E os deuses?", perguntou-me um deles. Fiquei calado.

Foi então que começou o interrogatório, e aqueles lugares me pareceram menos acolhedores. Meus juízes interrompiam-se muitas vezes para discutirem energicamente entre si, mas premiam-me cada vez mais. Toda vez que eles falavam de ética, sentia-me desarmado, e logo eles cessaram de levantar o assunto. "Um Bárbaro, ouvi eu, talvez até um escravo ou um trabalhador especializado." Aí, eu me zanguei. "Sim, um trabalhador especializado, como somos todos atualmente, e é porque há quatro séculos questionamos a natureza pela experiência, com nossos aparelhos de trabalhadores especializados tanto ou mais do que com nossa inteligência, que sabemos tantas coisas. Vou até lhes dizer por que temos dificuldade de compreender nosso próprio saber. Talvez, então, vocês nos ajudem.

"As ciências começaram entre nós como começaram em Metaponto, quando os discípulos de Pitágoras dividiram a imensa curiosidade do mestre em estudos particulares, preocupando-se alguns com a música, outros com as matemáticas, com a medicina, com os vegetais, com os meteoros e com a substância do mundo, com tudo. Somos especialistas, e esta é a nossa força e a nossa maldição; até nossos filósofos o são." Os olhos que me observavam não mostravam indulgência. Assim, acreditei dever acrescentar: "Mas estamos reagindo".

"Assim, prossegui, neste momento mesmo, talvez tudo esteja mudando. Nossos peritos estão aproximando-se, ouvindo-se uns aos outros, e cada um se faz ora professor, ora aluno. É como se o espírito buscasse a sua unidade. Nosso saber é tão imenso e há tantos homens na pesquisa, hoje em dia, que as ciências particulares se fundem. Em toda parte, as pessoas estão voltando-se para as fronteiras ainda inexploradas em que os especialistas se encontram, espantados de se verem juntos ali. Constituem-se grupos vindos de famílias diferentes e, embora por necessidade, Agamenon trabalha com Príamo; banqueteiam-se juntos, tão abundante é o alimento.

– Evoé! disse alguém, que acrescentou: Mas por que somente agora?

— Bem sabem vocês, sábios, que os homens não conduzem seu destino e que se algo acontece, esta aproximação, por exemplo, isto se deve à força das coisas. Se ela está se passando agora, é porque um acontecimento inaudito acaba de ocorrer: acabamos de descobrir que a ciência é um todo. Não sorriam, talvez vocês o soubessem, mas só por instinto, pelo desejo. Nós, porém, estamos saindo do estilhaçamento.

Deixem-me usar uma imagem para lhes dizer o que aconteceu. Imaginem a realidade (o Cosmos, a *physis*, pouco importa o nome) dividida em lotes pequenos, cada um dos quais sendo inicialmente a propriedade de uma ciência particular. Todas escavavam, e cada uma delas descobria raízes que chamava de leis, suas leis próprias. No começo, foi uma confusão inextricável, onde nada era mais grosso do que um dedo, mas continuou-se a cavar, e viram-se pequenas raízes que se juntavam, se reuniam em raízes mães, poderosas, que iam de uma ponta a outra do campo. Ei-las, então, que ignoram as fronteiras do cadastro de terras e se prolongam pelas raízes do vizinho. Vemo-las formarem agora uma trama harmoniosa, incompleta, sem dúvida, mas sem nenhuma ruptura. Não, Protágoras, não se trata apenas do fruto da vontade humana, mas de algo diferente: o Real, o Ser talvez, que, em si, se ordena a si mesmo diante de nossos olhos.

Desde quando, perguntam-me vocês? Já faz algum tempo que isso se preparava. Assim, há mais de sessenta anos que a física e a química sabem que compartilham, em seus fundamentos, leis idênticas. Faz muito tempo, também, que a biologia se deixa penetrar pela química e até pela física. Mas mal passou o tempo de uma geração desde que vimos despontar a unidade, que é uma harmonia, e não a redução aos meros elementos; isso foi ontem, pelo relógio do pensamento, o tempo justo para que as mentalidades mudassem e para que nos situássemos e distinguíssemos onde estávamos.

— O Uno... disse sonhadoramente Parmênides. Assim, ele vem a vocês sem que precisem invocá-lo ou proferi-lo. Felizes mortais, que compartilham essa integridade e podem apreendê-la pelo espírito.

— Felizes as cidades que dispõem de filósofos — disse alguém que acabava, sem dúvida, de acordar — pois têm boas leis."

Fizeram que se calasse, mas sua intervenção apenas aumentara o meu mal-estar.

"Pois bem, disse eu, é justamente isso que não compreendemos mais."

Fez-se um clamor geral de reprovação, que Demócrito interrompeu para dizer:

"Como é possível? Agora vocês sabem. Vocês têm, então, na mente a ideia clara, a imagem exata das coisas, como eu já a tinha no caso dos átomos. Nada, portanto, lhes pode ser mais fácil do que partilhá-la com as palavras. Explicar o cosmos, compreender não é isso? Que os impede de fazer isso?

– Deixem-me tentar explicá-lo, e para tanto eu lhes contarei uma observação que um amigo me fez: 'Nada, dizia ele, a não ser a preguiça, impede que um físico compreenda as ideias diretrizes da biologia, mas, para mim, biólogo, nada é mais obscuro do que as da física ou das matemáticas atuais'. O que ele dizia naquela ocasião, muitos outros o sentem, e talvez os filósofos mais do que ninguém. Se esse amigo se interessa tanto pela física, é porque tem consciência de que as leis que nela se encontram são, por assim dizer, as mais próximas das entranhas das coisas (sem que ninguém fale em reduzir alguma ciência a outra). Qual é, pois, o obstáculo para ele? Não pode ser uma diferença na forma de inteligência, embora às vezes se fale de cabeças "literárias" e "científicas", o que dispensa de refletir. Seria porque certas ciências, nisto semelhantes à música, só são adquiridas com pouca idade, ou porque seu estudo exige tempo demais? Não, não é isso, e, Demócrito, ao ouvir você, podemos ficar pensando se os próprios físicos compreendem a sua ciência ou se têm com ela apenas uma longa familiaridade. Eles nunca têm no espírito essa imagem totalmente clara de que você fala: podem ter uma imagem, mas parcial, cenas fragmentárias que se recobrem, vínculos intuitivos, mas não uma visão completa."

Demócrito pareceu chocado.

"Como! Vocês não veem em espírito os átomos?

– Não. Tento sem nenhum sucesso imaginá-los, mas só as matemáticas permitem realmente exprimir os conceitos e as leis da *physis*. Isso não será uma surpresa para Pitágoras, mas creio entrever que ele diria a mesma coisa que você acerca das matemáticas e do número: que compreender, nessas ciências, consiste também em ter uma ideia clara na mente, uma representação nítida, e que a prova só tem como objetivo garantir a sua correção. Também neste caso, nós diferimos.

Há pouco lhes falei de um recente acontecimento favorável, mas um outro, menos promissor, o precedera e quase o anulara antecipadamente, poder-se-ia dizer. Embora ele tenha tido alguns signos que o prenunciassem, foi quase abrupto, pois durou apenas dois quartos de século, um no século XIX, outro no XX. Três ciências intimamente ligadas, a lógica, as matemáticas e a física, sofreram uma mutação quase que ao mesmo tempo. Sem obedecerem a uma mesma causa, todas três passaram do visual, do representável, ao formal, ao abstrato sem imagem. Que a lógica se tenha tornado puramente formal, vá lá, pois ela sempre o fora, sem admiti-lo. As matemáticas, por seu lado, descobriram que, no fundo, não tratam de nenhum objeto, mas apenas das relações puras, independentes de qualquer conteúdo específico, de modo que atualmente elas não têm mais nenhum contato maternal com a realidade. Quanto à física, ela padeceu mais uma vez a força das coisas. À medida que íamos penetrando na natureza do espaço e do tempo, e na dos átomos, íamos descobrindo que os únicos conceitos firmes nos quais podíamos nos apoiar não eram mais 'visíveis', 'dizíveis', mas eram, na realidade, de natureza quase puramente matemática.

– Está dizendo, interrompeu-me alguém, que a física, para se aprofundar, para melhor atingir o cosmos e os elementos, teve de se apoiar mais nas matemáticas, justamente quando estas rompiam as amarras com a realidade?

– Sim, é isso, embora, para dizê-lo mais exatamente, fosse preciso falar também de experiências, de intuição. Assim, muito poderíamos dizer acerca do método das ciências, mas alguns de nós estão tão desconcertados, ou são, talvez, tão perversos, que já não acreditam que haja um método. Outros propõem que a ciência é apenas um reflexo de uma *episteme* de seu tempo, que ela passa por revoluções que a mudam totalmente ou que não passa de um consenso entre os homens. Que filósofo poderia encontrar seu caminho nessa conjuração de abandonos e, por vezes, de inépcias?

– Acalme-se, disse-me o bom Parmênides, essas pessoas estão só impacientes demais para aguardarem que os enigmas se resolvam no devido tempo. Veja que nós mesmos tivemos de ter paciência. Diga-nos, então, o que se passa com as matemáticas e com a física de seu tempo, já que elas parecem preocupá-lo.

– Pois bem, respondi eu, é mais ou menos o seguinte. Nossa matemática está hoje totalmente voltada para o formal, para o manejo dos signos, para conceitos que se escalonam por meio de axiomas irrepresentáveis. Suas estruturas têm como armação uma lógica igualmente formal. A física, por sua vez, encontrou seus objetos primeiros: o espaço-tempo e as partículas constitutivas da matéria, mas tem de pagar um alto preço por isso: seus conceitos fundadores e seus princípios são também eles irrepresentáveis aos olhos do espírito."

Novamente entusiasmado, exclamei:

"Nossas ciências assemelham-se ao cego Homero e, como ele, porque cegas, estão abertas a todo o cosmos.

– Então, elas são loucas como Homero, e como você, com seu lirismo barato, interrompeu Heráclito. Afinal, também eu sou chamado de o Obscuro. Por que haveria só uma maneira de compreender? Já pensou nisso?

– Sim, alguns começam a fazê-lo, respondi, hesitante. Eles se perguntam se essa opacidade de algumas ciências fundadoras é ou não irremediável, e se não é possível 'compreender' de modo diferente do que sempre se compreendeu. Alguns trabalhos recentes parecem, até, indicá-lo. Eles dizem respeito à mecânica quântica, a qual é, por assim dizer, a ciência das leis primeiras da matéria, e a mais altamente formal. Esses trabalhos foram realizados por seus autores sem preocupação com nenhuma implicação filosófica e só pretendiam esclarecer diversos pontos da teoria. Pode ser, porém, que eles tenham desembocado, inopinadamente, poder-se-ia dizer, no que ninguém esperava e que seria isso de que você falava: uma outra maneira de compreender.

– Uma ciência normalmente traz consigo alguns conhecimentos, mas como pode afetar também a natureza desse conhecimento e modificar a nossa maneira de compreender?, perguntou uma voz impaciente.

– Correto, disse eu, é preciso recuar um pouco e considerar o que estava em jogo do ponto de vista de uma filosofia do conhecimento. É importante saber que a mecânica quântica se baseia em alguns princípios bem definidos. Eles foram inicialmente descobertos com base em alguns dados experimentais, mas suas consequências, a partir daí, foram imensas. Provocaram uma refundação das ciências físicas como um todo, e foram muitas vezes reverificados em circunstâncias totalmente novas. Eles são, também, portadores de uma tal harmonia, que parece que com eles atingimos colunas inexpugnáveis. São formais, porém, como lhes disse, ou seja, os conceitos essenciais que deles participam estão mais próximos das matemáticas do que de qualquer coisa que nossos olhos possam ver ou nossa imaginação representar: é o caso das funções de onda que nela aparecem, e isso não é o pior. As leis da física apoiam-se, evidentemente, nesses conceitos, e o que elas exprimem das propriedades

da matéria é expresso, por sua vez, em regras matemáticas. Nenhuma ciência, pois, poderia ser mais formal.
- Seja, mas o que tem isso com a filosofia?
- Acontece que essas leis novas e tão bem estabelecidas negam radicalmente outros princípios, filosóficos desta vez, que desde sempre eram tidos como universais. Refiro-me à inteligibilidade (representar-se o que existe), a localidade (toda coisa tem um lugar), a causalidade (todo efeito tem uma causa eficiente) e alguns outros."

Ao dizer isso, via os rostos darem mostras de inquietação, e só Heráclito parecia alegrar-se. Demócrito, por seu lado, parecia aterrado, e foi com uma voz emocionada que ele perguntou:

"Mas o que foi feito para evitar isso?
- Um grande homem, Niels Bohr, pôs ordem em tudo isso. Mas a que alto preço! Não restabeleceu o senso comum, nem sequer os princípios que lhes parecem naturais, mas sim ergueu barreiras seguras para além das quais era preciso proibir-se de pensar: isso permitiu evitar as aberrações filosóficas de que falamos. Assim, dizia ele, não poderíamos falar dos átomos para afirmarmos onde estão ou como se movem, nem sequer dizer alguma coisa acerca deles que não se reduza a formas matemáticas prescritas. Os filósofos, evidentemente, queriam atravessar essas barreiras, alguns físicos também, mas todos os seus esforços para ultrapassar o limiar proibido, para forçar sua visão para além dele acabaram fracassando. Falou-se graciosamente de um Real encoberto para expressar esse recuo do manto das coisas diante do toque do espírito.

Foi só muito recentemente que se conseguiu contornar os interditos de Bohr. Alguns se perguntavam o que fora realmente realizado, e, no começo, os próprios autores que haviam contribuído para aquilo não entenderam o que haviam feito. Foi preciso assumir certo recuo. Percebeu-se, então, que as ferramentas formais que haviam sido empregadas só forçaram a passagem graças a um abalo epistêmico, a uma verdadeira reviravolta da ordem dos conhecimentos.

- Mas e daí? disse uma voz impaciente.
- O primeiro passo consiste em reconsiderar os papéis respectivos das leis e da percepção dos fatos. Ao passo que normalmente se admitia que a ciência só procede pela experiência, ato puro, visível e facilmente contado pelas palavras, para desembocar em princípios que, apesar de sua opacidade, são apenas, afinal, um resumo sintético dos fatos, agora não se hesita em derrubar tudo isso e em mudar o ponto de partida.

Esses princípios, dirão, são hoje mais seguros e mais firmes do que tudo o que a visão e mesmo as palavras podem alcançar.

— É lógico isso? perguntaram, então.

— Justamente, toda a questão gira ao redor da lógica e de sua relação com a realidade física, do problema da razão, por assim dizer. Por que Bohr teve de proibir que se pensasse o mundo dos átomos, senão porque a lógica intrínseca à linguagem já não tinha mais alcance ali? Alguns chegaram a acreditar que só uma lógica amputada em suas bases poderia dar conta desse mundo extremo. Uma das consequências dos resultados a que me refiro foi mostrar a existência de uma construção cômoda (que em nada muda os princípios da teoria e apenas os explora), que permite falar do mundo quântico com uma lógica impecável, embora formal.

"Muitas questões se simplificam se propusermos como axioma um novo princípio que regula o uso da lógica na física. Isso tem a vantagem de evacuar certas interdições decretadas por Bohr, que assim se tornam caducas, e justamente aquelas que proibiam que se compreendesse. Daí a ideia de compreender de modo diferente: se a lógica tem seu fundamento mais na realidade do que em nossa mente, podemos explicar como é que a nossa mente pensa como pensa. Admitimos hoje que esta última é condicionada pelo que nossos sentidos percebem: o mundo em que colhemos nossas imagens e os constituintes de nossa linguagem. Mas esse mundo que percebemos não é o dos átomos, e é povoado apenas por objetos incomparavelmente maiores, cuja aparência, embora nasça dos átomos, não deixa de ter traços muito diferentes dos deles. A reviravolta terá sido realizada se pudermos reconstituir todos esses traços a partir dos princípios mais gerais e mais abstratos da física. Nossa visão do mundo e o senso comum que a acompanha não mais aparecerão como bases universalmente confiáveis, mas sim como um produto secundário das leis da natureza. Quanto aos princípios que acreditávamos poder atribuir à filosofia, bastará demonstrar (pois se demonstra) em que círculo eles têm o direito de se exercer. Não sentiremos saudade deles, pois dispomos de outros melhores.

— Em suma, diz Demócrito, a ciência acaba de forjar uma unidade para si mesma. Ela se tornara opaca por causa de sua mutação formalista, e volta a ser clara invertendo as vias do conhecimento. Eu disse uma vez que a inteligência deve predominar sobre o saber, e o jeito como se passam as coisas não me desagrada. Tudo parece claro. Ou estarei enganado mais uma vez?", acrescentou ele, vendo pelo meu jeito que eu evitava aprová-lo.

"O que constatamos é estranho, disse eu com circunspeção. Nada ainda é certo, pois as consequências possíveis são vastas demais para que nos pronunciemos imprudentemente.

– Chega de circunlóquios! De que se trata?

– Parece que se abre um abismo, uma escâncara entre o mundo do pensamento teórico e a realidade física, como se os recursos da lógica e das matemáticas, depois de terem atingido os mínimos detalhes das aparências dessa realidade, se detivessem no próprio limiar de sua essência.

– Mas e daí?

– A teoria esteia-se nas probabilidades, no acaso, e isto mais do que nunca, pois a possibilidade de uma descrição lógica do mundo se baseia atualmente nessa ideia de probabilidade. Assim, a teoria é por essência uma descrição do possível, e se contrapõe a uma outra essência, a da realidade, que consiste em ser única. Podemos nos perguntar se não acabamos de atingir os limites do que Heidegger, admirador de vocês, chamava de projeto cartesiano: a explicação teórica do mundo pela lógica e pelas matemáticas."

Fui interrompido pelo riso olímpico de Heráclito.

"Como vocês são ingênuos! – disse ele. Acreditaram poder encerrar o indomável movimento no eterno imóvel, o Cosmos no Logos. Mas faz muito tempo que nos opõem, ele a mim, acrescentou designando Parmênides, e vocês podiam suspeitar que não por acaso. Mas talvez nem todos vocês sejam tão estúpidos quanto os habitantes de Éfeso, e, se os asnos preferem a aveia ao ouro, vocês pelo menos viram o fundo da mangedoura. O deus cujo oráculo está em Delfos não fala nem cala, mas pode conceder um sinal, e este é um deles. Tudo compreender para finalmente topar com os limites últimos do pensamento, vocês chegaram a este ponto, e se queixam disso como mulherzinhas, mortais demasiado felizes que não sabem sequer as riquezas de que dispõem. Sequem suas almas e se despojem de seus trajes vulgares. A meta está aí, iminente."

Ouvi Parmênides sussurrar a Zenão:

"Você acha que eles vão recomeçar a filosofia?"

E o outro respondeu:

"Seria um belo paradoxo."

PRIMEIRA PARTE

A HERANÇA

Se hoje é preciso rever os laços que unem a filosofia à ciência, é porque estamos no dia seguinte a uma ruptura. Nosso projeto de conjunto é balizar e, por assim dizer, reparar esse vazio, esse hiato do pensamento que nos impede de tomar plena consciência do estado, da significação e das consequências da ciência. Não poderíamos chegar a isso tomando diretamente essa ciência sob a forma como atualmente ela se apresenta, pois nela encontramos demasiada opacidade, obstáculos demais ao desejo de compreender, e é preciso ver como nasceu uma tal situação.

Em primeiro lugar, é preciso voltar à herança, ou seja, à ciência no estado em que ela consistia em claridade. Isto nos permitirá tomar a medida do tempo na evolução dos conhecimentos. Veremos como nasceu o que poderíamos chamar de epistemologia espontânea de nossa época, ou seja, uma visão da ciência muito amplamente difundida, tenaz, limitada também, alimentada às vezes, entre os filósofos, pelas obras de autores hoje ultrapassados, nascida, na realidade, da ciência de ontem, e não de hoje. Só podemos realmente libertar-nos dela reconhecendo-a como o que é, ou seja, contando o caminho pelo qual ela se constituiu. É o que vamos fazer.

A ciência de que falaremos, que não é a do século XX, mas sim a dos belos livros em que tudo parecia luminoso, é mais ou menos aquela com que sonhara a filosofia, e não é de admirar que ela tenha inspirado tantos filósofos. Descartes, Malebranche, Espinosa, Leibniz, Hume,

Kant, Nietzsche e muitos outros se inspiraram nela; eles a reinstilam em nós sob uma forma elaborada e, assim, nos tornam mais difícil o esforço de nos libertarmos dela.

Lembremo-nos dos pré-socráticos; quase todas as suas obras, em sua maioria perdidas, traziam o mesmo título, *Da natureza*. É dessa *physis* que tratam os Milésios, os Pitagóricos, os Eleatas e os de Abdera, com suas inumeráveis questões ingênuas e profundas como o que dizem as crianças. Como sonhavam saber por que e como brilha o Sol, o céu é azul, os planetas se movem, quais são os elementos e como penetrar todos os mistérios da vida que esses ancestrais só podiam enumerar! Sabemos tudo isso, e sabemos também que é preciso mais para compreender.

Falaremos do tempo em que a ciência era jovem, ainda intuitiva, em acordo natural com nossa percepção do mundo, clássica, em suma, como são clássicos os mármores de Praxíteles ou as sinfonias de Mozart: uma evidente clareza. Seremos breves, indo ao indispensável, só recolhendo aqui e ali alguns exemplos necessários. Não é necessário ser completo, pois as enciclopédias o são e não raro se é erudito demais quando se trata de compreender.

Assim, nos contentaremos com o seguinte: falaremos da lógica, a desdenhada, a incompreendida. Como o diamante, ela é pura transparência e a mais impenetrável matéria, capaz de imprimir sua marca sobre tudo. Não falaremos dela como o fazem demasiados livros de filosofia hoje em dia, como de uma técnica banal, e nos contentaremos em acompanhar um pouco a sua história para melhor apreciarmos o mistério que ela é. Evidentemente, não deixamos de ter nossas intenções para tanto, pois descobriremos mais adiante que tesouros de compreensão ela pode oferecer. Falaremos também das matemáticas, pelo papel que elas vêm cada vez mais desempenhando na estruturação das ciências da natureza, e, mais tarde, também elas terão o que nos ensinar. Quanto às ciências da *physis*, contentar-nos-emos com a física, não por mera predileção do autor deste livro, mas sim porque é ela que – mais tarde, outra vez – nos servirá de revelador para fazermos aparecer as características principais da ciência contemporânea. Acrescentemos a isso alguns elementos de filosofia clássica do conhecimento, de Bacon a Kant, para completarmos a nossa reflexão futura, e isto é tudo.

Em contraste com tudo isso, nenhuma evidência certa, mas fendas que vão aos poucos se formando. Contudo, é para acompanhá-las em seu nascimento, antes que se tornem abismos, que vamos retomar a história em grandes traços, e nenhum outro objetivo nos guiará.

CAPÍTULO 1
A LÓGICA CLÁSSICA

A lógica é filha da Grécia, como o são a democracia, a tragédia, a retórica, a história, a filosofia e as matemáticas. Parece que antes, na maioria das civilizações, o pensamento era mais proferido do que construído, sendo a verdade reconhecida de maneira imediata, sem que devesse passar pela análise para ser elaborada ou admitida. Embora o homem pense há muitíssimo tempo, foi preciso esperar muito, antes que discernisse seus próprios mecanismos de pensamento, a fim de raciocinar. Ele teve, então, de reconhecer que esse raciocínio obedece às suas próprias leis e não se dobra à vontade de quem o concebe, como tampouco respeita à injunção dos deuses.

A lógica tornou-se agora, para nós, a espinha dorsal da razão, embora pouco saibamos em que consiste ela, e tampouco o que justifica a confiança quase cega que lhe concedemos. Quando especialistas definem seu propósito como o dos "princípios da validade das deduções", é claro que eles se livram de um trabalho impossível por meio de palavras real importância.[1] Essas questões iniciais são, no entanto, essenciais, pois continuam pesando sobre tudo o que gostaria de se seguir a elas. O filósofo sabe disso, o homem de ciência não se preocupa com isso e vai em frente, o poeta é quem melhor o diz: "Sou apenas um fazedor de

---
1 Vide William e Martha Kneale, *The Development of Logic*. Oxford: Clarendon, 1978 (1.ed. 1962). Apoiamo-nos principalmente nessa obra magistral.

palavras. Que importância têm as palavras, e eu, que importância tenho?". É num poema, e não num de seus livros filosóficos, que Nietzsche faz esta trágica confissão e, sobre isso, nada se pode dizer melhor do que o versículo célebre de Saint-John Perse: "Ó imensa árvore da linguagem e murmurante murmúrio de cego de nascença nos quincunces do saber".

Assim, todo livro de saber apoia-se na ignorância. Gostaria desde o começo deste de conjurar essa maldição. Tal observação não é anódina, pois parece dizer que não se pode falar logicamente da lógica, na ausência de uma base prévia que fundamente a linguagem. Não há ponto inicial para o pensamento; ele tem de partir do aproximado, do convencionado, que só ganhará valor por seu poder de fecundidade. Mais tarde, talvez esse obscuro ponto de partida se veja esclarecido pelo saber que permitiu alcançar e seja englobado num círculo de coerência. É a isso que, eventualmente, gostaríamos de chegar, se for realmente esse fruto que vai dar o grão. Dito isso, prossigamos como se nada houvesse acontecido, pois nada mais podemos dizer a este respeito, por enquanto.

Prosseguir será acompanhar a lógica, no presente capítulo, durante o que foi seu período clássico, até o limiar do que iria tornar-se a lógica formal.

Pitágoras e o pária

Se tivesse de dizer quem foi, a meu ver, o maior pensador da humanidade, responderia sem hesitar: o pitagórico desconhecido. Pitágoras, que não podemos deixar de mencionar, talvez fosse, afinal, apenas o precursor que vem anunciar o reino. Sabemos que nasceu na ilha de Samos, no início do século VI antes de nossa era e que visitou o Egito, onde se instruiu com os sacerdotes de Amon. Dizem também que travou conhecimento com os "filósofos nus" da Índia. Acabou estabelecendo-se em Crotona, uma cidade grega da Itália do Sul, onde fundou uma seita ascética e mística.

Ele poderia ter sido um desses inúmeros gurus de que a história se esquece, e pouco nos importa saber que ele ensinava a transmigração das almas ou que dissessem que sua coxa era de ouro. Se ele realmente nos interessa, é por sua presença sempre atestada na origem do intelectualismo que iria impregnar o pensamento grego. Para ele, com efeito, o intelecto era a mais importante das faculdades do homem, aquela que pode levar, por suas próprias forças, a uma forma de verdade mais firme e mais profunda do que qualquer outra.

Sua visão da natureza parece-nos de uma ousadia extrema. Dizia que o mundo é regido pelo número. Essa convicção parece dever-se a bem pouca coisa: ele observara (ou aprendera) que a harmonia dos sons da lira depende do lugar exato em que se pinça uma corda, e que os intervalos musicais agradáveis ao ouvido, oitavas, terças ou quintas, em nossa linguagem moderna, vêm de cordas cujo comprimento está numa relação simples de números inteiros. Daí, porém, a afirmar que "tudo é número" – o que alguns consideram o programa da física matemática, enunciado muito antes do nascimento da física e das matemáticas –, há uma extrapolação gigantesca, no limite, quase absurda, que nos deixa impressionados, admirados, mas também, diga-se, duvidosos.

Existem muitos outros exemplos de iluminações espantosas nos pensadores pré-socráticos, não raro misturadas a ideias manifestamente errôneas. Na realidade, o gênio próprio a Pitágoras e a alguns de seus discípulos foi ter dado o primeiro passo para a *demonstração* de suas ideias, entendendo por isso que eles foram capazes de *mostrá-las* verdadeiras em casos específicos. Sem dúvida, estavam muito longe de ter um êxito completo, mas, como com frequência acontece na história das ideias, o que encontraram iria ser mais importante do que o que procuravam.

Seu primeiro triunfo foi a descoberta do célebre teorema de Pitágoras sobre o triângulo retângulo. Não se sabe como chegaram a ele, mas a maioria dos historiadores concorda em pensar que eles deviam apoiar-se numa figura em que o resultado se impõe quase imediatamente a um olhar atento, sem que sejam necessários raciocínios elaborados. Em outras palavras, o teorema de Pitágoras, assim como o de Tales sobre as paralelas, não basta para indicar que tenha ocorrido um progresso decisivo na faculdade de raciocinar, e ambos atestam com certeza apenas um senso agudo da observação. Esse teorema era, sem dúvida, uma verdade observada, e não o fruto de um raciocínio implacável, mas não deixava de convidar a se interrogar sobre o número misterioso que mede a diagonal de um quadrado, o que chamamos de raiz quadrada de 2. Que fração poderia ser essa, uma vez que ela só poderia ser uma fração composta de verdadeiros números, dignos de reger o mundo, os inteiros?

É aqui que aparece um homem digno da maior admiração, sobre o qual ignoramos quase tudo, até o nome. Ele se consagraria a esse problema, após outros, sem dúvida. Podemos imaginá-lo jovem, escolhido pelos anciãos desde a infância por sua inteligência luminosa, uma criança da Magna Grécia, e muitas vezes sonho com o rosto desconhecido desse herói do pensamento. Por que ousadia, talvez provocada pelo fracasso de inúteis pesquisas, ou por algum sonho que o visitasse, veio ele a pensar o impensável: seria possível que aquele número fosse inominável, irredutível aos inteiros que garantiam a harmonia? Como exorcizar essa dúvida?

Podemos acreditar que ele precisou meditar durante muito tempo, pois o caminho em que enveredava jamais fora atravessado. Pela primeira vez na história da humanidade, ele ia, com efeito, estabelecer uma verdade incontestável por meio da mera força da razão. Ignoramos como ele procedeu no pormenor, mas as possibilidades não são muitas, e os testemunhos deixados pelos matemáticos que o seguiriam pouco depois deixam poucas dúvidas a este respeito. Para mostrar que não existe quociente de números inteiros p/q cujo quadrado seja igual a 2, é preciso utilizar toda a força de um raciocínio lógico. É preciso mostrar que todo quadrado par é quadrado de um número par, e que todo quadrado ímpar é quadrado de um número ímpar, que sempre podemos dividir p e q por um número até que um dos dois, pelo menos, seja ímpar. É preciso, sobretudo, chegar a conduzir o raciocínio até sua conclusão, sem deixar nenhuma escapatória possível, e mostrar que a hipótese de que 2 fosse um quociente de inteiros levaria necessariamente a uma contradição.

É de acreditar que, diante disso, os Antigos, incapazes de acusá-lo de erro, cobriram o rosto e esparramaram poeira sobre a cabeça. Lançaram o anátema sobre o ímpio, declarando-o blasfemo. Uma lenda pretende que os próprios deuses o tenham justiçado num naufrágio, mas é de temer que os Antigos simplesmente o jogaram num barco furado nas costas da Calábria, de recifes pontiagudos.[2] Assim pereceu, talvez, para permanecer desconhecido, aquele por quem nos veio a luz da razão, o ungido de Apolo, de que Pitágoras fora apenas o anunciador.

---

2 Sabe-se apenas com alguma certeza que um túmulo foi construído, enquanto ele ainda vivia, para Hípaso de Metaponto ("Seja ele declarado morto!"), embora ele apenas houvesse divulgado aos não iniciados esse segredo da incomensurabilidade.

Estava aberto um caminho imenso, e agora já se sabia que o espírito, estimulado pela vontade e, ao mesmo tempo, freado pela exigência, pode ter acesso à verdade pelo simples uso do verbo estreitamente controlado. O espírito descobria sua força própria, admirado consigo mesmo. A lógica nascera definitivamente, com suas inferências que permitem pronunciar a palavra "portanto" sem que ninguém possa contestá-la, sob pena de ser pego por sua própria contradição. No mesmo instante, também as matemáticas acabavam de nascer, pois já não consistiam apenas em mostrar uma propriedade por meio do exemplo ou de uma figura, mas sim em demonstrar de maneira forçosa, pelo raciocínio. A geometria imediatamente iria apoderar-se desse instrumento que ainda brilhava, de tão novo, para fazê-lo servir a outras maravilhas.

Platão e o Logos

Não podemos margear a teoria do conhecimento sem antes referirmo-nos a Platão. Comumente, ele não é considerado um lógico, embora encontremos em alguns de seus diálogos o enunciado de diversos princípios de lógica. Mas ele não exibe nenhum espírito de sistema nessa área, e algumas regras que propõe são visivelmente incorretas. Sua grandeza está alhures, quando, no *Teeteto* e no *Sofista*, se revela o primeiro filósofo da lógica, aquele que coloca algumas das questões essenciais que ainda balizam uma parte da ciência de hoje: Que é a verdade, e como reconhecê-la? Qual é a natureza da razão, e de onde lhe vem essa faculdade de deduzir uma verdade a partir de outra? Qual é a natureza de uma definição, e o que se vê definido pelas palavras? Ele tenta dar a sua resposta a essas perguntas, mas, apesar do interesse que elas apresentam, não as examinaremos, pois quase todas elas têm um valor apenas histórico. O âmbito em que ele as situa é, em compensação, muito mais interessante e merece que o recordemos.

Platão supõe que existam "Formas" (às vezes traduzidas como as "Ideias", prestando muita atenção nas maiúsculas), cuja teoria desenvolve num diálogo tardio, *A República*, de cores fortemente pitagóricas. Temos acesso com maior facilidade à noção de Forma recorrendo a exemplos e, de preferência, a tomá-los do próprio Platão, onde são muito marcados por sua época, tomaremos um de Descartes, que tem a vantagem de ser muito claro neste ponto: "Quando imagino um triângulo, ainda que talvez não exista em nenhum lugar do mundo fora de meu pensamento uma tal figura e nunca tenha existido, ele, porém, não deixa de mostrar certa natureza ou forma ou essência determinada dessa figura, a qual é imutável e eterna, não foi inventada por mim e não depende de modo algum de meu espírito; como fica claro do fato de que posso demonstrar diversas propriedades desse triângulo".[3]

Uma Ideia, tal como a entende Platão e tal como é aqui descrita por Descartes, não é de modo algum uma coisa concreta que possamos apontar com o dedo. Uma figura que traçamos no papel é sempre a imagem de *um* triângulo, e não *o* triângulo, essência de todas as figuras possíveis de mesma natureza. Ora, Platão não duvida que haja uma Ideia *do* triângulo, algo de perfeito que não é deste mundo e não é a mera representação mental de uma coleção de figuras, cada uma das quais sendo apenas uma ideia particular que, no melhor dos casos, merece apenas uma inicial minúscula. A Ideia é uma "Forma", ou seja, um molde perfeito em que as pequenas ideias podem vir abrigar-se como amostras intercambiáveis de seu modelo divino. Podemos citar dois testemunhos disso, extraídos de *A República*; o primeiro ressalta o caráter único do modelo a que se conformam suas múltiplas manifestações: "Uma mesma coisa é verdadeira do justo e do injusto, do bom e do mau e de todas as Formas. Cada uma é por si mesma única, mas aparecem em toda parte em sua comunhão com ações e corpos, assim como uma com a outra, de modo que cada uma delas parece ser múltipla".

A segunda citação assinala bem a natureza do problema a que responde a teoria das Formas, que é dar conta do poder descritivo e demonstrativo da linguagem: "Temos o costume de supor uma Forma única para cada grupo de coisas, a que aplicamos um nome que lhes é comum". Acedemos, pois, à verdade por meio da razão *porque* a linguagem se refere diretamente às Formas, as quais têm uma existência própria e constituem o molde das coisas deste mundo.

As Formas não são deste mundo. Elas residem num mundo que lhes é próprio, um empíreo que Platão chama de Logos. Para dar uma imagem dele, Platão recorre ao célebre mito da caverna: os homens são como prisioneiros acorrentados desde o nascimento no fundo de uma caverna, que nada mais é do que este baixo mundo. O mundo real, o

---

3 Descartes, *Meditações metafísicas*, Quinta meditação.

verdadeiro, o do Logos, é o mundo exterior, que se encontra em plena luz, diante da entrada da caverna. É ali que há homens livres, árvores, animais que passam. O sol projeta as suas sombras no fundo da caverna, e os prisioneiros veem apenas essas sombras, que imaginam ser a única realidade.

Assim, é na existência da Ideia que devemos procurar a potência e o princípio da definição, a qual serve para extrair a Forma única da mistura das aparências e da multiplicidade das manifestações. A faculdade de raciocinar, essa possibilidade de demonstrar de que fala Descartes no texto que citamos, resulta da existência de certas Formas particulares que se encontram em comunicação com todas as outras. Elas é que são expressas por palavras como "ser", "mesmo", "outro".

A teoria das Ideias será criticada por Aristóteles, mas vê-la-emos ressurgir muitas vezes, sob outras aparências. Bem sabemos a importância, para a teologia, da ideia de um mundo divino mais verdadeiro do que o da criação. A doutrina platônica do realismo, de grande prestígio na Idade Média, postula que as palavras e as ideias se referem a Formas que têm a sua própria realidade, superior à do mundo revelado por nossos sentidos. Reencontramos ainda, em parte, as mesmas Ideias hoje em dia, no "realismo matemático" compartilhado por muitos matemáticos que continuam a pensar, como Descartes, que os conceitos matemáticos têm uma existência própria, a qual não tem a mesma natureza que o mundo material.

A lógica de Aristóteles e de Crisipo

Mais vale deixarmos de lado, por enquanto, as difíceis questões propostas por Platão, para voltarmos à lógica enquanto ciência e método, que continuava naquele tempo procurando as suas regras próprias. A questão que se colocava não era saber o que se passa acima dela e de onde vem sua força de persuasão, mas, mais modestamente e muito praticamente, aprender a raciocinar como devido, com bastante cuidado para estar suficientemente seguro contra os erros.

Vemos abrir-se, já na origem, dois campos bem distintos de exercício da lógica, sendo um o das matemáticas e o outro, não raro assinalado pela retórica, que quer fazer bom uso das palavras e das noções da linguagem corrente. A lógica sempre ficou, até hoje, dividida entre esses dois polos. A primeira área, por sua própria natureza e por sua fecundidade, mostra o poder da lógica, e, ao se aprofundar nas matemáticas, ela acabará encontrando a sua forma mais pura, é bem verdade que mais de dois mil anos mais tarde. A segunda área, em contrapartida, a das coisas e das palavras comuns, não cessará de adverti-la sobre o grande número de armadilhas aonde podem arrastá-la o caráter vago das palavras ou o conhecimento incompleto das coisas e, em contato com isso, ela começará a se purificar.

A civilização grega legou-nos uma lógica firmemente estruturada, cuja construção lhe exigiu séculos. Duas escolas distintas e não raro rivais concorreram para tanto. A primeira em data foi a de Megara, cidade da Ática, sobre o istmo de Corinto. Foi fundada por Euclides de Megara, que não deve ser confundido com o célebre matemático Euclides de Alexandria. Aquele de que falamos era um contemporâneo de Platão e um herdeiro da tradição eleata, oriunda de Parmênides. A escola de Megara devia, por sua vez, dar origem à do Pórtico (*stoas*), o estoicismo, que iria ilustrar-se pelo vigor de suas pesquisas em lógica, em particular as de Crisipo (281-205 a.C.). A outra escola maior é a dos peripatéticos, fundada por Aristóteles (384-322 a.C.).

Deixaremos aos especialistas o exame das diferenças e das convergências entre as duas escolas, que deviam finalmente confundir-se, em grande parte. Para nós, é mais importante determinar a contribuição que as duas juntas trouxeram. Fa-lo-emos de maneira sem dúvida criticável, permanecendo o mais próximo possível das concepções modernas, cuja origem nos importa, sobretudo, determinar.

Sabe-se que Aristóteles oferecia o raciocínio por silogismo como o perfeito modelo da lógica, e também é conhecido o exemplo por ele dado, que atravessou os séculos: "Todos os homens são mortais; ora, Sócrates é homem; logo, Sócrates é mortal". Na verdade, o silogismo não merece realmente reter uma tal atenção, pois leva a uma organização da lógica ao mesmo tempo pesada e desajeitada, há muito tempo abandonada e da qual buscaríamos em vão um exemplo probante num bom livro de matemática, seja ele antigo ou moderno.

A pertinência da análise de Aristóteles situa-se em outro lugar, e para começar no estudo das premissas do gênero "Sócrates é mortal", "Um triângulo tem três lados" ou qualquer outra. Observa ele que não se trata de meras frases, mas sim de *proposições* que conservam a mesma significação, seja qual for a maneira como as formulamos. Assim, a frase

"Sócrates é mortal" tem a mesma significação que aquela segundo a qual "o marido de Xantipa deverá um dia desaparecer", que não tem nenhuma palavra em comum com ela. Aristóteles concluiu daí que, embora a lógica se mostre indissociavelmente ligada à linguagem, ela se situa num nível de estrutura superior ou, em todo caso, distinto, ou seja, no domínio da significação, que hoje chamamos semântica.

Nem sempre é fácil separar o nível da linguagem do nível da semântica, ou a frase da proposição, e a lógica ficaria muitas vezes embaraçada com esta dificuldade. De fato, as palavras podem assumir mil acepções, mil matizes, e quando dizemos, por exemplo, que "Sócrates é uma rosa", não é sequer evidente que isso não seja uma proposição, tantas são as significações simbólicas que podemos associar ao fato de ser comparado a uma rosa. Esta dificuldade original só seria realmente dissipada com a lógica formal de nossa época e com sua noção de "universo de discurso", que equivale a restringir de modo estreito e *a priori* as proposições que se pretende considerar.

As proposições são os peões que a lógica avança, que ela conjuga, compara, opõe e combina para delas fazer surgirem outras. De que maneira? Aristóteles e Euclides de Megara observam que as proposições podem assumir duas formas ao mesmo tempo distintas e inseparáveis, umas das quais é positiva e a outra, negativa, é o seu contrário. Por exemplo: "Sócrates é mortal" e "Sócrates não é mortal". A lógica não se restringe a só conhecer e a só pronunciar o verdadeiro, como poderia fazê-lo um oráculo, mas põe inicialmente num pé de igualdade o que é eventualmente verdadeiro e o que é eventualmente falso, antes de se pronunciar. Isto se funda numa regra essencial que devemos a Aristóteles, o *princípio do terceiro excluído*: uma proposição é necessariamente ou verdadeira ou falsa. Ainda hoje, este princípio constitui a pedra angular da lógica, e tudo o que parece ter a aparência de uma proposição mas não pode submeter-se a ele, deve ser banido do jardim da lógica.

Aristóteles ainda age como fundador quando distingue as proposições universais ("Todo homem vivo tem uma cabeça") e as proposições particulares ("Alguns homens são ruivos"), cuja diferença ele assinala nitidamente. A lógica matemática de hoje introduziu, até, símbolos específicos para cada uma dessas formas, que prefere enunciar dizendo sistematicamente "para todo" numa proposição universal e "existe" nas proposições particulares. Assim, diremos, no caso dos exemplos citados: "Para todo homem vivo, há uma cabeça" ou "Existem homens ruivos".

Não prosseguiremos com Aristóteles e passamos a nos apoiar na obra dos estoicos e, em particular, de Crisipo. Há de se notar, aliás, que era ele que Clemente de Alexandria citava como o mestre em lógica, ao lado de outros, como Homero para a poesia, Aristóteles para a ciência e Platão para a filosofia.

De preferência aos silogismos, que logo se tornam inoportunos e incômodos tão logo um raciocínio se complique em razão de um aumento do número de premissas, Crisipo constata os meios muito simples que permitem combinar da melhor forma as proposições. Basta utilizar judiciosamente as palavrinhas "ou", "e". Distingue claramente o "ou"excludente e o "ou" não excludente, sendo o primeiro melhor expresso comumente por "ou, ou" ("Ou você compra esse jornal, ou o põe em seu lugar"), ao passo que o segundo considera diversas possibilidades que não se excluem necessariamente ("Gosto de ler romances ou livros engraçados, o que não é excludente, pois certos romances são engraçados").

Crisipo soube encontrar as regras certas do manejo do que hoje chamamos de funções lógicas "e, ou, não". Elas são assim chamadas porque, assim como as funções nas matemáticas, fazem corresponder um objeto bem definido a um ou vários objetos dados, sendo os objetos em questão, neste caso, proposições. Dada uma proposição a, a função "não" permite definir outra proposição que é "não-a"; da mesma forma, dadas duas proposições (a,b), podemos formar com elas uma outra proposição, que se enuncia "a e b"; o mesmo ocorre com "ou". Crisipo não apenas realiza esse fato, mas dá as regras exatas do manejo dessas operações, por exemplo "a e a" = a; "a e não-a" é uma impossibilidade (o que constitui o princípio do terceiro excluído). Há, assim, uma dúzia de regras que devemos, sem dúvida, a Crisipo, embora seja impossível distinguir a sua obra da de seus sucessores. Note-se, de passagem, que a maneira de representar proposições por letras, como acabamos de fazê-lo, fora adotado muito cedo pelos gregos, e a encontramos em Aristóteles e em Crisipo.

A importante noção de dedução, também chamada de inferência lógica ou implicação, é também descoberta e clarificada. É aquela que aparece quando dizemos: "Se a, então b", o que não raro grafamos como $a \rightarrow b$. Esta é, evidentemente, uma das principais chaves da lógica, pois é ela que permite construir um raciocínio que leve a conclusões a partir de hipóteses. Vemos, também, aparecer nessa ocasião duas regras importantes: a transitividade, segundo a qual $a \Rightarrow b$ e $b \Rightarrow c$ acarretam

$a \Rightarrow c$; a reciprocidade, segundo a qual a implicação $a \Rightarrow b$ é equivalente a não-$b \Rightarrow$ não-a. Por fim, o caráter das verdades primeiras é esclarecido. São proposições cuja verdade é suposta de saída por causa de sua evidência (fala-se, então, de axiomas) ou admitida por convenção (e, neste caso, trata-se de postulados).

Em suma, o essencial da lógica já fora adquirido antes do fim da Antiguidade. Ela só peca por excesso de gordura, enchendo-se de desenvolvimentos que não lhe pertencem propriamente e estão ligados sobretudo ao atraso das ciências da natureza em relação às do raciocínio. Deve-se, também, acrescentar que grande parte da pesquisa estoica em matéria de lógica permanecerá, infelizmente, ignorada ou mal compreendida durante muitíssimo tempo, por ter sido mal transmitida ao longo da Idade Média, e constantemente subestimada em comparação com os textos de Aristóteles e seus comentadores, mal apreciada, em seguida, na época moderna, porque nossa própria civilização acumulara certamente um atraso no domínio da lógica, antes de seu renascimento, no século XIX.

Podemos resumir os grandes traços dessa lógica, que nos servirão em sua hora: importa, em primeiro lugar, delimitar um *campo de proposições*[4] ou, se se preferir, um domínio de pensamento (*Denkebereich**, em sua forma alemã, que se tornou clássica). Essas proposições são suficientemente nítidas para obedecerem sempre ao princípio do terceiro excluído. Em seguida, colocam-se os axiomas sobre os quais nos apoiamos, quer se trate de evidências, quer de princípios, quer simplesmente de hipóteses. As proposições podem, então, ser combinadas pelas funções lógicas "e, ou, não", para gerarem proposições novas, cuja verdade (ou falsidade) será, em princípio, estabelecida se pudermos deduzi-la por implicação a partir da verdade admitida dos axiomas.

A obra-prima incontestre da lógica antiga continua sendo os *Elementos* de Euclides, que devem verossimilmente pouco a Crisipo, embora o matemático e o lógico tenham sido contemporâneos (mas o primeiro vivia em Alexandria e o segundo, em Atenas). A lógica propriamente dita parece menos clara que as matemáticas, pois se choca continuamente

---

4 Procuramos moderar o emprego e, em todo caso, evitar o abuso dos termos técnicos, mas alguns deles permanecem cômodos, embora nem todos possam ser familiares ao leitor. Um breve glossário é, pois, proposto no fim deste livro, sendo os termos que ali se encontram assinalados por um asterisco a primeira vez que aparecem significativamente no texto.

com a opacidade dos assuntos que gostaria de dominar, sem consegui-lo, referentes à natureza e aos deuses.

Os paradoxos

Poderíamos, quase, encerrar aí a história da lógica que convencionamos chamar de clássica, pois a seiva praticamente cessa de nela circular no século III antes de nossa era. É bem verdade que a lógica iria ganhar nova vida na Idade Média, com a filosofia escolástica, mas sem acrescentar nada de essencial ao que já era conhecido, e mesmo, como acabamos de dizer, perdendo, em parte, a significação das ideias estoicas. O Renascimento e a época clássica deveriam assinalar, de maneira um pouco surpreendente, um recuo na matéria, e a famosa *Lógica* de Port-Royal, de Arnauld e Nicole, já não está à altura das obras medievais de Alberto, o Grande, e de Guilherme de Occam. Sem dúvida, deve-se ver nessa regressão momentânea o efeito do desenvolvimento da ciência, que deixou de se apoiar no raciocínio puro e em postulados não raro gratuitos, para confiar antes de tudo na observação e na experiência. Raros são, então, os cientistas que continuam a se ocupar da trêmula luz da lógica, e, dentre os muito grandes, quase que só podemos citar Leibniz. Talvez fosse preciso isso para que a ciência nascesse, livrando-se do peso esmagador do intelectualismo e de seus sonhos ilusórios. Na realidade, a lógica só deveria realmente reaparecer no século XIX, sob a pressão das questões difíceis e novas com que os matemáticos vão se deparar.

Deixando, pois, de lado as grandes correntes da lógica, que adormeceram por tanto tempo, contentar-nos-emos em recolher alguns grãos de sabedoria surgidos na Antiguidade. Vimos o quanto é importante só considerar proposições que satisfaçam ao princípio do terceiro excluído. Esta condição nem sempre é facilmente verificada, e sua violação normalmente se assinala pelo aparecimento de paradoxos. O nome "paradoxo" significa apenas, segundo a etimologia, uma proposição contrária à opinião comum, mas tende cada vez mais a tomar o lugar do que antigamente se chamava aporia (a precisão tão cara aos lógicos assume às vezes certo pedantismo), que designa uma proposição insustentável porque, no mais das vezes, se contradiz a si mesma.

Na escola de Megara, dedicavam-se de bom grado ao paradoxo, por vezes no limite da brincadeira, como no exemplo do "chifrudo", palavra que sempre evocou as infelicidades conjugais. Partia-se de uma premissa: "O que não se perdeu, ainda se tem". Certo, admitia o ingênuo, é verdade. Diziam-lhe então: "Você não perdeu os chifres, logo ainda os tem". Sem dúvida, não era preciso mais para provocar alegres gargalhadas nas praças de Megara. Isso seria apenas brincadeira se não encontrássemos em Platão raciocínios que se pretendem sérios e não valem mais do que esse, pois era a época em que a lógica se buscava a si mesma e, precisamente, os paradoxos lhe ensinavam a se precaver contra suas próprias armadilhas.

O antepassado dos paradoxos é mais antigo, e o devemos a Zenão de Eléia, aluno de Parmênides e mais velho do que Euclides de Megara. Queria defender a tese de Parmênides que afirmava que "o Ser é imóvel" contra as críticas doutas tomadas de Heráclito e outras mais banais vindas simplesmente do senso comum. Com efeito, diziam, a proposição de Parmênides é absurda, pois tudo está em movimento, inclusive as esferas celestes, e não há lugar neste mundo para o eternamente imóvel. Erro e ilusão, respondia Zenão, o movimento não existe, pois se contradiz a si mesmo. Posso prová-lo: pode Aquiles de pés alados alcançar o limite do estádio? Para tanto, ele vai precisar de um tempo durante o qual percorrerá a metade do caminho, depois ainda um tempo para percorrer a metade do caminho que falta, e assim por diante. Precisa, pois, de uma infinidade de tempo para alcançar o limite, e estamos todos de acordo que isso significa um tempo infinito. Assim, Zenão detinha Aquiles, "imóvel a passos largos", apenas pela palavra.

Esse paradoxo já não nos incomoda, pois atualmente compreendemos que podemos acrescentar uma infinidade de tempos desiguais para obtermos uma soma finita. A lembrança desse exemplo não deixa de ser interessante, pois mostra o quanto é sutil a manipulação lógica do infinito. É quando o encontra que Tomás de Aquino comete, no mais das vezes, erros que nos encantam, e é ainda o infinito que será a ocasião do renascimento da lógica, no final do século XIX.

Mencionemos ainda um derradeiro paradoxo de origem megárica, que ainda dá o que falar. É o do mentiroso. Deve-se entender aqui a palavra "mentiroso" em seu sentido mais forte, para designar alguém que não diz estritamente nunca a verdade. São conhecidas várias versões do paradoxo, cuja mais familiar é a seguinte: "Epimênides, o Cretense, diz que todos os cretenses são mentirosos". A existência de um paradoxo é clara: se Epimênides diz a verdade, ele fornece ao mesmo tempo um exemplo de cretense que diz uma verdade, portanto mentiu. Se está mentindo, o contrário do que diz deve ser a verdade, os cretenses não mentem jamais, e deve ser este o seu caso, e assim ele deve estar dizendo a verdade.

Podemos, porém, dizer que, em vez de um paradoxo, mostrou-se, antes, como jogar com as palavras. Com efeito, negar que todos os cretenses sejam mentirosos implica apenas que alguns cretenses dizem (às vezes) a verdade. Há, portanto, muitas escapatórias. Mas se tomarmos simplesmente o exemplo de um homem que afirma "Estou mentindo para você", ou ele diz a verdade, e neste caso deve mentir, ou ele mente, e então deve estar dizendo a verdade. Isto já é mais embaraçoso, e vemos bem que o que está em jogo é o princípio do terceiro excluído.

A época moderna deveria cindir o problema em duas formas distintas. As proposições do tipo "Fulano diz que..." foram objeto das reflexões da filosofia da linguagem anglo-saxônica, e os lógicos as consideram, no mais das vezes, como estranhas a seu campo de reflexão. O exemplo de Epimênides apresenta um outro aspecto, pois corresponde a um caso em que um elemento (Epimênides) de um conjunto (os cretenses) entra numa proposição que se refere à totalidade do conjunto. Os lógicos reconheceram que esse aspecto lhes concerne eminentemente e que, portanto, precisam ter muito cuidado com a maneira como podem ser levados a empregar a palavra "todo".

De tudo isso, reteremos apenas duas lições: é preciso tomar cuidado para não cairmos no absurdo quando queremos tratar do infinito. O mesmo acontece com a totalidade.

Acerca de duas noções úteis

Teremos a oportunidade de recorrer, mais adiante, a duas noções que pertencem ao mundo da lógica. A primeira, que faz parte das noções básicas dessa ciência, é comumente designada sob seu nome latino de *modus ponens*. A segunda pertence de preferência à filosofia da lógica, e diz respeito à "navalha de Occam".

O *modus ponens** é algo puramente lógico e, embora devamos seu enunciado explícito a Abelardo (1079-1142), ele já era familiar aos Antigos, pois vemos Euclides (o matemático) fazer um uso sistemático dele. Trata-se, pura e simplesmente, em seu caso, de tornar a partir de um teorema já estabelecido para construir teoremas novos, sem voltar, a cada vez, aos axiomas e aos postulados iniciais. Mais banalmente, todos, os engenheiros, os técnicos, pesquisadores, professores ou alunos, utilizam o *modus ponens* como o sr. Jourdain fazia prosa: cada vez que ele se apoia num teorema ou numa fórmula de cuja demonstração já não se lembra. Ocorre essencialmente a mesma coisa na lógica, ou seja, a faculdade de tornar a partir, num raciocínio, de uma proposição já estabelecida sem ter de reter como ela foi obtida. Os lógicos modernos, que evitam deixar a mínima poeira debaixo do tapete, evidentemente demonstraram que esse é um direito legítimo em todas as circunstâncias, e nada mais há a dizer a este respeito, por enquanto.

A "navalha de Occam" é, antes, uma regra de conduta do pensamento, capaz de barbear em muitos outros domínios além da filosofia ou da lógica. Cito-a aqui pelo uso que dela farei, sem necessariamente me referir a ele, no último momento deste livro. Guilherme de Occam (ou de Ockham), de que só conhecemos a data da morte, em 1349 ou 1350, era um franciscano, talvez um dos modelos escolhidos por Umberto Eco para herói de seu romance *O nome da rosa*, um homem sensível, de inteligência penetrante, cuja obra foi considerável e que permanece conhecido por todos nas ruas de Oxford por esta regra, a chamada navalha de Occam: *Multiplicitas non ponenda sine necessitate*, ("Não suponha o múltiplo sem necessidade", não imagine causas múltiplas ali onde uma só basta, tente sempre manter um número mínimo de hipóteses, precise tanto quanto possível o campo de seu discurso). Na lógica, não multiplique o número dos axiomas e expulse as repetições, como nos livros de Euclides. Não hesite em fazer o mesmo na metafísica: quando tratar de Deus enquanto Criador, não é preciso pôr outros princípios próprios à criação, pois eles já estão na natureza de Deus. Inversamente, se lhe falta a graça ou se sua intuição o deixa na ignorância do que seja essa natureza divina, não abarrote com suas ideias sobre Deus os princípios em que se baseia a sua reflexão sobre a natureza terrestre. Faça o mesmo na filosofia e na ciência, reduzindo o número dos princípios. A clareza resultará disso.

Os universais

Terminaremos com um episódio importante da história da lógica, que ocorreu na época medieval. Sem dúvida, foi este o único exemplo histórico em que se viu uma questão de natureza mais ou menos lógica agitar os espíritos até provocar intermináveis controvérsias públicas e a intervenção dos reis, dos papas e dos santos. Contudo, foi o que aconteceu no século XI, quando se viu o grupo dos estudantes e dos clérigos se apaixonar por um grande torneio filosófico em que todos os grandes intelectuais da época iriam entrar em liça. Alguns deles ainda são conhecidos atualmente fora dos círculos de eruditos, pois quem não ouviu falar de Abelardo, o grande mestre em sedução que provocava o entusiasmo dos estudantes turbulentos e ávidos de um saber renascente? Quem não conhece São Bernardo, o pregador da cruzada e o refundador da vida monástica, cuja personalidade apaixonada e mística o colocava, com consentimento deles, acima dos papas e dos reis? Esses dois homens opuseram-se, como muitos outros iriam fazê-lo depois deles, pois a controvérsia iria durar cerca de dois séculos.

Essa querela dos universais, como é chamada, incide sobre uma questão que ocupa uma posição central na filosofia da lógica, importante o bastante para influir sobre todo o quadro, e até sobre a natureza da filosofia, uma vez que se trata de nada menos do que do valor da linguagem enquanto meio de acesso à verdade ou, se se preferir, dos fundamentos da teoria do conhecimento. É neste sentido que Bertrand Russell pôde corretamente dizer, em sua *História da filosofia ocidental*, que a querela dos universais levantava uma questão que permanece mais do que nunca atual e que continua no centro dos pensamentos de nossa época.

A maneira como a questão foi colocada no início era ao mesmo tempo mais precisa e mais estreita do que aquilo que Russell iria ali discernir, mais tarde. Ela dizia respeito à filosofia que então era ensinada, onde se cruzavam as influências de Aristóteles e de Platão. Tratava-se de compreender a natureza dos "universais", um termo que praticamente desapareceu de nosso vocabulário e designava, poderíamos dizer, os conceitos associados às palavras. Um universal é, pois, uma palavra genérica como "homem", "bondade", "animal", "alma", "ser", que a filosofia se propõe incluir em seu vocabulário para avançar em sua busca do conhecimento. O conhecimento progride, com efeito, por uma análise em que se faz um sábio uso das palavras, ela expõe as suas conclusões por meio das palavras e, na época medieval, não dispunha de nenhum outro modo de pesquisa além do verbo, a combinação indefinida das palavras. É, portanto, essencial, antes de qualquer elaboração da filosofia, que possamos entender sobre a significação e o lugar da linguagem e, em particular, sobre a natureza dos universais. Evidentemente, não devemos perder de vista que o objetivo principal da filosofia era, na época, servir de base à teologia, a qual é ela própria apenas o comentário douto de uma mensagem divina, ao mesmo tempo revelada e obscurecida pelas palavras que a contêm – mas deixaremos de lado esse aspecto.

Contrapõem-se desde o começo duas teses principais, que resumiremos sem tentar fazer justiça a todos os matizes pelos quais elas puderam exprimir-se, nem seguir sua evolução ao longo do tempo. A primeira dessas teses é a dos defensores do realismo. Trata-se ainda da grande teoria de Platão, segundo a qual as Ideias (que se transformaram nos universais) são reais. Os realistas medievais não chegavam a dizer, como Platão, que as Ideias são mais reais do que a realidade tangível, embora não estivessem muito longe disso quando as situavam no pensamento de Deus. A tese oposta é a do nominalismo. Ela é que deveria lucrar mais com a querela, refinando-se cada vez mais ao longo da discussão. A forma sob a qual apareceu inicialmente é tão clara que parece fazer a sua própria caricatura: os conceitos gerais são sempre apenas palavras sonoras que a boca pronuncia, simples sons que descrevem de maneira mais ou menos arbitrária o que observamos, ou, como dizia Roscelino, um dos primeiros protagonistas da querela, são apenas o volume aumentado da voz.

Não houve uma conclusão definitiva para a controvérsia, e aquelas que foram propostas diferem segundo se prefira fazer referência aos dominicanos (ao redor de Alberto, o Grande e de Tomás de Aquino) ou aos franciscanos (com Duns Scot e Guilherme de Occam). Podemos dizer, porém, no conjunto, que uma forma moderada de nominalismo deveria levar a melhor. Os universais modelam-se na realidade a que o homem pode ter acesso (e na qual se deve incluir uma parte da realidade divina). Essa realidade apresenta certa ordem, que se traduz por semelhanças no interior do que chamamos, segundo o grau de generalidade, um gênero (por exemplo, as árvores, as pedras ou os homens) ou uma espécie (os carvalhos, os rubis ou os luxuriosos). A mente do homem tem, porém, em ampla medida, o privilégio de escolher a seu gosto os critérios e as fronteiras das categorias que decide nomear.

Pouco tempo separa os grandes mestres do fim da escolástica e os primeiros da ciência. A atenção, então, seria voltada para a ordem presente na natureza, que subjaz à utilidade prática e semântica dos universais. Viu-se, até, desenvolver-se na época do Renascimento um verdadeiro método de pesquisa que procedia pela aproximação das palavras que são empregadas na designação dos fatos da natureza. Seja como for, será preciso esperar até Locke e Hume para que essa questão da semântica da lógica se reanime, e é lá que a reencontraremos.

CAPÍTULO 2
A FÍSICA CLÁSSICA

Tempo houve em que as coisas pareciam ser verdadeiramente assim como as vemos, e a física era, então, "clássica", como também poderíamos dizer que era natural, simples ou, no limite, ingênua, se ela não houvesse muito rapidamente se tornado rica demais para que seja possível empregar esses termos. É dessa juventude da ciência que aqui trataremos, das origens até as proximidades do final do século XIX. Não se trata de contar toda a sua história, mas sim de colocar aqui e acolá alguns pontos de referência suficientes para vermos como a ascensão para o formal pouco a pouco foi impondo-se, ao mesmo tempo que a coerência se estabelecia. Marcaremos o fim dessa época, que quase poderíamos qualificar como período de inocência, com a eletrônica de Maxwell, depois da qual nada mais foi como antes.

A astronomia, de Hiparco a Kepler

Henri Poincaré perguntava se teria a ciência nascido, se o homem não houvesse podido contemplar no céu o desenrolar tranquilo e ordenado da marcha dos astros. Nuvens eternas, como as que encobrem o firmamento de Vênus, não teriam obscurecido o espírito e o coração? Quanto à luz do sol, quem poderá dizer que desejo de nitidez e de iluminação ela pode inspirar? Babilônios, chineses, indianos, egípcios e incas mantiveram um registro do céu, e os povos do Norte, de Stonehenge aos mongóis adoradores do eterno céu azul, nele também balizaram as figuras das constelações e seu balanço ao ritmo das estações.

Os primeiros balbucios das matemáticas parecem ter estado ligados à observação do céu, pois a visão da regularidade que ali reina talvez convide a confirmá-la, a precisá-la e a antecipá-la pelos números. No mundo ocidental, o fato é bem atestado entre os babilônios, e o intelectualismo grego entregar-se-á apaixonadamente a ele tão logo dispuser de matemáticas de verdade. Só podemos admirar a finura de espírito que muito cedo levou a saber que a Terra é redonda (o que Parmênides teria sido o primeiro a propor), como o mostra sua sombra sobre a Lua, até se conhecer com razoável exatidão a sua circunferência (Eratóstenes, 284-192 a.C.). Pouco tempo antes, Aristarco de Samos (320-230 a.C.) já avaliara a distância da Terra ao Sol e à Lua.

Evidentemente, nem todas essas preocupações eram ditadas pela mera sede de conhecer e de compreender. Elas tinham suas raízes numa representação do mundo que lhes era anterior. A contemplação da marcha dos astros e o desejo de melhor prevê-la estavam intimamente misturados a uma crença muito antiga na influência deles sobre a vida dos impérios e dos homens. O intelectualismo pitagórico, para nos limitarmos a ele, também associa irresistivelmente o mundo dos astros a uma ideia de perfeição, a qual levará Aristóteles a conceber princípios que só podemos qualificar como místicos, nesse modelo dos observadores da natureza: o curso dos astros deve ser perfeito e, por conseguinte, desenrolar-se unicamente ao longo da curva perfeita, que é o círculo, estando essa perfeição ligada ao fato de que o círculo é a única curva que é em todos os pontos igual a si mesma. Vemos também, pelo exemplo desse mesmo Aristarco que acabamos de citar, a que ponto é difícil modificar a representação do mundo tradicional. Não propusera ele a ideia de que os fenômenos do céu podiam ser mais facilmente compreendidos se supuséssemos que a Terra é apenas um astro que se move ao redor do Sol? Mas isso significava, infelizmente, que ela arrasta em seu curso o Olimpo, onde moram os deuses. Sacrilégio, impiedade que deviam fazê-lo condenar e, por muito tempo, destinar essa ideia ao esquecimento, ou pelo menos ao segredo.

Hiparco foi o modelo dos astrônomos gregos. Viveu no século II antes de nossa era, mas suas datas exatas são, infelizmente, incertas, o que é o cúmulo para um tal calculador e mestre do tempo. Julgava ele, como todos os seus predecessores, que as estrelas estão presas a uma abóbada celeste, esférica, que gira ao redor da Terra em vinte e quatro horas. Cada estrela se desloca, assim, ao longo de um círculo, curva perfeita. Hiparco mantém um registro minucioso de suas observações, indicando a posição dos astros no céu ao longo do tempo, e também se vale dos dados acumulados antes, o que o levará à descoberta da precessão dos equinócios, que é, para ele, um lento balanço do eixo sobre o qual gira a esfera estelar.

Constata, além disso, que o movimento dos planetas, dentre os quais coloca o Sol e a Lua, não tem de modo nenhum a regularidade circular que a perfeição exigiria. Isso porque eles são apenas quase perfeitos, como o sugere sua grande proximidade da Terra. Hiparco vai, então, procurar qual movimento menos perfeito, embora ainda digno de corpos celestes, pode animá-los. Constata, sem dúvida para sua grande surpresa, que são possíveis duas respostas diferentes. De acordo com a primeira, é preciso fazer intervirem dois círculos: em vez de um planeta percorrer um círculo fixo, seu movimento resulta da combinação de dois movimentos circulares e envolve dois círculos, digamos C_1 e C_2, sendo que o segundo gira ao redor do primeiro. O centro de C_2 percorre o círculo C_1 num movimento uniforme, e o planeta percorre durante esse tempo o círculo móvel C_2, também num movimento uniforme. Se desenharmos a trajetória do planeta que resulta da combinação desses dois movimentos, obteremos uma curva relativamente complicada, chamada epicicloide (de *epi*, "que está acima", e *kyklos* ou "círculo"). A segunda solução é a dos "excêntricos". Podemos imaginar que a Lua, por exemplo, percorra efetivamente um círculo num movimento uniforme, mas que o centro dessa trajetória circular não coincida com o centro da Terra. A existência dessas duas soluções (de que hoje sabemos que nenhuma é realmente satisfatória) deveria desempenhar um grande papel na história da filosofia, e provocará algumas das reflexões mais antigas e mais profundas sobre o que é compreender o mundo. Teremos a oportunidade de voltar a tratar disso.

Após Hiparco, como as observações iam tornando-se mais precisas e iam acumulando-se sobre tempos cada vez mais longos, se constataria que as excêntricas e as epicicloides não bastam para dar conta do movimento de Marte e de Júpiter, e se tornaria necessário complicar ainda mais a construção, passando a três círculos ou mais, girando uns sobre os outros e proporcionando trajetórias muito complicadas, chamadas epiciclos. Os cálculos necessários, extremamente árduos, levando-se em conta os meios da época, deveram-se sobretudo a Ptolomeu de Alexandria (90-168), e era notável a sua exatidão para a predição dos eclipses, das conjunções e das oposições dos astros.

Como nosso tema não é descrever a história da astronomia, não falaremos das preciosas observações chinesas, nem dos trabalhos da Idade Média, realizados pelos astrônomos árabes e persas, e passaremos imediatamente a Copérnico (1473-1543). Poucos dias antes de sua morte, ele publicou uma obra que resumia vários anos passados em recalcular o movimento dos astros segundo a hipótese de Aristarco, esquecida ou desdenhada: a Terra não está no centro do mundo, e essa posição privilegiada pertence apenas ao Sol, ao redor do qual gira a Terra. O movimento dos planetas ainda se faz segundo epiciclos, mas torna-se muito mais simples. Com efeito, por exemplo, o movimento aparente de Júpiter visto da Terra resulta, na nova teoria, da combinação de dois movimentos, os da Terra e de Júpiter girando cada um ao redor do Sol. Corrigindo, assim, sistematicamente, o movimento aparente de cada planeta por meio de um mesmo movimento da Terra deduzido do movimento aparente do Sol, Copérnico obtém uma simplificação considerável do sistema dos epiciclos.

Muito se escreveu sobre essa "revolução copernicana" que se apresenta, retrospectivamente, sob dois aspectos muito diferentes. O primeiro, o do puro empirismo, é um progresso notável, mas, afinal, muito técnico, que só os cientistas podiam apreciar: reduziu-se o número dos epiciclos, simplificando, assim, cálculos que, de qualquer maneira, um pequeno número de pessoas podia ter a oportunidade de fazer. O segundo é um acontecimento sem precedentes na história do homem: uma mudança de sua representação do mundo, feita no espaço de uma geração.

Em vez de voltar ao que já foi dito cem vezes, podemos contentar-nos em indicar o que estava em jogo citando Giordano Bruno (1548-1600), que constitui, por seu caráter extremo, o melhor dos exemplos. Para esse homem ávido de compreender – muito instruído, pois começou sendo dominicano, antes de ser expulso da ordem por demasiada ousadia de pensamento – a teoria de Copérnico é uma segunda Revelação. Ela implica que a Terra seja um mero planeta, que o Sol em nada difira dos outros astros luminosos e, portanto, que ele nada mais é do que uma estrela como as outras. Esse Sol, portanto, também não tem nenhuma razão para estar no centro do mundo, e esse centro está em toda parte: o universo é infinito. Há em toda parte incontáveis estrelas, formidavelmente afastadas umas das outras, como o mostra a fraca luz que delas nos chega e, ao redor de cada uma delas, deve haver outros planetas, sem dúvida habitados, como o nosso. Bruno não é realmente um físico, e sua contribuição nessa ciência limita-se a algumas observações, aliás pertinentes, sobre a força centrífuga e o arrastamento da atmosfera pela Terra, com que justificava que nosso planeta pudesse girar ao redor de si mesmo sem que o sentíssemos. É mais como teólogo e como filósofo que ele nos parece grande: ousa voltar contra si mesmo o método tomista e tira, assim, consequências as mais ousadas das ideias novas, solapa os dogmas mais sagrados e chega a uma visão panteísta do mundo em que a criação se confunde com o Criador. Sabe-se que, por isso, ele morreu na fogueira, vítima menos de uma Igreja do que de uma visão do mundo.

Fechemos esse parêntese para passarmos a Tycho Brahé (1546-1601), o modelo dos observadores do céu. Foi um dinamarquês de alta nobreza, que mandou fabricar para sua residência insular de Uraniburg instrumentos de medida, astrolábios e gnômons, de uma qualidade sem precedentes, embora evidentemente desprovidos de recursos de óptica. Observa os astros durante mais de vinte anos, registra sua posição e os eventos do céu, que marcava em suas *Tábuas rodolfinas*, terminadas em Ratisbona. Lá, ele contrata como assistente um jovem alemão com talentos para o cálculo, Johannes Kepler (1571-1630).

Depois do mestre observador, eis o mestre teórico, e vale a pena determo-nos nisso. Vimos que estranhos desvios haviam levado à teorização da astronomia grega: há inicialmente o que se vê, os astros, e o que se sonha, a perfeição. Faz-se a aproximação entre eles, e ela se mostra suficiente para que se insista e, ao mesmo tempo, grosseira demais para que não se seja forçado a corrigi-la, a infletir a ideia inicial, até que dela pouco mais reste do que uma tradição cada vez mais vazia. Na época de Kepler, o sonho inicial já havia acabado e podia ser abandonado. Ele deixa, porém, como rastro concreto os longos cálculos tortuosos que se mostraram capazes de acompanhar o movimento dos astros. Estava-se, então, numa situação instável que explica, talvez, em parte, a personalidade por vezes caprichosa de Kepler, situado em algum lugar entre o fracasso do passado e as promessas indecisas do futuro. Seja como for, vamos vê-lo tentar estabelecer uma ordem matemática na massa dos dados de Brahé, tendo como único guia, desta vez, apenas o jogo dos próprios números.

Kepler é, de fato, um desses homens atormentados, em perpétua busca de harmonia, que fizeram o Renascimento. Medita sobre as informações acumuladas por Tycho Brahé como sobre um enigma, para delas extrair uma ordem oculta que vai pouco a pouco descobrir. Inicialmente, em 1604, é a lei das áreas, segundo a qual o segmento que une o Sol a um planeta sempre varre a mesma superfície num mesmo tempo. Em 1605, emite uma nova hipótese sobre o movimento dos planetas, que, aliás, não é a primeira que ele põe à prova: os planetas deslocam-se sobre uma elipse de que o Sol é um dos focos. É preciso ter em mente a grande quantidade de cálculos difíceis que o exame de novas hipóteses podia representar na época. No entanto, quem quer que tenha tido a oportunidade de se entregar a cálculos complexos sabe que é preciso pouca coisa para que um encontro acidental entre números sugira explorar uma via até então ignorada. Não é muito, pois, de espantar, nem se deve procurar razões profundas para tanto (talvez construídas retrospectivamente), que uma hipótese geométrica tão inesperada em sua simplicidade apareça nos cálculos de Kepler, simplesmente porque outros cálculos o haviam precedido. O que há de profundamente novo é o encarniçamento em achar uma ordem, custe o que custar. Os dados, desta vez, concordam admiravelmente com a hipótese, e este foi o fim definitivo dos epiciclos. Enfim, Kepler descobre em 1618 uma terceira e última regularidade no movimento do sistema solar, que compara os dados encontrados para os diferentes planetas: o cubo dos grandes eixos das trajetórias elípticas é proporcional ao quadrado dos tempos levados para percorrê-las.

Uma ideia nova vai, então, aos poucos, germinar nas mentes: será possível que a natureza inerte se comporte conforme uma ordem descrita pelos matemáticos? Essa é um pouco a ideia de Pitágoras, mas em parte invertida: não se trata de conceber princípios de harmonia para traduzi-los em termos matemáticos e colocá-los sobre os fatos, mas sim, pelo contrário, de partir dos fatos brutos e de procurar ver se eles se organizam por si mesmos segundo regras matemáticas. Essas regras podem ser qualificadas de empíricas, no sentido de que as constatamos sem necessariamente vermos a sua razão profunda, mas, mesmo assim, encontrá-las não deixa de exigir, com frequência, um trabalho e uma imaginação consideráveis, como o mostra o exemplo de Kepler. As três leis de Kepler servem de paradigma, de exemplo perpetuamente repetido, para essa noção de regra empírica.

Nossa época tanto se habituou a ver a realidade material dobrar-se aos números que, por vezes, nos é difícil avaliar o caráter espantoso da existência de tais regras e, mais ainda, do fato de que quase sempre acabamos descobrindo uma delas quando procuramos suficientemente e, maravilha ainda maior, que elas possam concordar entre si, em vez de discordar. Com Kepler, a astronomia cumpriu seu papel de parteira da ciência, revelando a existência de leis empíricas cuja forma é matemática.

Os primórdios da mecânica

Os primórdios da mecânica são fascinantes em sua simplicidade, pois mostram como os conceitos de uma ciência podem ser construídos a partir da experiência mais quotidiana. A representação do mundo oferecida neste caso pela ciência concorda perfeitamente com a nossa intuição e apenas a completa. Como Poincaré, que se perguntava se a humanidade teria descoberto a ciência sem a visão do céu noturno, podemos perguntar se poderia tê-lo feito sem essa continuidade entre o quotidiano e o científico que mais tarde perdemos. Assim, nada melhor para começarmos a tratar dessa nova porção de história do que citar a famosa frase de Einstein: "O Senhor é sutil, mas não é maldoso".

Essa simplicidade que se oferece a quem quiser vê-la é particularmente manifesta na noção de força. Ela remonta a um passado distante, pois todos sabem o que é erguer um peso, puxar uma carroça ou esticar um arco. O peso, além disso, permite medir uma força, graças à balança. Arquimedes (287-212 a.C.) foi, ao que parece, o primeiro a ressaltar a importância do ponto de aplicação em que se exerce uma força, elemento essencial de sua teoria das alavancas.

Muito mais tarde, Stevin, dito Simão de Bruges (1548-1620), deveria completar as leis do equilíbrio das forças, que se compensam num corpo imóvel, ou seja, a estática. Mostrou sem dúvida possível, com a ajuda de cordas, de alavancas e de roldanas, que uma força se caracteriza inteiramente por sua grandeza, sua direção e pelo ponto em que ela se aplica, pois estes são os únicos dados que entram nas condições do equilíbrio. Mostrou, também, como várias forças se compõem para agir como uma só, a resultante, que ele calculava por meio do "método do paralelogramo", onde podemos reconhecer a noção mais moderna de adição dos vetores. A este respeito, podemos observar que a aquisição empírica dos conceitos não se limita à física, mas por vezes se estende aos conceitos matemáticos, mostrando o exemplo citado que é ao acordo muito mais misterioso entre a física e as matemáticas que o devemos.

Uma vez compreendida a estática, colocava-se, então, o problema da dinâmica, ou seja, da relação entre as forças e o movimento. Os antigos haviam evidentemente notado que uma força pode gerar um movimento: um cavalo que puxa um carro o desloca. Colocavam, além disso, como uma evidência a recíproca dessa constatação, que já encontramos em Aristóteles: um movimento só subsiste na medida em que uma força continua a animá-lo. Que dizer sobre isso, senão que a lógica pode trair? Sabemos a continuação da história: uma força deve continuar a guiar uma flecha para mantê-la em seu curso. E os comentadores modernos não deixam de assinalar, a este respeito, a solução escolástica: essa força é exercida por um anjo. Se quisermos sorrir disso, é preciso que o sorriso seja amplo, pois reencontraremos escapatórias do mesmo tipo mais tarde, com o éter e, talvez, hoje em dia, com o vácuo da teoria quântica dos campos.

A questão evolui lentamente durante a Idade Média, e se decanta com Galileu (1564-1642), para quem, claramente, pode haver movimento sem que nenhuma força aja. A ideia não era completamente nova, pois a encontramos já em Oresme (1320-1382), mas a contribuição decisiva de Galileu é a aplicação sistemática do método experimental. Ele examina o movimento de uma bolinha num plano horizontal. Quando a bolinha permanece imóvel, a estática nos mostra que nenhuma força horizontal se exerce sobre ela. Galileu admite que o mesmo ocorre quando a bolinha se move, e lhe é suficiente observar o que se passa: ela se desloca em linha reta numa velocidade constante, na medida em que o atrito não a desacelera. Vemos, assim, aparecer o *princípio de inércia*[*], que seria chamado a desempenhar um papel central na história da física: um corpo que não está submetido a nenhuma força se desloca em linha reta numa velocidade constante. Na verdade, foi preciso algum tempo para se chegar ao enunciado exato disso, e a forma que acabamos de indicar é antes a de Descartes do que a de Galileu, o qual pensava de preferência num movimento de rotação correspondente ao da Terra, mas deixemos isso de lado.

Sabemos que Galileu estudou igualmente a queda dos corpos, também pelo método experimental, fazendo que bolinhas rolassem num plano inclinado, para reduzir o efeito do peso e, assim, poder medir o movimento, que se tornara menos rápido. Não é necessário recordar seus famosos resultados, senão para ressaltar sua simplicidade, que confirmou seu célebre credo: "O livro da natureza está escrito em língua matemática".

Podemos acrescentar a essas primeiras leis da dinâmica as que dizem respeito aos choques e que foram estabelecidas, por volta de 1670, por Huygens e Wallis. A noção de massa, então claramente separada da de peso, desempenha aí um papel essencial, e aparecem duas quantidades novas: o impulso e a *vis viva*, que se tornou agora a energia cinética. Todas essas "leis" são essencialmente regras empíricas, mais simples, na realidade, do que as estabelecidas antes por Kepler.

É preciso mencionar também uma última ferramenta, de que a dinâmica faria grande uso: a geometria analítica, que foi inventada por Descartes em 1637. Ela permitia reduzir, quanto ao essencial, o estudo da geometria a cálculos algébricos operados sobre as *coordenadas* de um ponto, ou seja, sobre três números que fixam sua posição em relação a três eixos de referência. A geometria de Euclides permitia, com efeito, estudar com muita finura certas curvas particulares, como as cônicas e outras, como a famosa roleta, que fez as delícias dos matemáticos da época. Ela, porém, não deixava de ser incômoda, e muitas vezes incapaz, quando era preciso descrever ou até conceber trajetórias mais complexas. Reduzindo essa descrição a cálculos, Descartes oferecia uma ferramenta preciosa, na qual cada coordenada podia ser considerada uma função do tempo que a teoria podia propor-se estabelecer.

Podemos mencionar, em termos de pequena história, que Newton, que odiava tudo o que viesse de Descartes, tinha como ponto de honra jamais se valer de seu método. Pôde fazer isso, pois os problemas mais importantes que teve de resolver o conduziam a trajetórias cônicas. Isso lhe permitiu não mencionar o nome de Descartes em sua grande obra, mas seus sucessores logo tiveram de se libertar desse interdito que Newton, aliás, evitara formular explicitamente. Podemos ver também as coisas de um outro ângulo, mais anunciador do futuro: o espaço entra na dinâmica como um continente físico, e o fato de que possamos descrevê-lo pelos meios abstratos da álgebra talvez seja o primeiro sinal, ainda incerto, de que a ciência formal acaba de surgir. Mas quem seria capaz de enxergar isso na época?

A dinâmica de Newton

A obra de Newton (1642-1727) em matéria de dinâmica talvez permaneça como um dos cumes incontestes da ciência, que nenhum supera, embora outros possam pretender igualar. Ele a publicou em 1687, em seus *Philosophiae naturalis principia mathematica* (*Os princípios matemáticos da filosofia da natureza*), cujo essencial disse ele ter concebido já em sua juventude.[1]

Seu gênio tem múltiplas facetas, mas o que mais pode chamar a nossa atenção é o aspecto totalmente novo que ele dá às "leis" da física. Todas elas se apresentavam, antes dele, como regras empíricas extraídas da massa dos fatos através de uma análise cuidadosa. Newton introduz, pelo contrário, "princípios", ou seja, leis universais a que a natureza se conforma e de que as regras empíricas anteriores são consequências lógicas, matemáticas. Isso supõe, em particular, que nos libertemos, pelo menos em espírito, das condições particulares à nossa situação terrestre e dos limites que ela impõe. Com efeito, temos dificuldade em apreciar, hoje em dia, a ousadia que era classificar numa mesma categoria e submeter às mesmas leis fenômenos tão aparentemente distantes quanto a queda dos corpos, a vibração de uma corda, o movimento dos planetas e os choques.

No entanto, é preciso mencionar que essa busca de princípios universais não começa com Newton, e que Descartes já a iniciara antes dele, com a diferença de que Descartes não teve a sorte, a oportunidade ou o gênio de encontrar os princípios legítimos da dinâmica e que os propostos por ele eram parciais e até errados. Sem dúvida, também, ele superestimava o poder de seu método, mais submisso à razão do que à experiência. De qualquer forma, essa anterioridade e o fato de que Descartes é também, de pleno direito, um grande filósofo (enquanto esta qualidade é menos visível no caso de Newton), são sem dúvida respon-

---

1 Aqueles que se interessam pela personalidade e pela obra de Newton consultarão com proveito o livro de Loup Verlet, *La malle de Newton*, Paris: Gallimard, 1993.

sáveis pelo nome dado por Husserl e Heidegger ao *projeto cartesiano**, expressão que adotaremos na esteira do último citado, sem, evidentemente, compartilharmos a aversão que ele lhe dedica.

Esse projeto, que hoje se tornou uma doutrina quase que fundamentalista entre a maioria dos cientistas, parte precisamente da afirmação de que a natureza obedece a princípios universais que podem ser expressos através da lógica e das matemáticas. É uma ideia que tem algo de louco quando a consideramos em si mesma, de frente: como podemos presumir que a multidão dos objetos e dos fenômenos da natureza, sua diversidade exuberante, à altura da poesia e da fantasia, que tudo isso possa ordenar-se sob uma férula de ferro? Evidentemente, o peso de descobertas acumuladas, a evolução dos espíritos proporcionada pela história e um ensinamento sistemático foram aos poucos tornando essa ideia convencional o bastante para que hoje alguns a interiorizem a ponto de não mais pensarem em pô-la em questão, para transformá-la num artigo de fé, ainda mais forte por permanecer não formulado.

Essa altivez de visão aparece logo de saída quando Newton define o quadro geral da dinâmica, o de um espaço e de um tempo absolutos. O espaço físico, para ele, não é mais estruturado pela vertical e pela horizontal, particularidades puramente terrestres, mas é absoluto: "O espaço absoluto existe, em razão de sua natureza e sem relação com nenhum objeto exterior, rigorosamente igual e imóvel. O espaço relativo é uma medida ou uma parte em movimento do espaço absoluto, que é designado a nossos sentidos por sua posição relativamente a outros corpos. Comumente, ele é confundido com o espaço absoluto". Existe também um "tempo absoluto, verdadeiro e matemático, que se escoa em si de conformidade com sua natureza uniforme e sem relação com nenhum objeto exterior". O tempo relativo, medido em horas, dias e anos, é uma medida tangível, exata ou inexata, dessa duração primeira.

Poucos trechos de um trabalho de física foram tão abundantemente citados e comentados, com justa razão. Tudo está ali: uma afirmação de absoluto, por assim dizer metafísica, que, mais tarde, Kant transformará num dos juízos categóricos *a priori* da razão; mas Newton não é assim tão imprudente, pois indica mais adiante como um experimentador poderia balizar, em princípio, o espaço absoluto, e dá a entender por certas perplexidades que não é impossível pensar de modo diferente; além disso, suprema habilidade, acontece que a referência ao absoluto resolve de antemão todas as dificuldades apresentadas pelos efeitos de inércia (força centrífuga e outros), permitindo deduzi-los dos princípios, em vez de ter de analisá-los em si mesmos. E apesar de tudo isso, essa simplicidade fecunda não é suficiente para garantir uma verdade inabalável e definitiva, como Einstein mais tarde iria mostrá-lo: "Sutil é o Senhor".

Sabemos quais são os princípios que Newton propõe. Eles são três. O primeiro nada mais é do que o princípio de inércia de Galileu, depurado por Descartes e recolocado no quadro do espaço e do tempo absolutos: um corpo que não está submetido a nenhuma força descreve no espaço absoluto uma linha reta que percorre numa velocidade constante. O segundo princípio é o da igualdade da ação e da reação, já conhecido na estática. O terceiro, muitas vezes chamado sozinho de *o* princípio fundamental da dinâmica, é bem conhecido dos colegiais: o produto da massa de um corpo por sua aceleração (no espaço absoluto) é igual à força total que se exerce sobre ele. A noção de aceleração, que ali intervém de maneira essencial, apoia-se numa outra grande descoberta de Newton, a do cálculo diferencial. Quando conhecemos a força em ação, esse princípio se traduz por equações diferenciais que permitem determinar as coordenadas em função do tempo, equações cuja significação e cujos meios de solução também foram fornecidos por Newton, graças à invenção do cálculo integral.

Seu primeiro cuidado é garantir a verossimilhança de seus princípios por meio de um método que, mais tarde, reaparecerá em muitas outras etapas da física: reencontrar resultados, já conhecidos enquanto regras empíricas, como consequências lógicas ou matemáticas dos princípios que se acaba de colocar. É o que ele faz no caso do movimento do pêndulo, da queda dos corpos ou das propriedades dos choques.

Seu grande triunfo é, porém, como se sabe, a teoria da gravitação. No fundo, ela tem a mesma natureza que os exercícios anteriores, pois se trata, neste caso, de reencontrar as regras empíricas de Kepler como consequências dos princípios. A única dificuldade séria é conhecer a forma exata da força de gravitação entre dois corpos, por exemplo, entre o Sol e um planeta. Podemos, porém, alcançá-la explorando duas das regras empíricas de Kepler. A lei das áreas é, com efeito, a marca universal de uma força central, ou seja, no caso, de uma força dirigida ao longo da reta que une o planeta ao Sol. A regra empírica que vincula o grande eixo da órbita de um planeta ao período permite afirmar com certeza que essa força é inversamente proporcional ao quadrado da distância. Então, tudo é conhecido, e podemos resolver as equações do movimento que decorrem do princípio fundamental da dinâmica para constatarmos que a trajetória deve realmente ser uma elipse que tenha o Sol num de seus focos.

É preciso observar, de passagem, que um historiador das ciências sem dúvida teria algo a objetar à maneira como acabamos de apresentar a relação dos princípios de Newton com as regras de Kepler. Diria que a descoberta da famosa lei do inverso do quadrado da distância foi muito mais complexa, misturada a intuições e a hesitações, e também a controvérsias, e que foi antecipada, senão estabelecida, por Hooke. Observaria que os argumentos que indicamos são, na realidade, muito mais recentes. Alguns filósofos das ciências acrescentariam que aí está a prova da desonestidade fundamental dos cientistas, que disfarçam a história e querem fazer acreditar na existência de um método ali onde apenas existe, como afirma Feyerabend, acaso, desordem e apostas. Tais escrúpulos são legítimos, e devemos uma explicação a este respeito ao leitor exigente: que ele primeiro tenha a gentileza de se lembrar que este livro se refere só muito acessoriamente à história e que a sua única ambição é compreender, intemporalmente, poderíamos dizer, se isso tivesse algum sentido. Julgamos legítimo explorar as ideias mais modernas quando elas são as mais nítidas e as mais determinantes. Quanto à questão do método científico, só poderemos tratá-la mais tarde, pois ela é mais sutil do que às vezes se diz, particularmente quando se quer negar a sua existência.

Se fecharmos este parêntese para voltarmos à teoria da gravitação de Newton, devemos recordar que certos espíritos alertas não deixaram de nela notar uma dificuldade. Supunha-se que a força de gravitação se exercia diretamente entre o Sol e o planeta, a despeito do vácuo que os separa. Mas como admitir que algo, uma ação ou, como diríamos hoje, uma informação, possa ser carregada pelo vácuo, pelo que nada é? Essa dificuldade conceitual das ações "a distância" é um desafio ao senso comum, uma equação proibida entre o nada do vazio e o ser da força, um não sentido filosófico. Newton bem o sabe, e admite abertamente seu embaraço no Escólio geral que aparece na terceira edição dos *Principia*. Einstein deveria insistir mais tarde num outro aspecto dessa mesma força, que também oferece matéria para crítica. É o fato de que a força só depende da distância entre o Sol e o planeta no próprio instante em que a ação se exerce: isso parece significar que o Sol tem, por assim dizer, instantaneamente a percepção, a informação da posição do planeta.

Uma ação instantânea a distância, é este, por assim dizer, o vício original da teoria newtoniana da gravitação. A maioria dos que têm uma fé integral e ingênua na ciência logo se esquece disso. Na realidade, e sem que se dê conta disso, estavam deslizando insensivelmente de uma ciência intuitiva em que tudo é visualmente representável e conforme ao senso comum para uma ciência onde aparecera um elemento formal, fundamentalmente incompreendido.

Esse deslizamento se fez mais forte na virada do século XVIII para o XIX, com os trabalhos puramente matemáticos de Laplace, de Lagrange e, algum tempo mais tarde, de Hamilton. Lagrange e Hamilton dão, em particular, uma forma matemática dos princípios de Newton muito diferente da que este último empregara. Ela passa pela ideia de ação, que, ao contrário dos conceitos originais, é puramente matemática, sem nenhum conteúdo intuitivo, visual ou analógico. A ação é uma integral sobre o tempo que envolve a diferença entre a energia cinética e a energia potencial. A soma, ainda vá lá, é a energia total, mas a diferença? Além disso, a ação de nada serve em si mesma, é apenas um intermediário: o movimento real tem, na realidade, como propriedade por assim dizer mágica realizar um mínimo de ação (*princípio de menor ação**). Por que um mínimo, ou mesmo um máximo? Só podemos fazer a pergunta, sem nada compreendermos, sem nada "vermos", já que não compreendemos o que seja a ação nem de onde ela saiu.

Os métodos de Lagrange e de Hamilton têm como virtude permitirem ir mais rápido ao coração dos cálculos da dinâmica e, não raro, realizá-los com uma eficiência muito superior. Podemos, porém, julgar que essas são apenas virtudes matemáticas que nada têm a ver com a essência da física. Uma maior eficiência nos cálculos não acarreta de modo nenhum um valor conceitual superior, e, portanto, não poderíamos dizer que o surgimento de novos métodos punha em questão os fundamentos da ciência. E no entanto...

Ondas no éter

Embora nada esteja mais distante de nosso propósito do que contar uma apressada história das ciências, será, porém, preciso dizer algumas palavras sobre a óptica. Várias razões nos levam a isso. Em primeiro lugar, ao contrário da dinâmica, que trata do movimento de objetos concretos, sem mistério, a óptica coloca a grande questão de saber o que é a luz. Neste sentido, ela tem uma ambição de compreender mais difícil de se satisfazer e talvez mais alta do que a da dinâmica. A óptica oferece, também, um dos exemplos mais marcantes da coerência da ciência, que será um dos temas diretores, como fica claro de sua unificação última com o eletromagnetismo. Vale a pena, portanto, falar dela, ainda que brevemente.

A Antiguidade legara-nos a hipótese sedutora da escola atomista de Leucipo e de Demócrito, segundo a qual a luz é feita de átomos particulares emitidos pelos corpos luminosos e que ricocheteiam nos corpos iluminados antes de serem apreendidos pelo olho. Essa hipótese, exposta no *De natura rerum* de Lucrécio, fornece, aliás, um bom exemplo daquilo que os Antigos consideravam uma explicação: uma imagem satisfatória que se forma por si mesma e que podemos transmitir aos outros pela palavra.

A óptica científica, que busca regras empíricas por meio da experiência, começa essencialmente com a *Dióptrica* de Descartes, publicada em 1637. Algumas das leis que Descartes enuncia remontam a um passado distante, como a propagação retilínea da luz ou as leis da reflexão sobre um espelho, bem conhecidas por Arquimedes. Outras são novas, por exemplo as da refração (igualmente descobertas por Snell), que governam a mudança de direção de um raio luminoso durante a travessia de uma superfície de separação entre dois meios transparentes, como a água e o ar. Descartes também tirou daí certo número de consequências, das quais a que mais impressionou os contemporâneos foi a teoria do arco-íris como produto dos reflexos e das refrações nas gotas d'água.

Essa explicação merece ser registrada, pois eis aí um caso em que a ciência reduz ao conhecido o que sempre se mostrara como um dos mais estranhos mistérios da natureza. O arco-íris talvez não leve com frequência o filósofo à meditação; não é daqueles enigmas profundos que fazem que se incline para o chão uma fronte grave. Mas entusiasma o poeta, que lhe dá mil significados. Quando a ciência desmascara a explicação de um tal fenômeno, alguns só podem ver nela a inimiga das maravilhas e da poesia. Outros, em compensação, aprendem a ver melhor, a distinguir os arcos secundários que a teoria prevê, que mal se podem discernir ao redor do arco principal, e se maravilham com sua presença; a poesia não é abolida, mas adquire uma dimensão nova, que é da ordem que preenche o universo. Seja como for, pelo acúmulo de mil descobertas desse tipo, a ciência acaba também modificando o nosso imaginário.

A imaginação dos que querem compreender não é menor do que a dos sonhadores, e a maneira como nasceu a teoria ondulatória da luz é um belo exemplo disto. Merece toda a nossa atenção, pois mostra um aspecto da ciência que se tornará precioso quando quisermos compreender qual seja realmente o seu método: o fato de que a razão, quando mais se crê certa de si mesma, pode apenas errar e só por sorte chegar à ideia correta.

O método é, justamente, a grande preocupação de Descartes. O método por ele preconizado fundamenta-se antes de tudo na razão, mais ainda do que na experiência. Consiste em decompor cada questão em outras mais finas e mais simples, até que a resposta se torne evidente. O alvo visado não deixa de ser uma síntese total, em que o espírito deveria chegar a uma visão clara, precisa e completa das coisas, o que faz de Descartes um dos melhores exemplos dos defensores do *realismo**, que acreditam possível um conhecimento perfeito da realidade. Uma componente essencial de sua visão da física é identificar a matéria com a extensão ou, se se preferir, com o espaço. O espaço é também matéria, e pode, portanto, estar em movimento até em suas partes mais íntimas. Quanto à luz, para ele, não se trata de corpúsculos, cuja mudança de direção durante uma refração seria de difícil compreensão, mas sim de uma ondulação da matéria ou da extensão, cujo exemplo é fornecido pelas ondas sonoras, já compreendidas.

Essa hipótese ondulatória acerca da natureza da luz vai ganhar maior consistência na geração seguinte, graças a Robert Hooke e a Christian Huygens. Continua-se a supor que a luz se propaga num meio transparente, da mesma maneira que as ondas sonoras no ar. Cada ponto do meio pode vibrar em seu lugar, e todas essas vibrações, transmitindo-se gradualmente, constituem uma onda. Huygens desenvolve essa teoria em pormenor e lhe dá uma forma matemática precisa. Dela deduz que a onda luminosa deve realmente se propagar em linha reta e consegue também dar conta das leis da refração. Os fenômenos de *difração**, observados havia muito por Leonardo da Vinci e estudados mais tarde por Grimaldi, confirmam bem a ideia das ondas. Eles se manifestam pela falta de nitidez de uma sombra quando a examinamos de perto ou pela maneira como poeiras microscópicas ou um fio de teia de aranha difundem a luz, o que sugere que os comprimentos de onda da luz são muito pequenos, mas não inacessíveis.

A teoria ondulatória deveria, porém, trazer consigo um defeito de nascença que iria persegui-la muito tempo depois que as ideias iniciais de Descartes fossem abandonadas: o que é que vibra? Podemos imaginar que são os átomos materiais, ali onde, precisamente, se encontra a matéria, mas o que se passa no vácuo? Huygens tenta responder propondo uma hipótese que vai marcar por muito tempo a história da física, a hipótese do *éter**. Para ele, trata-se de um meio imaterial que penetra a matéria, mas também está presente fora dela, em toda parte, mesmo onde parece só haver o vácuo. No entanto, é um meio mecânico, pois vibra à passagem de uma onda luminosa.

Se aceitarmos definir a ciência clássica como uma descrição da realidade por conceitos que o espírito se representa com facilidade, o aparecimento do éter de Huygens, precedendo de pouco ao da força a distância de Newton, já marca a sua fissura. Mas não nos antecipemos.

Sabe-se que a teoria ondulatória tinha à sua frente a teoria corpuscular, fortalecida pela autoridade poderosa de Newton, mas os pormenores dessa magnífica controvérsia não nos dizem respeito, e a descoberta dos fenômenos de interferência iria pôr um fim nisso por longo tempo. Thomas Young observa, com efeito, pela primeira vez, certas *interferências** em 1801. Fazendo duas fendas paralelas muito finas numa folha de brístol colocada diante de uma fonte de luz, ele constata, por trás, uma alternância regular de faixas luminosas e de faixas escuras. Augustin Fresnel melhora o dispositivo, utilizando dois espelhos ligeiramente inclinados, em vez das duas fendas de Young, o que permite observações muito mais cômodas e um estudo experimental sistemático. Sabe-se que ondas à superfície da água dão lugar também a interferências, e se impõe a ideia de interpretar os resultados pela hipótese ondulatória, portanto. É o que faz Fresnel, e, para tanto, desenvolve mais a teoria de Huygens. Com isso, ele pode dar conta das franjas de interferências de maneira quantitativa, e aplica sua teoria aos fenômenos de difração.

É aqui que se situa um acontecimento mil vezes contado, mas que não podemos deixar de referir mais uma vez. Para nós, esta será uma oportunidade de mostrar, com um exemplo, o que é um acontecimento da ciência ou o que chamamos de experiência crucial. A Academia de Ciências de Paris instituíra um concurso, em 1819, sobre o exame geral dos fenômenos de difração. O júri era formado por Biot, Arago, Laplace,

Gay-Lussac e Poisson. Fresnel entrega-se, então, a novos cálculos, para estabelecer definitivamente as suas ideias sobre a questão, e submete uma memória pormenorizada. Só podemos admirar a seriedade do trabalho do júri, que vai entregar-se a uma verdadeira investigação e fazer um trabalho original para melhor poder decidir. Poisson, o matemático destemido que dizia, não sem certo humor, que a vida só é boa para duas coisas, fazer matemática e ensiná-la, trava uma verdadeira luta corpo a corpo com a memória que lhe é submetida. Entrega-se a um cálculo que aparentemente ultrapassa as capacidades matemáticas de Fresnel e consiste em estabelecer a distribuição da intensidade luminosa no interior da sombra de uma tela circular. O resultado que ele obtém é incrível. Descobre, com efeito, que deveria existir em pleno centro da sombra uma zona luminosa em que a intensidade seria tão alta quanto em plena luz. Aquilo parece uma aberração, e Poisson se inclina, então, a rejeitar em bloco a memória de Fresnel, mas comunica suas perplexidades a Arago. Este último observa que a zona em questão é muito pequena, e que o efeito poderia, consequentemente, ter escapado até então à observação. Não seja por isso: ele faz a experiência e eis que, ó estupor!, o incrível ponto luminoso realmente aparece!

Esse tipo de acontecimento muitas vezes faz mais para obter a adesão do que o acúmulo paciente das provas. A hipótese ondulatória impunha-se, depois disso, com força, e ninguém mais duvidava de que a luz fosse uma vibração. Quanto a nós, deixemos essa história, nesse momento feliz em que só resta uma sombra, a do perturbador éter.

Os primórdios do eletromagnetismo

Acreditou-se por muito tempo que a ciência podia ser adquirida pelo que se chamava de método de *indução*.[2] A ideia é que um exame atento dos fatos deveria permitir concluir quais são os conceitos convenientes,

---

2 O problema da indução, tal como é normalmente definido na literatura filosófica, consiste em bem avaliar a credibilidade de uma regra ou de um princípio científico quando, de qualquer forma, sempre só se dispõe de um número finito de exemplos de sua aplicação. O método de indução de que aqui se fala só tem, evidentemente, um interesse muito mais restrito.

e até sugerir as regras ou leis a que eles obedecem. Um bom exemplo disso é fornecido pela história dos primórdios da eletricidade e do magnetismo, que, além disso, quando a isolamos de algumas tentativas prematuras de teorização, mostra também como um estudo experimental pode prosseguir ao longo de várias gerações.

A Antiguidade pouca coisa sabia a este respeito; no máximo, que esfregando um bastão de âmbar (*elektron*), via-se que ele adquiria estranhas propriedades e que outras se manifestavam com um óxido de ferro como a magnetita, que os chineses iriam explorar com a bússola. "Sutil é o Senhor", pois hoje sabemos que essas aparências modestas ocultavam as forças mais importantes em ação na matéria.

É preciso esperar 1729 para que Gray constate que um corpo eletrizado é capaz de eletrizar outros e, consequentemente, distinga os condutores dos isolantes. Em 1730, Du Fay põe juntos vários corpos eletrizados, e verifica que eles podem atrair-se ou repelir-se. Isso o levou a supor a existência de dois tipos diferentes de eletricidade, uma positiva e outra negativa, com os corpos de eletricidade de mesmo sinal se repelindo. Essas forças vão permitir dar um sentido quantitativo à noção ainda vaga de eletricidade, e vamos poder conceber as cargas elétricas: dados três corpos eletrizados A, B e C, diremos que a carga de A é igual à de B (ou duas vezes maior) se, quando colocamos sucessivamente A e B a uma mesma distância de C, a força que eles padecem da parte de C é a mesma (ou duas vezes maior).

Watson e Franklin mostram, em 1747, que quando dois corpos inicialmente neutros se tornam carregados por ação recíproca (por exemplo, se os esfregarmos um contra o outro), suas cargas são iguais e opostas. Isso os levou a pensar que as cargas não são criadas no momento da eletrização, mas já estavam presentes na matéria, embora se compensando exatamente: a eletrização separa cargas que existem de maneira permanente.

Essas considerações tornam-se quantitativas com Priestley, Cavendish e, sobretudo, Coulomb (cujos principais trabalhos são publicados em 1785). Ele desenvolveu uma balança de torsão extremamente sensível que lhe permite medir com precisão forças mínimas. Assim, ele mede a força que se exerce entre dois pequenos corpos eletrizados, e verifica que ela se assemelha espantosamente com a força de gravidade de Newton, pois, como ela, é inversamente proporcional ao quadrado da distância. É também proporcional ao produto das duas cargas, ao passo que a força gravitacional é, por seu lado, proporcional ao produto das massas. A eletrostática vai, com isso, fazer progressos teóricos rápidos, transpondo os estudos de Laplace, de Poisson e de Gauss sobre a gravitação ao caso da eletricidade. É assim que a noção de potencial elétrico aparece quase que imediatamente. A invenção das pilhas elétricas (a de Volta data aproximadamente de 1800) permite, em seguida, provocar facilmente correntes elétricas, e Ohm estabelece, em 1826, a regra empírica que vincula uma corrente a uma diferença de potencial, chegando assim à noção de resistência.

Não se deixará de notar grandes analogias entre a eletricidade e o magnetismo, sem que, porém, isso se traduzisse em algo de concreto. Sua pertença a um quadro ao mesmo tempo comum e mais amplo, o eletromagnetismo, se manifesta com uma descoberta de Oersted, que verifica, em 1820, que uma corrente elétrica exerce uma ação sobre um ímã. Quase imediatamente, Biot e Savart estabelecem as regras quantitativas dessa ação, e Ampère dá ao resultado uma forma simples, em que cada elemento da corrente age individualmente. Ainda nesse mesmo ano de 1820, Ampère mede também a força que se exerce entre duas correntes, para constatar que uma espira de corrente se comporta, na prática, como um ímã.

Assim, uma corrente elétrica pode criar efeitos magnéticos e também reagir como um ímã. Colocava-se imediatamente, portanto, a questão inversa: pode um ímã produzir eletricidade? Foi preciso esperar 1831 para que isso fosse estabelecido por Faraday, pois era necessário pensar no fato de que um ímã tem de estar em movimento para "induzir" uma corrente elétrica num circuito. Faraday inventou também o condensador, em 1837. Verificou, assim, que a presença de substâncias isolantes afeta consideravelmente a intensidade das forças elétricas, e a reflexão sobre esses chamados meios dielétricos iria revelar-se de grande importância.

A virada das equações de Maxwell

Poder-se-ia acreditar, por volta dos anos 1840, que a totalidade dos fenômenos elétricos e magnéticos era essencialmente conhecida, mas uma reflexão mais atenta mostrava que ainda faltava algo. Tinha-se conhecimento de leis que exprimiam como as cargas, as correntes e os momentos magnéticos geram forças que agem sobre outras cargas, correntes ou momentos magnéticos. A isso se acrescentavam outras leis, um pouco disparatadas, como a lei de Ohm ou a da indução. Quando se examina a totalidade dessas regras empíricas, verificamos, porém, que elas não constituem uma dinâmica, ao contrário dos princípios de Newton. Em outras palavras, elas não permitem determinar a evolução das cargas e das correntes a partir de seus valores num momento dado. Elas tampouco revelam como se determinam as propriedades elétricas e magnéticas da matéria.

Essa incompletude de natureza matemática não era, porém, o que mais preocupava certos pesquisadores, e a insatisfação deles estava mais ligada a seu desejo frustrado de compreender: não conseguiam formar uma imagem satisfatória do movimento das cargas e das imantações presentes na matéria, cujas ações recíprocas pudessem ser traduzidas pelas leis empíricas observadas. Se compreender consiste em "ver" o que as coisas são, como se continuava a pensar, é certo que não se compreendia. A grande aventura que iria começar seria justamente compreender o tesouro da experiência acumulado ao longo das gerações. Ela iria desembocar num ganho que mal se podia sonhar, o de uma plena coerência, ao mesmo tempo que marcaria o final das representações essencialmente intuitivas.

Os melhores matemáticos dentre os físicos, os Gauss, Ampères, Biots, Savarts... sempre concentraram sua análise em certos conceitos, cargas, correntes e dipolos magnéticos, relativamente concretos e de representação clara. Suas teorias recorriam realmente à passagem a potenciais elétricos e magnéticos, mas estes últimos não eram concebidos, como na teoria da gravidade, senão como intermediários matemáticos cômodos para o cálculo das forças.

Faraday não o entendia assim. Quanto a ele, quando via a limalha de ferro alinhar-se sob o efeito do ímã, era preciso que houvesse algo de real nessas linhas de "campo" magnético, algo de mais importante e de mais significativo do que as forças de ação a distância dos teóricos. Recusava a própria ideia de uma ação a distância e queria compreender como as partículas de limalha ou as moléculas dos dielétricos se organizavam e se influenciavam de pouco em pouco. Pôs-se, então, a elaborar modelos do comportamento da matéria em que dois campos, um elétrico e outro magnético, desempenhavam o papel essencial. Não nos esqueçamos, tendo em mente o exemplo oferecido pela limalha de ferro, que um campo é "algo" que tem uma grandeza e uma direção (um vetor), definido em todos os pontos do espaço e suscetível de mudar ao longo do tempo.

Faraday era um experimentador ímpar e um físico genial, mas também um autodidata que não dominava os recursos matemáticos que lhe teriam permitido dar corpo às suas ideias, de modo que os modelos que concebia, por mais inspirados que fossem, não atingiam o quantitativo. A honra de lhe dar corpo realmente caberia a seu discípulo James Clerk Maxwell (1831-1879).

Para melhor compreendermos o que foi a contribuição de Maxwell, vale indicar sob que formas se apresentavam, na época, as principais leis conhecidas do eletromagnetismo. Elas eram e ainda são quatro. A primeira é a lei de Coulomb, que fornece a força entre duas cargas, e se sabia, depois de Gauss, exprimir essa lei, se necessário, com a ajuda de um campo elétrico. A segunda dá de maneira análoga o par de forças que se exerce entre dois elementos de ímã. Se a reformularmos com a ajuda de um campo magnético, ela se assemelhará muito à lei anterior. A terceira lei é a de Ampère (ou de Biot e Savart), e, do ponto de vista de Faraday, ela exprime o valor do campo magnético criado por uma corrente. A quarta, por fim, é a lei da indução, descoberta pelo próprio Faraday, que exprime a magnitude do campo magnético criado numa espira condutora por uma variação do fluxo magnético através dessa espira. Podia-se, efetivamente, dizer que, graças sobretudo a Faraday, as leis do eletromagnetismo se exprimiam tanto pelos campos quanto pelas forças diretas que se exercem entre cargas e correntes.

O primeiro trabalho de Maxwell, em 1855, consiste em estabelecer bem isso, e ainda só examina as leis conhecidas. O empreendimento exigia esforço, pois os recursos matemáticos da época ainda estavam mal adaptados, os métodos de cálculo vetorial inventados mais tarde ainda não estavam disponíveis, e Maxwell teve de combinar uma parte de cálculo com muita intuição física, não hesitando em se inspirar em analogias hidrodinâmicas. Um dos resultados mais notáveis de seu trabalho foi a possibilidade de reescrever a energia elétrica em função apenas do campo elétrico, sem fazer referência à repartição das cargas.

Em 1861-1862, Maxwell vai mais longe, e tenta "compreender", ou seja, ainda, bem se representar a realidade. Quer "ver" o que se passa na matéria quando os campos se encontram presentes. Não pode, então, evitar perguntar-se a que se assemelha o éter do ponto de vista eletromagnético. Com efeito, era realmente preciso admitir a existência do éter, já que uma força elétrica pode agir através do vácuo e esse vácuo tem de ser "alguma coisa" para transmitir o efeito. Procedendo gradualmente, partindo da matéria, onde ele "vê" o comportamento das moléculas, para em seguida passar ao vácuo, ele é levado a imaginar um modelo do éter absolutamente extraordinário. O éter contém células onde correntes microscópicas volteiam em turbilhão, o que permite dar conta da transmissão gradual do campo magnético. Através do éter, uma rede cerrada de cordas elásticas está estendida, a rede das linhas de campo elétrico. Por tudo isso passam eventualmente, aqui e ali, as cargas elétricas. Toda essa construção, que poderíamos crer onírica e inspirada em Jeronimus Bosch, é construída paulatinamente por analogia entre a matéria e o éter, e é analisada por Maxwell com a maior seriedade e o maior cuidado, levando em conta forças que se exercem entre as diversas partes do sistema e suas consequências sobre o movimento, tudo da maneira mais ortodoxa, de acordo com os princípios de Newton.

Consegue, assim, recuperar as leis do eletromagnetismo já conhecidas, mas com uma modificação essencial. Na realidade, só a terceira lei, que remonta a Laplace e a Biot e Savart, é revisada. Ela dizia, sob sua forma precedentemente conhecida, como uma corrente engendra um campo magnético. Maxwell verifica que também é preciso admitir que um campo magnético pode ser criado pela mudança do campo elétrico. Isso muito se parece com a lei da indução, em que uma mudança do campo magnético pode gerar um campo elétrico, e Maxwell dá o nome de "corrente de deslocamento" à fonte elétrica de campo magnético. Embora seu efeito pareça muito pequeno, nas condições experimentais então conhecidas, ele não é menos importante de um ponto de vista conceitual, pois se verifica que as equações do campo "eletromagnético" assim obtidas, as famosas *equações de Maxwell**, têm duas grandes virtudes. Com efeito, elas fornecem uma dinâmica dos campos, no sentido de que permitem, em princípio, calculá-los em qualquer instante, em função de seus valores no instante inicial. Além disso, elas garantem a conservação da energia, se identificarmos bem a parte da energia que se deve ao campo magnético.

Maxwell encontra-se, portanto, ao terminar esse trabalho, numa situação sem precedentes. Obteve novas leis físicas que concordam bem com as regras empíricas já conhecidas. Além disso, as novas leis têm qualidades de coerência matemática e física claramente superiores. Em compensação, não se pode contestar que o modelo que o levou a esse resultado, com seu éter recheado de células e de cordas, é totalmente inverossímil, inclusive aos olhos de seu autor. Tudo indicava que a obra era boa, mas que era preciso quebrar o molde de onde ela saíra.

Maxwell retornou, pois, ao assunto em 1864, e, desta vez, mudou completamente de método. Já não se tratava de modelizar o éter, mas, pelo contrário, partia-se de conceitos depurados até se tornarem quase puramente matemáticos. São campos elétrico e magnético que podem estar presentes em toda parte, e há energia onde eles se encontram. A parte elétrica dessa energia é assimilada por Maxwell a uma energia potencial, ao passo que a parte magnética é considerada uma energia cinética. Em si, isso nada tem de realmente esclarecedor e em nada ajuda a imaginação a se afigurar o que se passa. As coisas são muito diferentes do ponto de vista matemático, pois essa identificação das variáveis (os campos), bem como das duas formas de energia, basta para que se possa aplicar os métodos dinâmicos abstratos de Lagrange e de Hamilton, e seu princípio de menor ação, sem ter de penetrar mais adiante na natureza do sistema a que eles são aplicados. É o que faz Maxwell, pelo menos nas grandes linhas, e é o que fará, em todo caso, um pouco mais tarde, Hertz, quando estabelecer definitivamente o método. Maxwell obtém, assim, de maneira quase automática, as equações da dinâmica para seu sistema de campos, as quais nada mais são do que essas mesmas equações de Maxwell, que ele descobrira antes por métodos bem diferentes.

Este último trabalho de Maxwell assinala a ponte da mutação da física. A física clássica acaba de encontrar seu termo, se entendermos por isso uma física explicativa, em que a realidade é representada visualmente, de maneira inteiramente acessível à intuição. Ela acaba de ser substituída, pela primeira vez em plena luz, por uma física formal, em que os conceitos básicos (os campos, no presente caso) são fortemente matematizados e, sobretudo, os princípios (neste caso, as equações de Maxwell ou a forma dada ao princípio de menor ação de Lagrange) se tornaram puramente formais e matemáticos, simples quintessência abstrata e um tanto opaca dos princípios anteriores de Newton. Na mesma oportunidade, o princípio de menor ação de Lagrange assumia de repente uma amplitude nova, para tornar-se, por assim dizer, o princípio superior da dinâmica.[3]

---

[3] O princípio de menor ação, sob sua forma clássica, conserva ainda uma grande parte de seu mistério, mas esse mistério se confunde com o da mecânica quântica. Richard Feynman deduziu esse princípio a partir da mecânica quântica em 1946.

Com efeito, a quem perguntasse a Hertz que princípio se encontra na base das equações de Maxwell, ele responderia que são essas mesmas equações. Richard Feynman, um dos físicos mais intuitivos de nosso tempo, sublinhava também em seus cursos que é, afinal de contas, impossível imaginar completamente o campo eletromagnético. Na realidade, depois de Maxwell, o conteúdo da física já não é verdadeiramente algo que se possa representar inteiramente pela imaginação e transmitir pela linguagem comum. Seus conceitos só podem ser inteiramente expressos acrescentando-lhes pelo menos a linguagem das matemáticas, que agora se tornou intrínseca, e não mais apenas a forma quantitativa das leis. Se Voltaire podia explicar Newton, nenhum filósofo, por mais bem falante que fosse, jamais poderia explicar Maxwell a uma amável marquesa.

Contudo, os frutos estavam aí, pois se constatava, graças às equações de Maxwell, que o campo eletromagnético pode vibrar, o que Hertz conseguiu observar em 1888. E essa vibração é também a luz.

Outros sinais anunciadores dessa crescente cegueira da intuição já iam aos poucos aparecendo, nesse fim de século XIX, e, sucessivamente, conceitos formais a iam remediando. Assim, a entropia substituía o calor. No momento mesmo em que alguns acreditavam poder dizer que a física era um edifício quase terminado, os tempos estavam maduros para uma outra física, que estava prestes a nascer.

CAPÍTULO 3
AS MATEMÁTICAS CLÁSSICAS

É inconcebível, hoje em dia, que uma filosofia do conhecimento não contenha uma reflexão atenta sobre as matemáticas. Contentar-se com uma meditação sobre a lógica, como certos autores, não está à altura de uma ciência moderna em que as matemáticas se impõem por conceitos e leis, em todo seu refinamento e profusão.

Toda a dificuldade, que faz que muitos se afastem, é poder atribuir às matemáticas seu verdadeiro caráter, sem lhes consagrar longos anos de estudo. Sua vastidão é, com efeito, impressionante e, como o oceano, elas abundam em alimentos suculentos. Alguns, mais seduzidos, nelas mergulham para sempre; outros consentem em nadar, conforme o caso, perto da praia; e outros ainda, gatos desdenhosos, se recusam a molhar a pata. Essas matemáticas de limites desconhecidos parecem, assim, conforme nelas penetramos, acolhedoras ou hostis. Não podemos, porém, evitá-las, e o adágio de Platão, "Ninguém entre aqui se não for geômetra", nunca marcou tanto a entrada da filosofia.

Limitar-nos-emos, para falar a respeito, ao indispensável: dizer o suficiente para dar ensejo à teoria do conhecimento; mostrar também, graças à história, que o seu formalismo rude, às vezes altivo, é o fruto da necessidade, da coerência, e não de um esoterismo deliberado. Em compensação, rejeitaremos tudo o que não for essencial a este objetivo. O principal inconveniente desse procedimento é, evidentemente, deixar de lado o que constitui a riqueza das matemáticas, sua abundância, sua visão. Além disso, será preciso omitir a maior parte dos conceitos e dos meios de raciocínio ou de cálculo de que outras ciências fazem um tal uso, que é ele, precisamente, que nos obriga a esta incursão. Que fazer, porém? Só podemos limitar-nos a isto.

As matemáticas clássicas

Desde quando os homens são fascinados pelos números e pelas figuras? É certo que, desde muito tempo, eles vinham atribuindo um caráter sagrado a certos números que encontramos, com significados, aliás, diferentes, em quase todas as civilizações antigas. Podemos imaginar onze musas, dezoito deuses do Olimpo ou oito dias para a criação do mundo? Que os números menores nos fascinem mais do que os outros é, sem dúvida, compreensível, mas por que três, quatro, sete e doze têm de ser mais importantes do que cinco ou nove, os quais prevalecem sobre seis ou dez, ao passo que oito e onze nada dizem a ninguém? Para além disso, tudo são miríades.

Já entendemos melhor a atração de certas figuras geométricas, como o círculo, o triângulo equilátero ou o quadrado, pela harmonia de suas simetrais múltiplas, mas como é que uma afirmação tão estranha quanto a que faz do círculo a única curva perfeita pôde marcar espíritos tão audaciosos quanto os da Grécia, para que eles recusassem que outras figuras pudessem ser dignas dos astros? Sempre houve um sentimento de perfeição, de divino, nos números e nas figuras, estranha disposição que por vezes encontramos já nas crianças e que parece sugerir que a estrutura disso está em nosso cérebro.

Comumente se admite que as matemáticas nasceram de observações empíricas: podemos traçar um círculo com a ajuda de uma corda; o ângulo reto da vertical e de uma horizontal é uma garantia de estabilidade. Asseguramo-nos de conservar a mesma área para um campo varrido pela lama do Nilo dando-lhe a forma de um retângulo, e o traçado dos ângulos retos necessários é facilitada se formarmos um triângulo retângulo com uma corda marcada com três nós cujas distâncias estão como 3, 4 e 5. Tales descobriu muito cedo que o paralelismo dos raios do Sol, visível quando perfuram um céu nublado, permite medir a altura de uma árvore por sua sombra comparada à de um bastão. Daí decorrem ao mesmo tempo o interesse das frações e a existência de uma correspondência estreita entre as figuras e os números.

Pitágoras foi mais adiante, com seu célebre teorema sobre os triângulos retângulos, onde se manifesta claramente essa correspondência dos números e das figuras. Julga-se que ele o teria estabelecido com o auxílio de um simples desenho, mas é certo que os matemáticos já estavam de posse de seu instrumental lógico essencial quando o grande pitagórico desconhecido provou que nenhuma fração mede a diagonal do quadrado. A lógica é, com efeito, a irmã gêmea das matemáticas, e só ela permite *provar*. Mas já dissemos isso.

A descoberta da irracionalidade da diagonal pode lembrar a teoria de Thomas Kuhn, para quem o desenvolvimento das ciências procede por *paradigmas**, ou seja, por exemplos suficientemente impressionantes para que nos esforcemos por nos inspirar neles, por imitá-los e por exprimir a sua substância, e aquele era o paradigma dos paradigmas, pois continha em germe uma ciência infinita. Nosso pitagórico admirável vivia, sem dúvida, pouco tempo antes de Sócrates. Platão já estava a par de belos resultados matemáticos, e seu contemporâneo Eudoxo descobrira, por seu lado, um grande número de teoremas de geometria e de teorias dos números. As matemáticas cedo alcançarão a maturidade, com Euclides de Alexandria, de que sabemos apenas que viveu depois de certos alunos de Platão (que morreu em 347 a.C.) e antes de Arquimedes (287-212 a.C.).

Embora a história só tenha conservado dessa época raros nomes ilustres, a própria maneira como as matemáticas são apresentadas por Euclides prova, sem nenhuma dúvida possível, a existência de longas discussões anteriores, daquelas que os gregos podiam travar com paixão. Nele verificamos uma busca das hipóteses mais simples, um cuidado atento em só emitir argumentos irrefutáveis, uma eliminação de toda escória inútil que só podem ser o resultado de uma obra continuamente polida contra muitas objeções, que cada qual se esforça por polir ainda mais para chegar primeiro na última corrida do espírito. Encontramos ainda em Aristóteles um reflexo dessas controvérsias. Algumas se nos mostram como profundamente legítimas, como as que giram ao redor do célebre postulado de Euclides sobre as paralelas. Ele enuncia que só podemos traçar uma única paralela a uma reta dada a partir de um ponto exterior, ou seja, uma reta que não encontra a primeira em lugar nenhum.

Se nos lembrarmos de que Pitágoras supunha que as estrelas estavam presas a uma esfera celeste e que outros pensavam que não há espaço para além dessa esfera, podemos imaginar que belo tema de controvérsia era aquele. O postulado de Euclides supõe, com efeito, um espaço infinito e contém, pois, no espírito do tempo, uma hipótese cosmogônica oculta. Podemos, pois, ser tentados a recusá-lo, mas nos privamos, então, de poder estabelecer resultados preciosos, por exemplo, que a soma dos ângulos de um triângulo é igual a um ângulo de 180°.

É na existência de tais interrogações que devemos ver a razão do cuidado com que Euclides procurou bem distinguir a natureza do que admitia: axiomas, postulados, definições ou hipóteses. Um axioma é uma verdade evidente, que nenhum grego sensato, sem dúvida, jamais questionou durante uma discussão. Assim: "Duas retas distintas que se encontram têm só um ponto em comum". Um postulado é uma verdade que admitimos a despeito das interrogações a que ela pôde dar lugar no passado; ela sem dúvida se tornou convencional entre aqueles que se dedicam ao jogo das matemáticas, porque se sabe perfeitamente que negá-la não levaria a nada de interessante e tiraria do jogo grande parte de seu encanto. É difícil saber como pôde-se passar aos poucos dessa sábia prudência a uma crença exclusiva, mas a diferença que separa os axiomas e os postulados deveria ir paulatinamente se apagando com o tempo. Quanto às definições que encontramos em Euclides, elas são bastante diversas. Algumas são perfeitamente claras e definem efetivamente aquilo de que se fala, no sentido de que permitem raciocinar sem ambiguidade a seu respeito – é o caso da definição do círculo, formado por todos os pontos à mesma distância de um ponto chamado centro. Outros são antes palavras pronunciadas pelos lábios, que significam no máximo: "Não sei como dizê-lo, mas você pode ver do que estou falando" – é o caso da reta "definida" como a linha que pesa igualmente sobre todos os seus pontos. As hipóteses, enfim, apenas precisam o assunto a que se vai interessar, e em que circunstâncias. No mais das vezes, elas começam por "seja": "Seja um triângulo com um ângulo obtuso..."

A soma dos conhecimentos de geometria acumulados no final da Antiguidade é considerável, e vai das propriedades dos triângulos e dos polígonos, dos círculos e das cônicas, elipse, hipérbole e parábola, às de outras curvas geradas por movimentos simples. No espaço, ela se refere sobretudo aos poliedros, às esferas, aos cones, cilindros e elipsoides de revolução. Cumpre mencionar, também, a trigonometria, plana ou esférica, cujo interesse é considerável para a ordenação das observações astronômicas.

Da aritmética, ciência tão útil quanto árida, nada diremos. No entanto, é importante notar que ela deveria dar origem à álgebra, graças a Diofanto, que viveu em Alexandria no século III antes de nossa era. Sabemos pouca coisa sobre ele, a não ser que morreu depois de ter passado um sexto de sua vida na infância, um doze avos na adolescência, que viveu ainda sete anos antes de ter um filho, cuja vida foi a metade da sua e, por fim, que Diofanto sobreviveu a esse filho durante ainda um sexto de sua vida, o que, efetuados todos os cálculos, deveria conferir-lhe 84 anos. É verossímil que a álgebra fosse uma invenção de pedagogo, pois imaginamos facilmente que, de tanto repetir problemas que levam aos mesmos cálculos aritméticos, acabaram por se dar conta de que o valor exato dos números não tem importância e o que importa é apenas a maneira como eles estão ligados. De qualquer forma, ninguém julgou necessário axiomatizar a álgebra, à maneira de Euclides, pelo fato de que a teoria dos números já o estava e a álgebra não passava, segundo acreditavam, de uma coletânea de "receitas" cômodas que resumiam os procedimentos conhecidos da aritmética.

Durante muito tempo, a álgebra foi atrasada pela escrita incômoda dos números no mundo grego e romano. Esse inconveniente foi mais tarde contornado pela civilização árabe, onde se empregavam algarismos "arábicos", que ainda são os nossos hoje em dia, bem como pela maravilhosa introdução do zero, importado da Índia, seguida da invenção dos números negativos. A própria notação algébrica, isto é, a escrita simbólica das operações efetuadas com os números (com o auxílio, para nós, de sinais como +, -, =), também fazia progressos.

Às vezes, temos dificuldade em ver até que ponto essa questão da escrita é importante nas matemáticas, pois uma boa notação sugere ao espírito a operação que convém fazer, e o alivia de todo peso inútil, ao passo que uma má notação lhe traz contínuos obstáculos. Isso, evidentemente, não tem nenhuma importância do ponto de vista da lógica e do rigor, mas pode interessar a quem se detém sobre as relações entre a imaginação e o formal. Uma notação eficiente deve ser sobretudo sugestiva, expressiva e, portanto, adaptada tanto à nossa imaginação quanto ao que simboliza. Será por isso que a álgebra deveria sair enriquecida da civilização árabe, que recusa toda imagem explícita e lhe deu o nome que ainda é o seu?

A Antiguidade só sabia resolver as equações de segundo grau e os sistemas de equações do primeiro grau. Quando as matemáticas reapareceram, na Europa, no Renascimento, Cardano e Tartaglia descobriram como resolver também as de terceiro e de quarto graus. Isso os levou a encontrar pela primeira vez os números imaginários, cujo protótipo é a raiz quadrada de -1. Com efeito, existem casos em que podemos resolver uma equação de terceiro grau para obter um valor numérico bem definido da incógnita, tendo os cálculos, porém, a particularidade de passar pela intermediação de números imaginários. Esse fenômeno estranho ressalta pela primeira vez de maneira convincente o caráter singular da álgebra em relação às matemáticas bem codificadas à maneira de Euclides, e a partir daí se tornava muito difícil considerá-la apenas como uma excrescência banal da aritmética.

A geometria, por sua vez, iria ser renovada no século XVII, pela invenção da geometria analítica, de autoria de Descartes e de Fermat. Sabe-se que seu princípio consiste em definir um ponto geométrico por números que o balizam relativamente a eixos e que são suas coordenadas. Uma curva plana é, então, inteiramente caracterizada pela equação que as coordenadas de todos os seus pontos satisfazem, e muitos problemas de geometria podem, assim, ser reduzidos a cálculos de álgebra.

Tratava-se de um progresso considerável, pois se podia, assim, sair do jugo das curvas que podem ser obtidas apenas a partir de planos, de retas, de círculos, de esferas e de cones, como impunham os métodos de Euclides. Isso permitia também manejar com maior comodidade certas curvas que o fim da Antiguidade introduzira, como a trajetória de um movimento, por exemplo a famosa roleta percorrida por um prego cravado na pina de uma roda. Esses novos métodos também provocavam dificuldades sutis, que podiam modificar de maneira sub-reptícia o caráter das matemáticas. As imensas porções de geometria que assim se acrescentavam à de Euclides só se baseavam, afinal de contas, na mera álgebra, e não mais numa axiomática propriamente geométrica. Ora, acabava-se de constatar que a álgebra apresentava dificuldades lógicas. Como remediar essas deficiências? A resposta dada na prática a esse tipo de escrúpulo parecia-se mais com a de Alexandre cortando o nó górdio do que com a de Euclides; foi a dos exércitos conquistadores: "Ignorem os obstáculos e avancem".

Com efeito, não se podia, então, pensar em perder tempo, pois havia muitas presas a tomar. O século XVII encerra-se com um lance espetacular, a invenção do cálculo integral, feita quase simultaneamente por Newton e Leibniz. Trata-se, na realidade, do ponto de chegada de uma progressão regular a que contribuíram todos os grandes matemáticos da época, em maior ou menor medida. Mas o que tem origem ali é um verdadeiro rio, uma corrente pródiga que traz consigo tantos problemas novos quantas são as soluções reveladoras, novas constatações apaixonantes que os vinte e três grossos volumes das obras de Euler não bastam para estancar, já que sobram coisas em abundância para outros gigantes, os Bernoullis, Lagranges, d'Alemberts, Laplaces e Fouriers, que prolongam as descobertas até o início do século XIX.

Como estava longe, porém, o ideal grego, quando Euler não hesitava em escrever que a soma da série $1 - 1 + 1 - 1 + 1 - 1 + ...$ é $1/2$, ao passo que as simples etapas pelas quais passam as somas parciais sucessivas são 1 e 0. Contudo, no mais das vezes, esses métodos brutais conseguiam êxitos para além de toda esperança razoável. Quando o ímpeto começou a esmorecer e se pôde ter o tempo necessário a assumir algum recuo, começaram a se perguntar como tornar novamente fecundas as matemáticas e também como reconciliá-las com a exigência de certeza da lógica. A história da resposta à segunda questão nos há de reter até o final do presente capítulo, e veremos que ela trazia também a chave da primeira.

Rigor e profusão no século XIX

Tanto quanto um político, um matemático não tem uma inclinação espontânea para o rigor; ambos só se resignam a ele quando inevitável. Vimos como ele viera aos gregos, e agora vamos ver como iria de novo se impor a seus sucessores, para levá-los à perfeição do formal. Ocorrem, com efeito, dois movimentos em parte opostos ao longo do século XIX, abençoado aos matemáticos: um que tende justamente para um rigor cada vez maior, ao passo que o outro prossegue, depois de um breve tempo de parada, o fluxo incessante das descobertas novas.

Pode-se dizer que o movimento começa com Carl Friedrich Gauss (1777-1855). Se foi chamado de príncipe dos matemáticos, esse título, como o de príncipe dos poetas, exprime apenas a admiração de seus pares diante de uma obra tão sólida quanto rica. Cabe-lhe, em todo caso, a honra de ter mostrado que o rigor é o pai da invenção.

Admitia-se comumente, antes dele, que uma equação algébrica tem necessariamente raízes, que eventualmente podem ser números complexos (ou números imaginários). D'Alembert tentara demonstrar, sem sucesso, esse ponto essencial, em que se baseia grande parte da álgebra e da geometria analítica. Laplace aproximara-se mais dele, mas foi Gauss quem, por volta de 1815, lhe deu, finalmente, demonstrações convincentes. A partir daí, pode-se dizer, a utilização dos números complexos na álgebra está definitivamente dominada.

Encontramos já em Gauss uma exigência de lógica que vai além da de Euclides e em que podemos ver a presciência daquilo em que se transformariam os matemáticos. Não há dúvida nenhuma de que suas notas pessoais o mostram à frente de seu tempo, e ele não hesitava em pôr em questão, reservadamente, os postulados da geometria de Euclides. O postulado das paralelas preocupava-o particularmente. Outros antes dele haviam tentado demonstrá-lo, partindo dos outros postulados, e haviam assim obtido, sem o saber, rudimentos de geometria não euclidiana. A posição de Gauss é muito diferente, pois ele se interroga realmente sobre a verdade do quinto postulado, e não está de modo nenhum convencido da necessária harmonia que reinaria, segundo Kant, entre o espaço que os matemáticos concebem e o que nossos sentidos apreendem. Trabalhos de geodésia dão-lhe, até, a oportunidade de verificar se a soma dos ângulos de um grande triângulo cujos vértices são concretizados por cumes de montanha é realmente igual a dois ângulos retos. É realmente o resultado que ele encontra, mas os erros de medida continuam a dar margem à dúvida. Evita, porém, comunicar publicamente seus escrúpulos, pois o kantismo tornou-se, no seu tempo, a filosofia oficial na Alemanha, e ele, que detesta mais do que tudo as controvérsias estéreis, prefere calar-se.

Outros, menos prudentes, vão aventurar-se mais. É o caso, em primeiro lugar, de Lobatchevski e de Bolyai, que desenvolvem, por volta de 1830, uma geometria em que pode existir uma infinidade de retas paralelas a uma reta dada que passem pelo mesmo ponto. Em seguida, é Riemann que, em 1854, mostra a existência de outras possibilidades, dentre as quais figuram geometrias sem nenhuma paralela a uma reta dada. Esses resultados provocaram, evidentemente, tempestades e controvérsias nos círculos científicos, mas, pouco a pouco, vai impor-se a impossibilidade de negar a coerência lógica dessas geometrias novas. Com efeito, é possível realizar algumas dessas geometrias no interior de um espaço euclidiano, e é assim que uma geometria particular do tipo da de Riemann é oferecida por uma esfera em que se convenciona chamar de retas os grandes círculos. Essas discussões deveriam contribuir para melhor ressaltar o que existe de convencional e de pouco nítido nas definições em que se tinha o costume de se apoiar, influenciados pela intuição visual. Os resultados obtidos revelavam, por seu lado, um fenômeno que veremos produzir-se com uma frequência cada vez maior: a busca de um maior rigor não é uma ladainha estéril, mas, pelo contrário, pode revelar possibilidades antes ignoradas.

Na mesma época, o esforço de rigor incide também sobre os fundamentos da análise. A noção de integral ainda oscilava de maneira indecisa entre uma formulação intuitiva – onde se imaginavam áreas, volumes ou massa –, uma outra fundamentada na ideia de função primitiva, cuja derivada é conhecida, que só era válida em casos especiais, e outras, enfim, onde entravam considerações no limite da metafísica sobre a existência de quantidades "indivisíveis". A confusão foi dissipada por Augustin-Louis Cauchy (1789-1857) e Bernhard Riemann (1826-1866), que mostraram como se podia definir a integral de uma função dada como o limite de certa soma formada de elementos cada vez mais numerosos que se tornam cada vez menores.

Essa ideia não era completamente nova, e podemos até fazê-la datar de Leibniz, recordando a notação das integrais por meio de um sinal tipográfico especial que representa uma letra S deformada a generalização da soma. De qualquer forma, primeiro com Cauchy, depois com os resultados definitivos de Riemann, em 1854, ficou claro, enfim, que essa ideia de soma não era apenas uma concepção intuitiva, mas uma verdadeira definição. Com efeito, o limite em questão existe e é único, ou seja, insensível, por exemplo, à diversidade dos recortes possíveis de uma área em pedacinhos. Os fundamentos da análise podiam, então, parecer garantidos, uma vez que se sabia dominar os conceitos de integral e de derivada, sendo também concebida como um limite a derivada de uma função.

Foi então que se percebeu que um conceito ainda mais fundamental do que os de derivada ou de integral permanecera completamente sem nitidez. É o das funções a que a análise deve aplicar-se. O século XVIII, com efeito, permanecera marcado pelo nascimento da análise a serviço da geometria e da dinâmica, e esse tipo de aplicação era a tal ponto dominante que se continuava supondo, sem ambages, que as funções encontradas na análise só podiam ser combinações diversas de polinômios, de senos, de co-senos, de exponenciais e de outras funções bem domesticadas.

Essas bitolas começaram a se mostrar incômodas quando se passou a dispor de outros meios de gerar funções. As funções de variáveis complexas e as séries de Fourier (das quais voltaremos a tratar) revelaram a estreiteza demasiado grande do quadro primeiro. A necessidade de explodi-lo também foi fortalecida por essa tendência irresistível que todo matemático sente de procurar saber até onde se estende a generalidade de seus resultados, de sorte que, a partir do momento em que a questão das funções a que se tinha direito foi colocada, ela muito rapidamente foi considerada urgente.

Sem dúvida, é preciso acrescentar a esses convites à reflexão vindos das próprias matemáticas uma outra causa, social desta vez: a elevação do nível dos estudos nas universidades e outros estabelecimentos de ensino superior na Europa. O ato de ensinar apresenta, de fato, desafios e riscos, pois é preciso abordar os limites do saber sem correr o risco de cair em erro ou em contradição. Assim é que os trabalhos de Cauchy sobre as integrais aparecem pela primeira vez em seus cursos na Escola Politécnica. Como, além disso, uma importante mudança ocorreu no estatuto social dos matemáticos, os quais passam quase todos a ensinar, a corporação vai se tornando cada vez mais favorável à volta aos fundamentos. Em suma, sob o efeito do confronto com a juventude, é a história dos primórdios gregos que recomeça e leva a uma nova reflexão sobre as bases. Ela é destinada pelos professores a se precaver contra as objeções e garantir uma vantagem nos duelos de inteligência. Podemos ver aí, também, mais nobremente, o fenômeno bem conhecido, mas sempre surpreendente, que faz que os maiores virtuoses sejam os mais atentos a bem dominar os movimentos mais simples.

O grande mestre em matéria de rigor e de "retranca" do pensamento matemático foi Karl Weierstrass (1815-1897). É principalmente a ele que se deve o esclarecimento de noções hoje tão difundidas como a de função contínua ou de diversos modos de convergência das sequências. Não entraremos, porém, nos pormenores, pois nosso propósito não pode tornar-se técnico. Seja como for, Weierstrass e outros solidificam, assim, as bases da análise, e torna-se possível determinar até onde se estendem os teoremas conhecidos. Quanto mais eles são gerais e fascinantes, mais causam prazer a esse gosto estético que é uma outra característica da corporação matemática. Esse desejo de generalidade exige uma solidez sempre maior nos fundamentos e, ao mesmo tempo, uma maior liberdade. Assim prossegue, num movimento irresistível e no mesmo passo, a dupla investigação das bases e dos possíveis.

A análise conhece ainda desenvolvimentos novos ao estudar os sistemas de equações diferenciais que a mecânica, a física e as aplicações geométricas lhe oferecem e, evidentemente, generalizando os resultados obtidos. Isso a levou a estender a pequena família de suas funções familiares, que se abre a novos membros. É a armada das funções elípticas, hipergeométricas, as funções de Bessel, de Hermite, de Legendre, de Jacobi etc. – sua lista é um *Who's who* dos matemáticos da época, e cada uma apresenta um interesse particular. As funções de uma variável complexa, que poderíamos acreditar fosse uma brincadeira de diletante, revelam-se insubstituíveis e de uma espantosa utilidade prática para todo tipo de cálculos. Enfim, os fundamentos profundos da análise revelam questões essenciais, que teremos de retomar particularmente, como merecem.

É difícil dar uma ideia da extraordinária pujança que toma conta, na mesma época, da álgebra e da geometria, pois em toda parte há coisas novas. Assim, na álgebra, um velho problema de pura curiosidade vai abrir uma brecha inesperada. Tratava-se de saber se é possível resolver, em princípio, qualquer equação algébrica por meio de fórmulas explícitas, como é o caso até o quarto grau. A resposta é negativa, e ela será dada por Abel e Galois, mas a ferramenta obtida pelo segundo, a teoria dos grupos, é muito mais interessante do que o problema que ela permite resolver. Podemos notar, porém, que a resposta encontrada assinala um passo à frente na direção do formal, pois algumas equações possuem soluções que sabemos existirem enquanto números, sem que tenhamos um meio de calculá-las exatamente.

Outro assunto de interesse é o dos sistemas de equações lineares, conhecidos desde a Antiguidade e cuja solução há muito se sabia dar, na prática. Quando não há mais de três incógnitas, cada equação desse tipo representa um plano no espaço de três dimensões, e grande parte da geometria pode ser reduzida, por este meio, ao âmbito algébrico. Também aí, o desejo de generalidade vai aparecer para que se dance um balé entre a álgebra e a geometria, em que cada disciplina vem impulsionar a outra. Cessa-se de limitar o pensamento geométrico ao espaço de três dimensões, pois a álgebra permite falar com igual clareza de um espaço de dimensões quaisquer. Alguns conceitos novos apresentam desde o nascimento uma perfeita ambivalência entre a geometria e a álgebra, como é o caso das matrizes, que, na álgebra, são associadas a mudanças de incógnitas e, na geometria, a mudanças dos eixos de coordenadas.

Na "geometria moderna", onde se ilustram Poncelet, Chasles, Plücker e Cayley, o jogo das misturas atinge uma espantosa virtuosidade. As palavras usadas são, com efeito, as da geometria, quando se fala de pontos, de retas, de cônicas, de planos e de quádricas, ao passo que os conceitos subjacentes são os da ágebra. A ideia de reta recobre, na realidade, a de uma equação do primeiro grau, e a de cônica se refere a uma equação de segundo grau. A regra do jogo consiste em tirar todo o proveito geométrico possível dessas noções de álgebra, sem nunca, porém, fazer o mínimo cálculo. Esse exercício de diletante ou de salão, um dos mais divertidos que existem, deveria ter grande influência na reorganização das matemáticas, e verificamos, por exemplo, com as transformações por polares recíprocas inventadas por Gergonne, que os conceitos de ponto e de reta são intercambiáveis. Há aí uma revelação sobre a natureza das próprias matemáticas e sobre o seu caráter, que de repente se constata ser muito mais formal do que descritivo: *o que conta, nas matemáticas, não é de modo nenhum o que são as coisas, mas sim as relações que existem entre elas.*

Verificamos, também, que certas noções geométricas formam um todo coerente toda vez que aparece uma distância, um círculo ou um ângulo reto. Toda uma geometria pode girar entre elas sem nunca deixá-las. É o que chamamos de geometria métrica. Outras propriedades que não pertencem a essa categoria dizem respeito às propriedades projetivas, as quais permanecem as mesmas sob o efeito de uma projeção, por exemplo, de um plano sobre outro. A existência dessas famílias de propriedades autônomas foi elucidada por Felix Klein numa aula inaugural ministrada na universidade de Erlangen em 1872. A geometria projetiva reduz-se, afinal, a exprimir sob forma de teoremas de geometria as propriedades algébricas invariantes sob a ação de um determinado grupo de transformação das coordenadas, o das transformações projetivas. O mesmo ocorre com a geometria métrica, cujos teoremas exprimem relações algébricas invariantes sob a ação do grupo de mudanças de eixos ortogonais no espaço. Mais genericamente, uma geometria está sempre associada a um grupo. Não é surpreendente ver, nestas condições, o interesse concentrar-se cada vez mais nas novas "estruturas" que ordenam as matemáticas, como a de grupo, mais do que nos objetos que a elas se submetem, como os pontos, as distâncias ou as projeções.

Assim, à medida que o século XIX vai passando, vemos aparecer uma multidão de resultados novos, não raro profundos e até, às vezes, realmente espantosos. Reorganizam-se as fronteiras entre as disciplinas, e se apagam ou desaparecem algumas das separações mais veneráveis. A própria natureza das matemáticas muda quando, de uma ciência que possuía seus próprios objetos de estudo tradicionais, ela se transforma na ciência universal das relações e, portanto, por assim dizer, na ciência das estruturas que são suscetíveis de aparecer em qualquer outra ciência. Tal profusão exigia que nela se pusesse alguma ordem.

As matemáticas e o infinito

Enquanto o movimento de ampliação do domínio das matemáticas ia estendendo-se para possibilidades sempre novas, o movimento de retorno aos fundamentos prosseguia, um e outro não cessando de se fecundar mutuamente. Quem não é especialista em matemática com frequência vê mal, hoje em dia, o caráter de necessidade absoluta desse duplo processo. Isto é particularmente verdadeiro da vontade de pureza e de universalidade dos fundamentos, que às vezes é assimilada a uma monomania lógica, tornada compulsão obsessiva, ao passo que, pelo contrário, cada uma das etapas pelas quais passou a pesquisa sempre foi exigida por algum problema preciso, muitas vezes concreto.

Voltemos, por exemplo, à questão das funções, de que a análise pode ou deve ocupar-se. Após as funções calculáveis simplesmente, que os analistas do século XVIII consideravam prioritariamente, vieram, como vimos, outras funções especiais, que trazem o nome de Bessel, de Legendre ou outros e que hoje encontramos tanto na eletricidade quanto nas ciências da terra ou na eletrônica, onde sua utilidade prática é indubitável. Essas funções são muitas vezes definidas como a soma de uma série infinita, o que Newton já soubera levar em conta. Uma das primeiras contribuições do século XIX, que devemos em particular a Cauchy, foi esclarecer os casos em que uma tal série é efetivamente utilizável, ou seja, quando ela possui uma soma bem definida ou, como se diz, quando ela converge. Esta é uma exigência trivial, que está, além disso, ligada à estimativa dos erros cometidos no cálculo dessas funções e não pode deixar, portanto, nenhum usuário indiferente.

Uma função depende de uma variável que pode assumir, geralmente, todos os valores numéricos possíveis, e não se pode pensar, evidentemente, em calcular a função para a infinidade dos valores possíveis da variável. Somos, pois, muito naturalmente levados a levantar a questão de saber o quanto a função corre o risco de mudar quando nos afastamos um pouco de um valor da variável em que ela foi bem calculada, um cuidado exigido, mais uma vez, pelas aplicações práticas. Verificamos, então, que as funções que são utilizáveis num cálculo numérico são aquelas cujo valor muda pouco quando a variável muda pouco, aquelas que chamamos de funções contínuas, precisando, evidentemente, a ideia vaga que lhes damos.

Poder-se-ia ficar por aí durante muito tempo, se Fourier não houvesse introduzido, em 1807, outra maneira de definir e de calcular funções úteis. As séries que haviam sido encontradas antes eram o que chamamos de séries inteiras, ou seja, *grosso modo*, polinômios infinitos cujos coeficientes dos termos de maior grau se tornam cada vez menores, rapidamente o bastante para que a série venha a convergir. As séries de Fourier, ou séries trigonométricas, são, em compensação, somas infinitas de senos e co-senos, cujas oscilações se tornam cada vez maiores. O exemplo mais simples de uma tal série encontra-se quando analisamos o som de um instrumento musical em seus diferentes harmônicos, o que indica logo de saída que não se trata de uma brincadeira gratuita, mas sim de uma ferramenta que a física não pode dispensar. As séries de Fourier e suas generalizações estão presentes, hoje, em todas as áreas da técnica e da ciência, e empregamos correntemente microcomputadores para calculá-las rapidamente em certos órgãos de robôs.

Pouco se sabe, porém, que as célebres reflexões de Cantor sobre o infinito partiram de um problema encontrado acerca das séries de Fourier. Estas últimas iriam, com efeito, mostrar-se tão difíceis de domar quanto podiam ser úteis. Foi a partir de uma série similar que Bolzano deu, em 1830, um exemplo de uma função contínua cuja derivada não existe numa infinidade de pontos de um intervalo. Cuidado! dizia-se então, pois sempre se havia pensado intuitivamente que uma função que podemos exprimir explicitamente, mesmo que fosse por uma série, só podia ser derivável. O resultado de Bolzano significava, pois, que, toda vez que se encontrasse uma função durante o cálculo e que se quisesse derivá-la, seria preciso provar que se tem o direito de fazê-lo. Ora, não há nada mais frequente na matemática e na física do que tirar a derivada de uma função.

Os físicos podiam permitir-se ignorar essas esquisitices, confiando no fato de que a natureza é, sem dúvida, imune a esse tipo de vício (o que é, aliás, falso). Alguns matemáticos também as encaravam com certa desconfiança: "Afasto-me horrorizado dessas funções contínuas que não são deriváveis", dizia Hermite, não sem humor. De qualquer forma, se os médicos têm um juramento de Hipócrates, os matemáticos têm um juramento de Euclides, não formulado, que os obriga a demonstrar seus teoremas. Viram-se, portanto, na obrigação de se precaver contra esse tipo de acidente, instalando os parapeitos necessários (não podiam adivinhar na época que isso um dia os levaria a conceitos de que a própria física, afinal, precisaria, mas isto é uma outra história).

Assim é que Dedekind e Cantor foram levados a se defrontar com o infinito. Na realidade, o infinito está praticamente presente em toda parte na matemática. Tão logo é preciso proceder a uma passagem ao limite, o infinito ali está, pois é preciso inevitavelmente fazer o número dos termos tender ao infinito para obter a soma de uma série ou definir uma integral, é preciso considerar termos de ordem cada vez mais alta numa sequência, tomar valores da variável que se aproximam cada vez mais para definir uma derivada. A noção de número real, que Eudoxo e Euclides definiam como o resultado possível de uma medida de comprimento concreta ou de qualquer outra quantidade real, já faz surgir o infinito, a partir do momento em que queremos dar-lhe direito de cidadão na matemática – para nos convencermos disso, basta pensar que, em geral, é preciso uma infinidade de algarismos depois da vírgula para dar a sua expressão numérica. Weierstrass e Dedekind prefeririam considerar um número real como o limite de suas aproximações decimais sucessivas, mas esse limite também é o ponto final de um processo infinito.

A geometria, evidentemente, não permanece afastada do infinito, mesmo que fosse só pela infinitude do espaço euclidiano, mas também pela expressão das coordenadas através de números reais. Em todo segmento de reta, por menor que ele seja, há uma infinidade de pontos.

Evitaremos penetrar na obra dos bebedores de infinito, de que um dos primeiros e incontestavelmente o maior foi Georg Cantor (1845-1918). Este é, com efeito, um templo em que só se deve entrar a passos lentos e onde as grandes afirmações são banidas como carentes de sentido. O infinito não era novo: os gregos tiveram o *apeiron* de Anaximandro e os inúmeros passos de Aquiles em Zenão de Eléia. A infinitude de Deus em todos os seus atributos fora igualmente um assunto de dissertação e de discussão em toda a teologia e em toda a filosofia medieval, mas, estranhamente, o assunto permanecera, no fundo, virgem, pois todos esses raciocínios do passado estavam cheios de paralogismos, de que ninguém soubera livrar-se. Tudo estava por fazer, tudo foi feito, mas faltava estabelecer que os resultados obtidos, "esse paraíso que Cantor criou para nós", como dizia Hilbert, eram o único paraíso possível. Era preciso, com efeito, convencer-se do fato de que as matemáticas de hoje, abstratas, dificilmente penetráveis, objeto de fascínio para certos filósofos e de horror para outros, eram realmente as únicas possíveis. Viria daí, em parte, a ruptura.

CAPÍTULO 4

A FILOSOFIA CLÁSSICA DO CONHECIMENTO

Que é compreender e como isso é possível? Esta questão, que é a nossa, é também uma das mais antigas e mais importantes da filosofia. Muitas respostas foram propostas desde o *Teeteto* de Platão, mas podemos comodamente classificá-las em duas grandes categorias. De acordo com a primeira, o mundo é fielmente representado pelas imagens de nosso espírito e pela linguagem comum. Para a segunda, o mundo é fundamentalmente diferente do que nos parece ser. Trata-se, em suma, da oposição entre Platão e Aristóteles, presente desde os primórdios da filosofia.

O nascimento da ciência deu-se na suposta clareza da primeira resposta, e o propósito do presente capítulo é acompanhar brevemente as relações que ela teve com a filosofia durante esse período. Trata-se apenas, mais uma vez, de colocar alguns pontos de referência úteis para o que se segue.

Francis Bacon e a experiência

Francis Bacon (1561-1626) merece que falemos dele em primeiro lugar, pois foi o filósofo do método experimental da ciência, e teve a presciência do que seria sua coerência e é também, talvez, o iniciador de uma reforma da filosofia pela ciência. Podemos acompanhar tudo isso – mais importante, a meu ver, do que as considerações de método em que ele se compraz e às quais demasiadas vezes ele é reduzido – em seu prefácio a *A grande instauração*, onde ele se revela realmente um visionário inspirado.

Em primeiro lugar, ele propõe construir a ciência ou, segundo seus próprios termos, *instaurá-la*. "Esta instauração não é uma opinião proposta para que a defendam, mas sim uma tarefa que é preciso realizar." "As ciências devem passar por uma nova forma de indução, que analise a experiência e a reduza a elementos ...; a missão dos sentidos deve ser apenas julgar a experiência, de sorte que é a própria experiência que julga as coisas." "Podemos empreendê-la com boa esperança, pois não devemos imaginar que esta minha Instauração seja uma coisa infinita para além dos meios humanos, quando ela é, na realidade, o verdadeiro fim, o termo do que foi até agora um erro infinito." Esse erro dos filósofos do passado "consistiu em pular imediatamente às proposições mais gerais, a partir dos dados dos sentidos e de alguns casos particulares ...; era um procedimento que não podia conduzir à natureza, embora oferecesse um caminho fácil e já pronto para as discussões".

A instauração da ciência "não se esquece, de modo nenhum, da condição mortal do homem, pois não supõe que a obra possa ser realizada inteiramente por uma só geração, mas exige ser retomada pelas seguintes; ela não procura o conhecimento, com arrogância, nas pequenas células do entendimento humano, mas, com veneração, no universo". Como dizer melhor o que a ciência se preparava para se tornar, quase no mesmo momento em que Galileu iria desenvolvê-la segundo os mesmos princípios? No entanto, se fosse preciso estabelecer uma preferência, a nossa iria, num ponto, ao físico mais do que ao filósofo, pois Galileu foi capaz de ver, com efeito, que "a ciência está escrita em língua matemática". Bacon está bastante atrasado neste ponto, pois sua crítica do acesso ao conhecimento pelos recursos da lógica se mostra, pelo contrário, excessivamente negativa, sem dúvida em reação contra a escolástica.

O prefácio de *A grande instauração* contém também um trecho fulgurante, que não posso deixar de citar. Ei-lo: "Meu plano é, agora, proceder regular e gradualmente de um axioma a outro, de sorte que os mais gerais só sejam alcançados no fim; mas quando chegarmos a eles, veremos que não se trata de noções vazias, mas sim de noções bem

definidas e tais que a natureza as reconheceria realmente como seus primeiros princípios, que residem no coração e na medula das coisas".
Permitam-me contar agora um incidente pessoal. Um de meus sonhos mais caros, de que este livro em parte se origina, é justamente que um dia a ciência ofereça conhecimentos firmes o bastante para que a filosofia se renove com ela, encontrando seus próprios fundamentos. Às vezes, chego a acreditar que esse tempo já chegou. Seja como for, com essa estranha faculdade de ler mais o que esperamos do que o que o autor queria dizer (sobre a qual Valéry muito discorreu), acreditei um dia encontrar a expressão dessa ideia, dita com muita força, na última citação de Bacon. Como gostaria de saber a quem atribuir a sua paternidade (sempre é muito cômodo abrigar-se sob um grande guarda-chuva!), acreditei que ela lhe pertencia, e tive até a oportunidade e a imprudência de dizê-lo em algumas conferências. Tive de renunciar às minhas esperanças, depois de uma releitura da *Instauração*, pois a ideia não reaparece ali em nenhum lugar. Talvez Bacon quisesse moderar seu entusiasmo, tomando cuidado para não pecar contra seu próprio método e pular cedo demais para conclusões prematuras. Apesar de tudo e por essa eventualidade, gosto de lhe atribuir essa ideia, na falta de outro a quem prestar esta homenagem, antes de Husserl.

Descartes e a razão

Enquanto Bacon, com sua filosofia empirista, marcava o curso da ciência na Grã-Bretanha, a filosofia racionalista de René Descartes (1596-1650) fazia autoridade, por seu lado, no continente.

Descartes opõe-se a Bacon sobre um ponto essencial: sem negar a imperiosa necessidade de observação, ele não deixa de afirmar que o principal fundamento do empreendimento científico é o raciocínio dedutivo. Sabe de que está falando enquanto geômetra, mas é toda a filosofia que ele pretende fundamentar na razão humana, como na única base segura o bastante para que possamos compreender a natureza e o homem.

A grande avenida do pensamento, que começa com o famoso "Penso, logo existo", é perfeitamente clara em seu princípio: o pensamento precede por natureza a existência, e uma reflexão conduzida por esse pensamento e sobre ele oferece o método pelo qual toda compreensão pode ser alcançada. A razão, mais do que a própria natureza, é o seu dado primeiro.

No entanto, não daremos muito destaque à via cartesiana neste livro, pois parece realmente que as conclusões de Wittgenstein, seu longínquo continuador, puseram um ponto final nela. Wittgenstein, com efeito, examina em pormenor, nas *Investigações filosóficas*, como se forma e se fundamenta a linguagem, instrumento e condição da razão. Reteremos apenas um exemplo célebre, o do pedreiro que ensina seu ajudante a falar, mostrando-lhe o que são os tijolos e as ferramentas. A cada vez, ele tem de proceder mostrando com o dedo o que quer nomear, dizendo: "isso", e Wittgenstein nos convence que é totalmente impossível atribuir um sentido às palavras a não ser por esse único meio. Assim, a filosofia não pode partir apenas da razão, pois esta última precisa da linguagem, a qual só pode ganhar sentido em contato direto com a realidade. Se o mistério da razão, pré-requisito evidente à ciência, permanece intacto, só poderíamos procurar sua origem no contato das regularidades do Real, e não em si mesma. A via do *cogito* é, portanto, inadmissível e, a despeito de sua influência sobre a história da filosofia, podemos hoje encerrá-la sem retorno, senão sem pesar.

Tampouco nos estenderemos sobre um outro aspecto bem conhecido do pensamento cartesiano, esse procedimento exposto no *Discurso do método* e também, ainda mais claramente, nas *Regras para a direção do espírito*. Ele consiste, como se sabe, em decompor uma questão em outras mais fáceis, até que se chegue a um grau de simplicidade suficiente para que a resposta se torne uma evidência. O método é, sem dúvida, útil e cômodo no dia-a-dia da reflexão, enquanto guia de pensamento. Em compensação, ele se revela quase sempre deficiente diante das grandes questões que a realidade nos faz enfrentar. Essas questões se recusam a se deixar dissolver até o nível da evidência, e a simplicidade de sua resposta, quando há simplicidade, sempre é mais um novo ponto de partida do que um ponto de chegada.

Já mencionamos a concepção de Descartes, segundo a qual a essência da matéria se reduz à extensão ou, em outras palavras, a física se reduz à geometria. Mesmo se quiséssemos reconhecer aí uma visão premonitória da de Einstein, de qualquer forma sua história mostra um exemplo de fracasso patente do método cartesiano, quando Descartes acreditou poder enunciar graças a ela dez proposições relativas aos choques: só uma delas era exata. Para empregar as palavras de Bacon, Descartes quis pular até as conclusões últimas de maneira excessiva e prematura.

Seja como for, Descartes marcou-nos a todos, mesmo que seja apenas por uma visão mecanicista da realidade, em que o mundo físico e seus fenômenos são concebidos como uma máquina e suas partes, ainda que a fórmula seja, também neste caso, excessiva. É também a ele que devemos, bem como a Galileu, a ideia de que a natureza é governada por leis cuja forma é matemática – ideia forte, ideia estranha, que agora tomou posse dos cientistas, e isto a tal ponto, que eles a consideram uma certeza incontestável e definitiva, sem que jamais lhes ocorra a questão dos seus limites. É isso o que Heidegger chama de "projeto cartesiano": a matematização do pensamento. É o que reteremos, em todo caso, como constituindo a herança mais importante de Descartes, aquela a que mais teremos oportunidade de voltar.

Enfim, não podemos mencionar a linhagem de Descartes sem evocarmos pelo menos a grande figura de Espinosa. É, antes de tudo, o filósofo da coerência e aquele de que um cientista de hoje pode, certamente, sentir-se mais próximo. Ele talvez prefigure, sob muitos aspectos, o que a filosofia passará a ser em algum dia futuro e o que ela deverá até superar, quando não mais se apoiar apenas na base frágil da razão, mas sim num conhecimento mais extenso da *natura naturans* e da *natura naturata*, do Logos e do Real.

Locke e o empirismo

Poucos livros há mais agradáveis de se ler e mais facilmente convincentes do que o *Ensaio sobre o entendimento humano*, publicado em 1690 por John Locke (1632-1704). Tudo nele parece evidente e flui sem sobressaltos, levado por uma linguagem límpida. De bom grado seríamos tentados a considerá-lo a mais bela aplicação jamais feita do método de Descartes, se a obra não se destinasse, em parte, a se contrapor a esse mesmo Descartes.

Sua tese é simples: o mundo que nos rodeia é que nos fornece os meios de pensar e de falar. Todos sabem, diz ele, o que é uma ideia, seja ela um produto da imaginação ou uma noção comum a todos os homens. Não há nem ideia nem princípio inatos, pois se existissem as criancinhas revelariam já os possuírem. Ora, diz Locke, as crianças não sabem que não é possível que uma mesma coisa seja e não seja ao mesmo tempo.

Esse trecho, a que outros respondem, é interessante, pois é a primeira vez que um filósofo se digna a se instruir observando as crianças. A epistemologia genética, ou seja, o estudo sistemático da formação dos conceitos na criança, teve em nossos dias o seu iniciador em Jean Piaget, e ela confirma inteiramente essa intuição de Locke: "Todas as ideias provêm da sensação e da reflexão". São os objetos concretos percebidos pelos sentidos que estão na origem das ideias, ou seja, da presença em nós da imagem fiel. Outras ideias mais gerais se acrescentam a elas pela reflexão, ou seja, pelas operações de nosso espírito retrabalhando esses dados primeiros. "A alma só começa a ter ideias quando começa a perceber."

Segundo Locke, encontramos na hierarquia das ideias algumas ideias simples, que nem sempre são os dados brutos dos sentidos, mas sim os elementos que os compõem. Assim é que a ideia de gelo se resolve em outras, como as de dureza e de frio. Cumpre distinguir as ideias simples, que só são percebidas por um só órgão dos sentidos, e as que reúnem os dados de vários sentidos, dentre as quais figuram o do espaço, a extensão, a figura, o repouso e o movimento. Na fase seguinte, a inteligência extrai as semelhanças entre as ideias simples pela reflexão e chega, assim, à abstração. Depois vem a fase da linguagem, na qual as ideias elaboradas se traduzem em palavras que, em definitivo, apenas fixam os traços comuns das coisas percebidas. Assim, tudo parece claro: compreender é abrir-se ao mundo, cuja representação se forma na mente para gerar a linguagem e a razão.

Digressão: as ciências cognitivas

Foi deliberadamente que dissemos algumas palavras sobre a hierarquia das ideias segundo Locke. Com efeito, este é o seu ponto mais criticado e que se acha, porém, melhor justificado hoje em dia pela ciência. O exemplo da ideia de gelo que se resolve nas de frio e de duro podia, com efeito, surpreender. Equivalia a supor que a percepção do mundo exterior por nossos sentidos é uma combinação sutil de caracteres pré-selecionados, mais do que uma imagem global e fiel do que nos rodeia. Vale a pena insistir mais sobre este ponto, pois a questão de saber o que é nossa representação espontânea do mundo importa ao nosso propósito: mais adiante, contraporemos o formal ao visual, e é bom saber o que seja realmente o visual.

Apoiar-nos-emos, para tanto, na ciência atual do cérebro, cujos progressos são espantosos. Eles se devem a uma conjunção de forças de investigação que remonta a alguns anos, quando ciências até então separadas juntaram esforços para constituírem as ciências cognitivas: anatomia do cérebro, neurofisiologia, biologia hormonal, bioquímica, psicologia experimental. Muitos estudos participam, tratando tanto do homem quanto do animal, recorrendo à fisiologia, a experiências psicológicas controladas ou à observação clínica de pacientes com lesões cerebrais. Empregam-se poderosos meios de observação, como a câmera positrônica, que permite "ver" a circulação do sangue no cérebro, e os *scanners* de ressonância magnética nuclear, que acompanham até a circulação de certos átomos. A análise de todos esses dados apoia-se no conjunto das possibilidades da informática. É todo um campo novo do conhecimento que mal acaba de nascer, exuberante e já rico em resultados surpreendentes.

Assim é que a percepção sempre foi reconhecida como devendo desempenhar um papel importante nas bases da filosofia do conhecimento, e seu estudo revela, justamente, estranhas profundidades. Vejamos o caso da visão, que mostra isso claramente: durante muito tempo, se acreditou que a imagem por assim dizer fotográfica que se forma na retina fosse transmitida tal qual ao cérebro, que a analisaria para assim repartir os papéis da percepção e do entendimento. Hoje se revelou que as coisas são muito mais sutis. A retina é um tecido neuronal de grande complexidade, que procede a uma análise minuciosa da imagem recebida. Zonas de neurônios especializados reconhecem se a imagem contém linhas verticais, outras detectam linhas horizontais, outras ainda distinguem a cor ou a intensidade da luz, ou a presença de um movimento. Assim, a imagem é cindida quase imediatamente pela retina em diversos esquemas constituintes, cuja síntese o cérebro deverá refazer para reconstituir a coisa vista.

A retina também dispõe de uma rede complexa de conexões internas, que lhe permite captar e transmitir informações elaboradas sobre as correlações presentes no interior da imagem: semelhanças, mas também diferenças, entre as coisas vistas; a presença de um objeto móvel; e sobretudo esse grande mistério que ainda nos resiste, o reconhecimento da forma das coisas.

Há continuidade da retina ao cérebro, pois a primeira é uma parte do segundo, e também fomos longe no reconhecimento das diversas zonas do cérebro que recebem as componentes da imagem. Elas são quatro, que se comunicam entre si; reagem respectivamente às qualidades de movimento, de cor e de forma, representando a forma por si só uma informação tão rica e tão complexa que são necessárias não menos do que duas zonas diferentes do cérebro para processá-la.

A síntese de uma percepção completa envolve zonas do cérebro ainda mais extensas. Podemos ver diretamente as que estão ativas num momento dado, por meio de uma câmara positrônica, que detecta o fluxo do sangue no cérebro, mostrando, assim, quais partes do órgão estão ativas. Podemos, no caso da vista, correlacionar esses dados com a coisa vista, seguindo os movimentos dos olhos com uma câmera de vídeo. Essas experiências foram completadas em animais, implantando eletrodos diretamente no cérebro para receber os sinais dos neurônios. Verificou-se, assim, que zonas diferentes do cérebro reagem de acordo com as características do espetáculo que se oferece aos olhos, quer se trate de efeitos de cor, de movimentos, de mudanças de forma, quer se trate do aparecimento de formas reconhecíveis etc. A coerência de conjunto ocorre nos lóbulos pré-frontais do córtex, onde se situa a memória imediata, que permite, por exemplo, indicar imediatamente o aparecimento de um elemento novo numa cena que sem isso seria a mesma. É também daí que partem as instruções que provocam as reações do corpo: movimentos do olho, da boca ou da mão. Os lóbulos pré-frontais são, portanto, capazes de dirigir a atenção e a reação.

A percepção aparece, assim, como um processo extremamente complexo, em que o mundo exterior é decomposto primeiro em múltiplos atributos, bem antes que a sua significação tenha sido percebida. Esse aspecto analítico da percepção, que passa primeiro por uma estruturação da imagem, antes de proceder à sua recomposição, se impôs pouco a pouco ao longo das últimas décadas, e a filosofia não pode, doravante, passar sem ele.

Que quer dizer isso? Simplesmente o seguinte: a filosofia também progride pelo método experimental e, afinal, o ponto de vista de Locke prevalecia sobre o de Descartes. Isto é evidente? Tanto melhor.

O pragmatismo de Hume

David Hume (1711-1776) situa-se na descendência direta de Locke, e reduz a totalidade do conhecimento a um produto puro e simples da experiência. Ele é ainda mais categórico do que seu predecessor, negando toda significação às questões que pretendessem ir além. Ele impressionou seus contemporâneos e marcou a história da filosofia sobretudo por sua rejeição radical de qualquer metafísica, uma rejeição que chegava até a negar a existência de princípios morais universais, e mesmo de conceitos morais, como o de liberdade. Evidentemente, foi esse o aspecto de seu pensamento que mais chamou a atenção, mas ele não nos concerne aqui, e só nos interessaremos pelo que Hume pode dizer-nos sobre o entendimento e sobre a natureza das ciências.

Suas *Investigações sobre o entendimento humano* datam de 1748 e se seguem a uma obra de juventude, o *Tratado da natureza humana* (1737). É nas *Investigações* que encontramos a formulação mais clara e, por assim dizer, definitiva, da filosofia pragmática, ainda muito difundida hoje em dia nos meios científicos. Podemos resumir a sua tese principal retomando os próprios termos de Hume: "A despeito de sua aparente liberdade, o nosso pensamento está, na realidade, confinado em limites muito estreitos e todo o poder criativo do espírito se limita apenas à faculdade de compor, transpor, aumentar ou diminuir os materiais fornecidos pelos sentidos e pela experiência". Toda a atividade de nosso espírito se limita, em suma, a explorar os *fatos*. A reflexão nada acrescenta de essencial ao que trazem os fatos. A maior parte das noções que aparecem na filosofia especulativa são totalmente carentes de significação, como podemos ver levantando simplesmente a questão: de que impressão dos sentidos essa noção deve derivar? Todas as vezes em que não se pode responder à pergunta, é porque se estava falando no vazio.

Vem, então, algo que parece nos concernir ainda mais: as leis que as ciências descobrem, com o auxílio da experiência, apenas revelam a existência de uma "conexão inseparável e inviolável dos fatos entre si". *Essas leis são apenas resumos dos fatos*. Assim, os fatos estão na origem de nossa representação do mundo, de nossa linguagem, e isso é possível porque eles têm uma regularidade suficiente para permitir que a razão e a linguagem sejam úteis. Essa regularidade é descrita da melhor forma pelas leis enunciadas pelas ciências, que, no entanto, nada acrescentam a um mero resumo dos fatos.

E eis que de repente, sem anunciar, sem talvez tomar muito cuidado, Hume se transforma bruscamente num metafísico radical. É assim, pelo menos, que eu o compreendo, se a metafísica consiste em prescrever o que o mundo deve ser, mais do que em constatar o que ele é. Com efeito, embora admita que existem conexões íntimas entre os fatos, reveladas pelas leis, Hume não deixa de afirmar que é impossível, impensável saber qualquer coisa a mais a este respeito. Nossa lógica é incapaz disso, e suas inferências se devem, afinal, apenas à força de um hábito que a constatação de fatos indefinidamente repetidos imprime em nós.

Essa etapa do pensamento de Hume é extremamente importante, e podemos dizer que ela iria constituir, a partir daí, uma das questões mais discutidas da filosofia do conhecimento. As questões que Hume assim proíbe e decreta como insolúveis para sempre, e até carentes de significação, são muitas, mesmo se nos restringirmos à área da ciência: por que os fatos estão ligados entre si pelas regularidades que a experiência verifica? Como é que as "leis" da natureza – por exemplo, as reveladas pela mecânica newtoniana – permitem prever o que será o resultado de uma experiência que ainda não foi feita, e de onde vem esse poder preditivo da ciência? Hume rejeita todas essas questões como estando além do que podemos um dia esperar conhecer. É a revelação progressiva do fato de que às vezes podemos ultrapassá-los que constitui hoje, como procuraremos mostrar mais adiante, o verdadeiro campo de exercício da filosofia do conhecimento.

Indiquemos isso sem antecipar-nos em demasia, mesmo que seja apenas para os muitos cientistas que se sentem ou se declaram pragmatistas. Eles compartilham com o filósofo que lhes está mais próximo – estejam eles ou não, aliás, familiarizados com seus textos – um ódio enorme por toda metafísica. Não deixa de ter seu interesse, portanto, notar aqui que certo número das questões que Hume acreditou poder rejeitar definitivamente o foram injustamente, como deveria, pelo menos, revelar a história ulterior. Este é um assunto ao qual teremos a oportunidade de voltar à vontade e que logo vai reaparecer com Kant, nossa próxima referência.

Kant

A partir de Emmanuel Kant (1724-1804), a filosofia do conhecimento deixa de ser monolítica e assentada numa base única, quer seja esta última o espírito, o Logos ou a realidade dos fatos. A filosofia começa a proceder a partir daí a prudentes dosagens desses dados primeiros, mais ou menos complementares, cujos ingredientes diferem conforme os pensadores. Embora nada esteja mais longe de nós do que a ideia de condenar essa prudência e essa busca de um equilíbrio, nem por isso elas deixarão de assinalar o limiar a partir do qual cessaremos de seguir a história da filosofia do conhecimento. A partir daí, o pensamento de cada autor, maior ou menor, do próprio Kant a Schelling, a Hegel, a Marx e Engels, a Auguste Comte, a William James, a Avenarius ou a Husserl, exige a cada vez uma análise particular e comparações atentas que só podem ser efetuadas numa história da filosofia. Além disso, esses pensamentos estão impregnados da ciência do seu tempo, o que deve em cada caso ser levado em consideração. Na realidade, e sem mais rodeios, digamos que encerraremos ali, quanto ao essencial, a nossa breve revista da teoria do conhecimento.

No entanto, vamos recordar brevemente alguns elementos da filosofia do conhecimento de Kant, para ilustrarmos essa pluralidade de concepções por ele inaugurada e também porque algumas de suas ideias continuam a impregnar o pensamento moderno. Já no início, na *Crítica da razão pura*, Kant se situa no prolongamento do pensamento de Hume. Não pode aceitar os limites que este último traçara para o conhecimento: "Nossa razão tem um destino singular que faz que, para alguns de seus conhecimentos, ela sempre se veja perturbada por questões que não pode ignorar, pois elas surgem pela própria natureza da razão, e que não podem obter resposta, porque transcendem os poderes da razão humana".

Kant, então, se afasta deliberadamente do quadro traçado por Hume, admitindo a existência no homem de ideias *a priori*. Consequentemente, deve existir um domínio do conhecimento que nos seja acessível em princípio, independente da experiência e no qual se exerça a "razão pura". O problema a que todo o seu livro se prende consiste, então, em determinar como e até que ponto pode o entendimento conhecer sem recorrer à experiência, sendo esse tipo de conhecimento qualificado por ele como "transcendental". A experiência já não é o único domínio a que o entendimento está confinado; ela nos diz o que é, mas não que assim deva ser necessariamente. Neste sentido, a experiência jamais nos fornece "verdades gerais".

A análise de Kant é extremamente cuidadosa e define todo um leque de noções, acompanhadas de um vocabulário específico que ainda permanece muito útil hoje em dia. O preço a pagar por essa precisão é certa obscuridade da linguagem, que muitas vezes criticaram a seu autor, embora ela se dissipe com um pouco de familiaridade. Em todo caso, ela provoca a impossibilidade, para nós, de seguir seu pensamento em pormenor, e até de lhe ser realmente fiel, permanecendo em limites razoáveis de espaço. Tentaremos, porém, apreender algumas de suas grandes linhas, úteis ao nosso propósito.

Vejamos primeiramente o que ele chama de dados *a priori* do entendimento, os quais se tornam possíveis pela existência das ideias inatas. Podemos ver nisso dois aspectos, o primeiro deles é positivo: é possível conhecer algo a mais do que o que é oferecido pela mera experiência. Há outro aspecto, desta vez negativo: existem categorias no pensamento às quais não podemos escapar e que condicionam tudo o que podemos conceber. Delas fazem parte certas categorias estritamente indefiníveis, como as de quantidade, de realidade, de permanência, de causa, de possibilidade, de existência e de necessidade. Duas outras são as de espaço e de tempo, que Kant chama de "formas puras da intuição sensível". Poderíamos tentar descrevê-las em termos mais grosseiros, como quadros a que nosso espírito deve necessariamente submeter toda experiência e toda percepção que receber, cessando o objeto visto ou pensado, em Kant, de ser irredutível e primeiro para sempre se moldar em formas preestabelecidas de pensamento.

Se, diz Kant, chamamos de fenômenos os objetos dos sentidos, o espaço deve ser encarado como uma condição da possibilidade dos fenômenos, e não como algo que seja determinado por eles. O espaço é uma representação *a priori* de nosso espírito que precede necessariamente todo fenômeno externo. Não representa nenhuma qualidade dos objetos por si mesmos, nem dos objetos em relação uns com os outros; é, antes, a condição subjetiva de nossa sensibilidade, sem a qual nenhuma intuição externa nos é possível. Por conseguinte, é só do ponto de vista do espírito que podemos falar de espaço ou de objetos extensos.

Mais ou menos o mesmo se pode dizer do tempo, que não é um conceito empírico deduzido de uma experiência qualquer. É um quadro de representação necessário que precede a percepção e a intuição. Não é algo que exista em si ou que seja inerente às coisas, mas apenas uma condição subjetiva indispensável para que possam acontecer intuições em nós. O tempo deve ser considerado, porém, como real, não como é real um objeto, mas na medida em que ele é a representação de mim mesmo enquanto objeto.

Podemos contentar-nos com exemplos oferecidos pelo espaço e pelo tempo para tentarmos melhor apreciar a significação do ponto de vista de Kant. Começaremos, para tanto, com o que pode parecer uma crítica injusta, já que fundada na história da ciência que viria depois dele. O método, porém, é um excelente revelador de estruturas de pensamento difíceis de se revelar de outra forma.

Em Kant, e pela convicção de seus discípulos, é claro que a sua concepção do espaço exclui qualquer eventualidade de um espaço irrepresentável, por exemplo, não euclidiano. Aliás, essa exclusão é que deveria levar Gauss, alguns anos mais tarde, a calar suas interrogações sobre a geometria do espaço, para não provocar a ira dos "beócios". Um espaço-tempo como o de Einstein, cujas propriedades de curvatura são determinadas pela matéria que ele contém, ou seja, pelos "objetos", contrapõe-se ainda mais a todos os postulados de Kant.

Apesar de sua preocupação em superar os limites fixados por Hume, Kant não deixa de estabelecer outros limites, que se revelam igualmente frágeis, como vemos à leitura de suas famosas "antinomias" e, em particular, da primeira. Ela contrapõe duas teses: uma afirma que o tempo é eterno e o espaço, infinito; a outra, que há um começo no tempo e que o espaço é limitado. Kant pretende estabelecer por métodos "transcendentais", isto é, pela razão pura, que é fundamentalmente impossível decidir entre essas duas afirmações. Ora, sabemos que a cosmologia moderna pensa ter sólidos argumentos a favor da existência de um começo no tempo e que considera o caráter finito ou infinito do espaço como uma questão que pode ser resolvida, em princípio, medindo com bastante exatidão a densidade atual de massa no espaço.

Há, pois, pelo menos divergência entre o quadro imposto por Kant e o que a física moderna nos oferece. Um kantiano de estrita obediência não deixaria de dizer que uma parte essencial da *Crítica da razão pura* permanece ainda válida, ou seja, que a nossa intuição, a nossa representação mental só pode conceber um tempo e um espaço bem distintos, possuindo o primeiro as propriedades essenciais que Euclides supunha. Contudo, apareceram dois dados novos: os juízos *a priori* que podem ser formulados por dois observadores em movimento um relativamente ao outro podem não estar de acordo; as "verdades gerais" que podemos deduzir deles só dizem respeito, portanto, à representação intuitiva do mundo que o cérebro humano forma com toda clareza. Essas verdades nada têm a ver com uma lei intrínseca à realidade: se o homem fosse substituído por um robô pensante, suas verdades *a priori* só diriam respeito ao que a disposição de seus circuitos impõe.

Sem que nos ocorra diminuir a importância da contribuição de Kant, sempre presente pelas noções importantes que soube introduzir ou precisar, fica claro que seu pensamento está em definitivo centrado na relação do homem com a realidade e ignora sistematicamente o fato de o homem pertencer à realidade. Assim, o que ele diz de outras verdades *a priori*, como as das matemáticas e da lógica, tornou-se em grande parte inutilizável.

Outros tentarão, depois de Kant, elaborar uma teoria geral do conhecimento. Poderíamos citar as de Bertrand Russell (1872-1970), de Alfred Whitehead (1861-1947), de Ludwig Wittgenstein (1889-1951) e de Edmund Husserl (1859-1938). Poder-se-ia dizer que todos nasceram tanto tarde demais quanto cedo demais; cedo demais para poderem conhecer em profundidade os elementos novos que as leis do mundo quântico, em particular, ofereciam; tarde demais, às vezes, para que suas obras não se choquem bruscamente com esses elementos.

Com a ciência formal que possuímos desde Maxwell, fica claro que as noções mais importantes, aquelas por meio das quais podem ser enunciados princípios universais, são por essência abstratas, irredutíveis às categorias *a priori* de Kant. Elas não podem ser representadas direta e simplesmente à imaginação, e as matemáticas mostram-se como as únicas capazes de encerrá-las, de exprimi-las e de manejá-las com segurança. A questão da natureza das matemáticas substitui, assim, em parte, a das categorias do pensamento.

Não há mais juízo sintético *a priori* que valha. Não há mais uma indução que permita exprimir facilmente o suco da experiência para que ele se fermente sob forma de princípios. A ciência escuta cada vez mais um diálogo íntimo, como que direto, entre a realidade e o formal. "Venha mais para baixo, fale baixo, o escuro não é tão escuro"... e o espírito humano percebe cada vez mais que a natureza, a sempre jovem Parca, o ultrapassa e o atrai para a sombra em que reinam esses conceitos profundos, que recusam que talhemos imagens suas.

SEGUNDA PARTE

A RUPTURA

Nada é mais evidente nem mais repetido do que o fato de vivermos um período de ruptura. Admite-se também, cada vez mais, que as primeiras manifestações disso remontam a quatro séculos, quando do aparecimento da ciência moderna. Resta saber de que ruptura se trata.

Ela tem pelo menos dois aspectos, a que se dá em geral grande importância, um referente à situação do homem no universo e à visão que tem dele, o outro decorrente das consequências onipresentes da técnica moderna. O primeiro age sobre as mentes, o segundo sobre a vida inteira.

Quem ignora hoje em dia que a evolução das espécies nos faz pertencer à corrente universal da vida, que a evolução do Sol e da Terra amplia ainda mais a nossa parentela, estendendo-a à matéria, ao oxigênio expirado pelas primeiras espécies vivas, aos átomos que nos constituem e que vem de estrelas mortas gloriosamente – que o universo teve um começo? Admitirei que todos sabemos disso e que é esse o pano de fundo intelectual evidente de nosso século. Quanto à técnica proliferante, à Terra atravessada por aviões, por ondas e por informações, às mudanças do dia-a-dia, aos efeitos da medicina e aos gritos do mundo em meio a sofrimentos infernais, conhecemos a sua importância capital, mas, também neste caso, essas coisas são bem conhecidas, e nada tenho a acrescentar aos livros que tratam delas.

Gostaria de falar de uma ruptura mais discreta e pouco observada, mas, também ela, importante. Trata-se de uma profunda transformação da ciência que acaba de ocorrer, à escala da história, e que afeta profundamente a natureza do pensamento, o ato de compreender. Ela participa, inicialmente, de um movimento que é, de maneira eminente, positivo, esse processo profundo de gênese da coerência que evocamos no prólogo, em que as leis de todas as ciências particulares se reúnem e se edificam num feixe, sem choques, sem impasses, numa cominatória unidade. A ruptura está aí, porém, ela se situa no fato de que essas leis são, aos olhos da inteligência comum e da filosofia clássica, totalmente incompreensíveis. Em suma, quanto mais se sabe, menos se parece compreender.

Muitas vezes ouvimos as queixas legítimas de quem não pode compreender os princípios da física ou das matemáticas contemporâneas, que nenhuma "vulgarização" consegue transmitir. Existe aí mais do que parece à primeira vista, mais do que um excesso de especialização, mais do que gosto imoderado pelo abstrato: uma verdadeira opacidade do conhecimento.

Na realidade, é bem mais do que isso, e veremos que se trata, de fato, de uma verdadeira ruptura das bases tradicionais da filosofia, sob a pressão da ciência. Não poderíamos pensar em cingi-la logo de saída em poucas palavras, pois parece que ela não foi bem percebida em seu conjunto. Digamos, se quiserem, que se trata da perda da representação espontânea do mundo, de onde partia todo pensamento, da derrota do senso comum e de suas flores preciosas que são os princípios filosóficos, de um estranho primado do abstrato, do formal, que vemos presente até no coração da realidade. O remédio só pode ser inventar uma nova maneira de compreender.

Os estalos que anunciavam a ruptura foram nitidamente percebidos, mas não seu rumor profundo, e é sob essa forma ainda incompleta que eles já percorrem a filosofia. Houve, de início, um retorno da lógica sobre si mesma, quando ela se tornou formal, preocupada apenas consigo mesma. Os livros estão repletos disso, de Russell a Wittgenstein e de Carnap a Quine ou a Popper. A lógica formal acompanhava uma outra renovação, mais vasta, nas matemáticas. Estas soltavam as amarras que ainda as prendiam à realidade para se tornarem autônomas, puro jogo de relações, Logos renovado em que as Formas já não eram formas de nada tangível, mas disponíveis a tudo. Muitos autores falaram disso, os mesmos que acabamos de citar e outros mais, como Jean Cavaillès e muitos de nossos contemporâneos.

Foi na física que ocorreram os maiores terremotos. Houve primeiro a teoria da relatividade e seu questionamento das categorias do entendimento teorizadas por Kant. Há, sobretudo, essa ciência quase universal que recebeu o nome de mecânica quântica e é, na realidade, a expressão geral das leis da natureza num mundo feito de partículas onipresentes e quase inapreensíveis. Foi essa ciência que nos avisou sobre os limites do senso comum e sobre a falibilidade de certos princípios filosóficos essenciais, inteligibilidade, localidade, causalidade, identidade e discernibilidade. As próprias palavras passam, então, a nos faltar; elas só encerram a aparência mais enganadora das coisas, e se chocam umas contra as outras em múltiplas contradições. Só as matemáticas têm firmeza suficiente para conter os conceitos da física; elas não mais se contentam em precisá-los, como nos séculos passados, mas exprimem-nos, sem que nada possa substituí-las.

É isto o essencial do que vamos encontrar nesta segunda parte: um diagnóstico de catarata, a opacidade da visão da ciência, quer na lógica formal (reduzida aqui, é bem verdade, a pouca coisa), quer nas matemáticas contemporâneas, quer na mecânica quântica. Limitando-nos a alguns grandes traços, mencionaremos também as vivas perplexidades filosóficas que acompanham essas ciências, quer acerca das matemáticas, quer da epistemologia quântica.[1]

Tudo isto visa, na realidade, a um último patamar, que só será abordado na última parte, mas exigirá que esse tipo de aproximação tenha sido feito previamente. Uma tentativa de renovação da filosofia do conhecimento à altura dos problemas encontrados não poderia, com efeito, apoiar-se sobre reflexões dispersas – aqui a lógica, ali as matemáticas e acolá as ciências da natureza – em vários livros separados e especializados como os de agora. Sem dúvida, a pedra principal da

---

[1] A literatura sobre este assunto é imensa, mas podemos citar dentre as publicações recentes, na mesma coleção [francesa] que este livro, a reedição de *Física atômica e conhecimento humano* de Niels Bohr, acompanhada de uma excelente introdução e de notas preciosas, de autoria de Catherine Chevalley. Textos de Erwin Schrödinger estão, por outro lado, disponíveis nas Éditions du Seuil, muito bem apresentadas e anotadas por Michel Bitbol. Não poderíamos, evidentemente, deixar de acrescentar os livros de exposição e de reflexão de Bernard d'Espagnat.

abóbada deverá apoiar-se ao mesmo tempo nestes três pilares, em que pese o conforto dos especialistas. É por isso que eles se erguem aqui.

Nota

Falta precisar um ponto acerca do vocabulário que empregaremos para melhor ressaltar os aspectos filosóficos comuns a essas três ciências e caracterizar as duas fases principais de sua evolução. Optamos pela tradição dos físicos, falando de uma ciência "clássica" de antes da ruptura, e pela tradição dos matemáticos, falando de uma ciência "formal" posterior. Assim, vemos a lógica de Aristóteles ser qualificada de clássica, da mesma forma que o cálculo diferencial de Newton e de Leibniz, ao passo que a física quântica, apesar de suas inúmeras aplicações concretíssimas, é chamada de formal. Trata-se, evidentemente, apenas de uma classificação particular a nosso propósito, que só se destina a torná-lo mais claro.

CAPÍTULO 5
AS MATEMÁTICAS FORMAIS

A era do formalismo

No ponto em que estamos, mais vale não tentarmos acompanhar, como fizemos antes, o desenrolar-se da história das matemáticas, que, aliás, se acelera.[1] Reteremos, de preferência, três ideias que nos foi dado encontrar por ocasião dessa história. A primeira diz respeito à própria natureza das matemáticas: elas não têm particularmente como objeto o estudo dos números nem das figuras geométricas, nem, aliás, de nenhum outro domínio, que, afinal de contas, nunca passará de uma aplicação dessa ciência, e não a sua essência. Essa essência é o estudo das relações que existem entre os conceitos, independentemente da natureza específica destes últimos. Trata-se, em suma, do puro estudo da forma.

O final do século XIX e o início do XX caracterizam-se por um esforço gigantesco por dominar a área do formal, nela instalar pontos de referência, estabelecer regras e traçar o seu plano. Tal empreendimento

---

1 Neste capítulo, inspiramo-nos na obra coletiva dirigida por Jean Dieudonné, *Abrégé d'histoire des mathématiques, 1700-1900*, Paris: Hermann, 1978, 2 v., e na coletânea de artigos originais publicada por Jean Van Heijenoort, *From Frege to Gödel, a Source Book in Mathematical Logic, 1879-1931*, Cambridge (Mass.): Harvard University Press, 1967.

exige que se tomem precauções rigorosas contra certas indolências do pensamento ou seus hábitos inveterados, e passa inicialmente por uma caça implacável às evidências enganosas. Assim é que puros símbolos invadem todo o campo do pensamento, e é rudemente banida toda tentação de se abandonar às delícias da intuição. Hilbert chegava a dizer, com certo sorriso, que mais valia abandonar as palavras demasiado sugestivas, para que elas não nos enganassem, e que talvez fosse preferível usar palavras como "mesa", "cadeira" ou "caneca" a outras como "ponto", "reta" e "plano".

Essa atenção aguda dirigida ao formalismo e essa desconfiança das representações intuitivas não podiam deixar de ter sua repercussão na lógica. Esta última já não podia permitir-se deslizar na superfície da evidência, como o sugere uma imagem clara que temos na mente. Ela tinha de se tornar uma lógica do formal, uma lógica formal.

A segunda ideia que reteremos diz respeito à importância do infinito nas matemáticas. Encontramo-lo praticamente em toda parte, exceto em algumas áreas muito limitadas. É também uma das noções mais difíceis de se controlar pela lógica, e exige, por sua vez, que a lógica evolua em consequência.

A terceira ideia importante é a de uma busca absoluta da coerência. Procurando recolocar a análise no quadro modelo legado por Euclides, foi preciso aprofundar este último. Viu-se esclarecido o papel das hipóteses. Um axioma já não se mostrava simplesmente como uma verdade evidente, nem um postulado como uma verdade suposta, revelando-se ambos, pelo contrário, cada vez mais como possíveis considerados dignos de ser explorados em virtude unicamente de sua fecundidade.

Uma vez que assim se abandonavam as referências à realidade tangível, tais como a do espaço físico, já não era possível confiar na certeza, real ou suposta, e era de se temer muitos novos escolhos imprevistos, erros ocultos ou contradições internas. Isso deveria conduzir ao primeiro plano uma reflexão nova sobre o que seja a verdade na matemática, que era preciso entender, agora, como uma imunidade adquirida contra as contradições, uma plena coerência lógica.

Essa evolução de conjunto na direção do formal revelou-se espantosamente fértil, e não, como se poderia temer, uma logomaquia fechada em si mesma. Ela permitiu abrir e assentar inúmeras áreas novas no interior mesmo das matemáticas. Verificou-se, também, coisa estranha, que ela não consagrava um divórcio com a realidade, mas sim, pelo contrário, que ocorriam reconciliações. Com efeito, pouco depois da mutação das matemáticas, o curso da física deveria ser arrastado para as paisagens novas da relatividade, da teoria relativista da gravitação e da física quântica, e algumas das construções mais ousadas das matemáticas formais deveriam revelar-se como ferramentas indispensáveis à formulação das leis da natureza. Ninguém consegue ainda explicar esse surpreendente encontro, mas não poderíamos duvidar de que ele seja uma verdadeira *descoberta filosófica* que nossa época ainda não avaliou inteiramente.

É dessas matemáticas formais, atuais, que vamos, pois, tentar falar agora, sem nos perdermos em seus meandros nem, infelizmente, nos deixarmos tentar por algumas de suas belezas. Seremos assim, de algum modo, os êmulos resignados de São Bernardo, quando meditava a caminho de Genebra sem olhar para a majestade dos cimos, atento apenas ao que julgava ser o essencial.

A lógica formal

O homem que mais contribuiu para remodelar a lógica em nossa época foi, sem dúvida, Gottlob Frege (1848-1925). A necessidade de uma tal operação se manifestara ao final do século XIX, quando foi preciso enfrentar o infinito para que as matemáticas pudessem continuar a progredir. Isso provocou algumas resistências, e alguns se insurgiram, na época, contra a invasão do pensamento por automatismos inspirados no cálculo. Outros viam nisso apenas um refinamento excessivo ou um abuso insensato de raciocínio, contrário a um sadio interesse pela prática e definitivamente reservado aos intelectuais. São os mesmos que hoje se extasiam diante do desempenho dos computadores, os quais, no fundo, não passam de máquinas de fazer lógica formal.

É, no entanto, difícil falar da obra de Frege, bem como da de Cantor e pela mesma razão, que é a que impede que se descreva apenas de passagem um pensamento cuja característica própria é uma meditação exigente e contínua. Contudo, temos de dizer algumas palavras sobre a lógica, para abordarmos as matemáticas de hoje, e precisaremos, até, referir-nos de novo a ela quando quisermos melhor compreender a física quântica, ciência da natureza elevada, por seu lado, ao nível do formal. Felizmente, não é indispensável para isso mergulharmos na obra difícil de Frege, e algumas palavras sobre a de seu predecessor George Boole (1815-1864) poderão bastar.

A obra de Boole consistiu primeiramente em realizar um dos sonhos de Leibniz: forjar um simbolismo cômodo acompanhado de regras seguras e completas, a fim de realizar de maneira simples e automática as operações da lógica. Uma de suas ideias principais consistia em substituir a definição ou o enunciado das qualidades de um objeto por um apelo ao conjunto de todos os objetos que respondem à definição ou possuem as qualidades em questão. Em vez, por exemplo, de definir a cor vermelha por meio de palavras inevitavelmente inadequadas, admite-se saber reconhecer se uma coisa é vermelha ou não, e se consideram todas aquelas que o são como formando um conjunto, o conjunto dos vermelhos. Não raro se exprime isso dizendo que Boole faz o ponto de vista da extensão preceder o da compreensão, que consistiria justamente em dar uma definição exata das coisas vermelhas. A existência de um conjunto H dos homens é admitida de maneira análoga. Poder-se-ia também considerar o conjunto M de tudo o que é mortal, e o enunciado de uma proposição simples como "Todo homem é mortal" pode ser expressa dizendo que o conjunto H está contido no conjunto M.

Boole propõe também uma notação simples e elegante para a conjunção lógica "e", que grafa como um produto: dado, por exemplo, o conjunto N dos humanos de cabelos negros e o conjunto F dos humanos de sexo feminino, para o conjunto das mulheres de cabelos negros, escreve-se F.N; trata-se do conjunto dos elementos comuns a F e a N. Ele igualmente define a alternativa lógica "ou", que grafa pelo sinal de adição: os humanos do sexo feminino *ou* cujos cabelos são negros formam um conjunto que os matemáticos chamam de a união dos dois conjuntos F e N e que Boole expressa sob a forma N + F (na verdade, esse "ou" extensivo que difere do "ou" excludente, que traduzimos melhor por "ou, ou", não foi considerado pelo próprio Boole, mas introduzido por Jevons em 1864).

Outra ideia de Boole, cuja necessidade já se fazia sentir há muito tempo sem que os lógicos conseguissem formulá-la, foi introduzir dois conjuntos de referência universais. O primeiro é o conjunto vazio, que não contém nada e ele escreve como 0. O segundo é o "universo" em que se situam os raciocínios lógicos de que se está tratando, o universo de discurso, o *Denkebereich*, que já mencionamos. Podemos esclarecer essa noção com um exemplo: suponhamos que decidíssemos falar com lógica do que se refere às questões de casamento. Podemos primeiramente pensar em introduzir a noção de pessoas casadas, levando em conta seus laços recíprocos. Poderíamos, então, dizer que, depois disso, basta considerar o conjunto dos casais. Mas atenção! É preciso prestar atenção no universo de discurso que consideramos: estamos falando de casamentos monogâmicos, poligâmicos ou poliândricos (como existia há pouco no Tibete)? Eis aí pelo menos três universos de discursos, e é claro que a estrutura dos conjuntos subjacentes é muito diferente, bem como suas propriedades. A lógica impõe, portanto, antes de tudo, que saibamos em que universo de discurso nos situamos, qual é o conjunto total de referência. Boole representa esse "universo" pelo símbolo 1.

A negação pode, então, ser descrita por sua vez através de conjuntos. Boole considera que uma certa proposição enuncia essencialmente que um certo elemento dado pertence a certo conjunto dado. Assim, se o conjunto total 1 é o dos homens, podemos considerar um elemento desse conjunto, por exemplo, Sócrates, bem como um conjunto L que pertence a 1, por exemplo o dos homens louros, e a proposição "Sócrates é louro" nada mais exprime do que o fato de o elemento Sócrates pertencer ao conjunto L. A negação dessa proposição, que se enuncia "Sócrates não é louro", equivale a introduzir o conjunto L' dos elementos que não pertencem a L, e a dizer que Sócrates pertence a L'. Boole designa o conjunto L' por 1 − L.

Essas notações se adaptam bem à lógica, desde que não sejam aplicadas de maneira cega, mas sim com discernimento, o que equivale a dizer que a manipulação dos sinais (., +, −, 1, 0) obedece a regras precisas que se assemelham às da álgebra, sem, porém, coincidirem com elas. Se voltarmos ao mesmo exemplo L (louro) que antes e designarmos por F o conjunto das mulheres, teremos F.L = L.F, pois toda mulher loura é um humano louro do sexo feminino. Mas teremos também F.F = F, pois toda mulher que é mulher é simplesmente mulher. As regras precisas da álgebra lógica foram claramente colocadas por Boole e ulteriormente completadas por A. de Morgan e C. S. Pierce. Hoje, elas figuram em todos os manuais de lógica, inclusive nos destinados aos futuros profissionais da eletrônica e da informática.

Vem, então, a chave da lógica, aquela que permite enunciar as consequências das premissas dadas, ou seja, a implicação lógica, já conhecida dos estoicos. Em Boole, uma proposição *a* implica outra proposição *b* se o conjunto A correspondente à propriedade *a* estiver contido no conjunto B correspondente a *b*, o que se escreve simplesmente A.B = A.

De um modo mais geral, os trabalhos de Boole têm o grande interesse de mostrar a estreita ligação que existe entre a lógica e a teoria dos conjuntos. Podemos não acompanhá-lo até o fim quando define uma propriedade por meio de um conjunto, e logo veremos como proceder de modo diferente, à maneira de Frege, por meio de símbolos. De qualquer forma, a lógica sempre exige um conjunto de referência, um conjunto de proposições concebíveis que constitua um universo de discurso.

Por um momento, se colocou a questão de saber se todas as matemáticas poderiam ser pura e simplesmente reduzidas à lógica; é sobre essa doutrina que se fundam os grossos volumes dos *Principia mathematica* de Russell e Whitehead. Um pouco mais tarde, Bourbaki preferia assentá-las na teoria dos conjuntos, deixando a lógica no segundo plano. Que é, então, realmente primeiro? A resposta a esta pergunta permanece indecisa atualmente, e sem dúvida ela é impossível.

Símbolos e conjuntos

As poucas palavras que acabamos de dizer acerca da lógica são certamente insuficientes, mas nosso verdadeiro objetivo não está aí. Trata-se de dar uma ideia da natureza das matemáticas contemporâneas, com seu formalismo intrínseco e altivo. Para descrever essa ciência dos símbolos e das relações, começaremos pelos símbolos.

Poder-se-ia dizer que tudo se fundamenta no princípio do terceiro excluído, sob sua forma mais simples: parte-se de dois símbolos *distintos*, que são grafados pelos signos 0 e 1. Também poderíamos ter representado o primeiro por uma bola e o segundo por uma cruz, ou publicar este livro em cores e utilizar um ponto azul e outro vermelho, pouco importa, e deve ficar bem claro que 0 e 1 não são números, aqui, mas símbolos. Símbolos de quê? Apenas do que é um e do que é outro. Deem-me 0 e 1, diria um Descartes de hoje, e lhes darei o pensamento. Sem exagerar tanto, consideremos que, por enquanto, se trata apenas de dizer o que é um símbolo e que bastam dois deles para gerá-los a todos.

Suporemos, para comodidade da exposição, que dispomos de um computador. Vamos nos apoiar, em particular, no fato de que ele possui memórias em que se podem ordenar símbolos elementares como 0 e 1 (o que muitas vezes é chamado de *bits*) ou de sequências formadas por esses símbolos. Um símbolo 0 ou 1 é realizado concretamente no computador pelo potencial elétrico nos limites de um transistor situado numa memória, potencial que pode assumir dois valores bem distintos. As memórias podem ser ordenadas, por sua vez, em diversos blocos bem distintos, e isso nos será cômodo, na medida em que cada um desses blocos servirá para ativar um conceito particular. Há de se notar, de passagem, que o computador é uma máquina finita, ou seja, o número total de suas memórias, por maior que seja, é finito, como nosso próprio cérebro.

Podemos, a partir de dois símbolos elementares 0 e 1, formar outros, alinhando simplesmente uma fileira composta de 0 e 1, por exemplo 0, 1, 10, 11, 100, 101, 110, 111, 1000 etc. Cada sequência desse tipo é, evidentemente, de comprimento finito, bem como seu número total, já que o próprio computador é finito. Esses símbolos vão servir-nos para exprimir um sem-número de ideias diferentes, permitindo algumas que se escrevam números, outras representando pontos, círculos, operações lógicas ou aritméticas etc.

Embora os símbolos desse tipo sejam perfeitamente suficientes para construir as matemáticas, sua própria monotonia torna-os opacos à nossa mente, que não tem a paciência surda de um computador. É por isso que será cômodo exprimir-nos em dois níveis diferentes, um que descreva as matemáticas tais como elas são e outro, tais como o homem gosta de entendê-las. A primeira versão, a do computador, contenta-se em escrever tudo e em tudo representar por meio dos símbolos simples que acabamos de introduzir. Isso se adapta bem a um pensamento perfeitamente abstrato, pois essa escrita ascética jamais corre o risco de misturar aos puros símbolos uma significação incontrolada, como nossa imaginação sempre está propensa a fazer. Em compensação, essa linguagem depurada demais torna-se muito rapidamente incompreensível para a nossa mente, que precisa de outros pontos de referência, e é por isso que também falaremos "entre nós" – ou seja, entre nós, humanos, ou entre o leitor e o autor – empregando a linguagem que nos é familiar.

Nosso primeiro cuidado vai ser ensinar a teoria elementar dos conjuntos ao computador. Não reteremos, porém, o ponto de vista de Boole, pois, apesar da aparente simplicidade que ele tem para nós, está totalmente fora do alcance do computador, ou, se preferirmos, ele ainda é muito intuitivo para ser formalizado. Assim, o conjunto das mulheres de cabelos negros evoca para nós uma imagem, uma ideia, mas nada significa para o computador, bem como qualquer palavra, inclusive a palavra "conjunto". Vai ser preciso penetrar mais profundamente, e ensiná-lhe, por assim dizer, a gramática da teoria, despojada de toda significação intuitiva, de toda representação, fazê-lo conhecer, em suma, a *linguagem formal** dessa teoria.

Começamos distribuindo papéis diferentes a diversos blocos de memória. Isto consiste simplesmente, por enquanto, em definir um bloco *Elementos*, um bloco *Nomes de conjuntos*, um outro *Conjuntos*, depois *Signos e Proposições*. Outros poderão vir depois, mas estes bastarão para dar uma primeira ideia do que seja o método formal. A memória *Elementos* contém simplesmente uma coleção de símbolos, semelhantes aos já introduzidos e que são, por enquanto, fixados. Vamos designá-los "entre nós" por letras minúsculas a, b, c etc. Além disso, inscrevemos um certo símbolo na memória *Nomes de conjuntos*, que deve dar nome à coleção armazenada na memória *Elementos* e que designaremos entre nós pela letra E (em regra geral, empregaremos letras maiúsculas para os nomes de conjuntos). Esse conjunto E é considerado o *conjunto de definição* ou *conjunto total* (o que Boole designava por 1), e, com base nele, vamos ensinar a teoria dos conjuntos ao computador, de maneira prática, ou seja, por meio de regras de manejo.

Em seguida, construímos todos os subconjuntos de E, o que é, na realidade, muito simples. Começamos com os subconjuntos de um só elemento, o que consiste em copiar a lista dos símbolos contidos na memória *Elementos* na dos *Nomes de conjuntos*. Como eles mudaram de categoria de memória, não representam mais o mesmo conceito – é o que os matemáticos sublinham quando escrevem $\{a\}$ para designarem o conjunto que contém o elemento único a. Em seguida, faz-se o mesmo com todos os pares diferentes $\{a, b\}$, que constituem outros conjuntos de dois elementos e recebem um nome de subconjunto, e assim por diante, até que se chegue à totalidade dos elementos como formando um conjunto, o qual já recebeu como nome E. De quebra, podemos ainda acrescentar um símbolo a mais entre os nomes de conjuntos, o qual não corresponde a nenhum elemento e é chamado de conjunto vazio. Normalmente ele é grafado $\emptyset$ pelos matemáticos (o que Boole designava como 0).

Passa-se, então, à memória *Sinais*, onde são colocados apenas quatro símbolos, que serão grafados "entre nós" $\in$, $\notin$, $\supset$, $\supseteq$. Eles significam, para nós, certos membros de frases constitutivos da gramática das matemáticas que podemos exprimir pelas frases (pertence a, não pertence a, está contido em, não está contido em). Escreveremos, por exemplo, $a \in A$ para exprimirmos que o elemento a pertence ao conjunto A. O computador pode "compreender" o que se passa procurando entre os elementos do conjunto cujo nome é A se o elemento a ali aparece. Se constatar que sim, ser-lhe-á ordenado, então, que registre no bloco de memória *Proposições* a sequência de símbolos $a \in A$; senão, ele registrará $a \notin A$. Diz-se igualmente que o conjunto B pertence ao conjunto A ou está contido em A, o que se grafa $A \supset B$ se todo elemento de B pertencer a A, o que o computador também pode verificar por uma consulta e em seguida registrar como uma proposição.

Mas, dirão, o que há de já pressuposto no funcionamento do próprio computador? A resposta a isso é que ele funciona segundo as regras elementares da lógica formal descobertas por Frege e Peano, o que nos contentaremos em aceitar. Afora isso, esse computador não tem nenhuma importância na construção, e só nos serve para ressaltar o puro simbolismo e a total ausência de representação visual que caracterizam a lógica.

Sem dúvida, estas preliminares podem parecer ao mesmo tempo lentas e aborrecidas, mas podemos ter esperança de que elas mostrem claramente que as noções introduzidas até agora são realmente exprimíveis por meio de puros símbolos, sem que uma representação intuitiva subjacente seja necessária. Vemos assim, num caso específico, como aos poucos vai constituindo-se uma teoria matemática como uma organização lógica à qual nenhum conteúdo real ou mesmo específico é atribuído de antemão. Os "elementos" podem ser os nomes dos alunos de uma universidade e um certo subjacente pode representar a equipe titular de *rugby*, mas também pode tratar-se, indiferentemente, das frutas do pomar e do conteúdo de uma cesta. Nunca, no mundo dos símbolos, a significação vai além das relações mútuas.

As proposições

Vamos, agora, passar a um estádio superior de abstração. Um dos aspectos importantes das matemáticas é sua capacidade de encarar num mesmo plano o real e o possível. Um segmento de reta pode ser o que liga o cume da Acrópole ao do Lycabette, em Atenas, ou ser apenas uma eventualidade, como a que consideramos ao dizer: seja um segmento AB. Da mesma maneira, um número de que se fala pode tanto ser o número 8 quanto um número possível n, de que ainda nada se sabe. É esse reflexo do pensamento que agora vamos fazer o computador descobrir, ele que é nossa cobaia em matéria de pensamento formal.

Em vez de falar de objetos reais, explícitos, e de outros apenas possíveis, diremos que os primeiros são concretos e os segundos, abstratos. Dado isso, começaremos abrindo memórias suplementares em nosso computador, desdobrando algumas daquelas que já nos serviam. Assim, a memória *Elementos* passará a ser *Elementos concretos* e *Elementos abstratos*, e procederemos da mesma forma com *Nomes de conjuntos*.

Suponhamos, para fixar as ideias, que os elementos de E sejam os símbolos 0, 1 e 10 (diremos entre nós 0, 1 e 2) ordenados na memória *Elementos concretos*. Para falarmos abstratamente do "elemento a", mais ou menos como dizemos na álgebra o "número x", escolheremos um símbolo que represente a letra a e o colocaremos na memória *Elementos abstratos*. Se acontecer, mais tarde, que, durante as manipulações lógicas, um raciocínio nos leve a constatar que $a = 2$ ou que ele introduza a hipótese $a = 2$, nada será mais fácil do que conectar de uma vez por todas as memórias *Elementos concretos*, onde figura o símbolo 10 (isto é, o número 2), e *Elementos abstratos*, que contém o nome a.

Em seguida, estendemos a significação dos sinais já conhecidos, como $\in$ e $\supset$, para agora empregá-los com elementos ou conjuntos abstratos. Para tanto, tomemos um exemplo: se designarmos como P o conjunto dos números pares, a proposição $6 \in P$ será perfeitamente compreensível para o nosso computador, tal como foi instruído até agora, supondo que o cálculo numérico elementar faça parte de sua bagagem. Isso significa que ele foi instruído para verificar se 6 é exatamente divisível por 2. A proposição $a \in P$ é muito diferente, e o computador nada pode fazer com ela sem receber mais instruções. Fornecendo-lhe os meios de que precisa, vamos descobrir duas noções importantes para nosso próprio governo, as de proposição abstrata e as de *metalinguagem**.

Uma proposição formal elementar nada mais é do que uma sequência de símbolos cuja construção obedece a certa gramática. Assim, o fato de que a proposição $a \in A$ signifique, para nós, que o elemento a pertence ao conjunto A acarreta imediatamente que o primeiro símbolo que nela aparece (*a*) deve pertencer à lista dos nomes de elementos, abstratos ou concretos, que define A, sendo esse símbolo A um nome de conjunto abstrato ou concreto. As matemáticas valem-se de um número razoavelmente grande de signos análogos a ∈, que devem ser combinados com outros símbolos de maneira judiciosa, para que as sequências de símbolos assim formadas tenham um sentido. Na teoria elementar dos conjuntos, outros signos desse gênero são, por exemplo, os signos ∩ para designar a intersecção de dois conjuntos e ∪ para designar a sua união (o que Boole escrevia com os signos . e +, mas o tempo mostrou que aquilo corria muitos riscos de confusão). As regras que regem a escrita das "frases" em que eles figuram constituem uma espécie de gramática dos signos que o aluno computador tem de aprender.

Ele pode, por exemplo, escrever a sequência de signos gramaticalmente correta $((a \in A) . (a \in B)) \Rightarrow 8 (a \in A \cap B)$, que significa, para nós, que, se um elemento *a* pertence a um conjunto A e também a um conjunto B, então ele pertence à intersecção deles. É claro que nós, homens, formamos a intuição de tais proposições a partir de observações, mas agora não se trata disso. O compositor considera como igualmente correto escrever $((a \in A) . (a \in B)) \Rightarrow 8 (a \in A \cap C)$, que nos deixa perplexos: o que é esse conjunto C que chega como um nenúfar num cozido no lugar de B? Na realidade, a "frase" assim escrita é gramaticalmente correta e poderia muito bem exprimir uma verdade se viesse depois de outras que mostrassem em que consiste C. Ao estabelecer uma gramática, nós apenas definimos uma linguagem (relativa, aqui, à teoria dos conjuntos) em que é possível enunciar proposições, das quais muitas são formais. Dir-se-ia também, do ponto de vista da lógica, que acabamos de definir um novo universo de discurso.

A construção das proposições abstratas por meio de signos convencionais que obedecem a uma gramática estabelecida se parece um pouco, sob alguns aspectos, ao jogo inventado pelos surrealistas e que eles chamavam de "cadáveres elegantes". Recordemos as suas regras: alguém escreve um nome e esconde o que escreveu, um segundo jogador acrescenta um adjetivo e o esconde, um terceiro acrescenta um verbo de ação e um quarto um complemento circunstancial. O resultado disso é uma frase formal, gramaticalmente correta, mas *a priori* carente de significação, por exemplo, "Os pavões translúcidos vendem sua alma ao sol de Toledo", e só o espírito de poesia pode, às vezes, tirar daí o seu mel. As chances de encontrar desse modo a frase "Duas retas perpendiculares sempre se cortam" são bem pequenas, mesmo quando se reduz suficientemente o vocabulário usado. Tem-se uma linguagem, mas ainda não se tem sua significação, ou seja, seus critérios de verdade.

O computador poderia já possuir uma linguagem em que aparecessem todos os signos utilizados, que ele saberia empregar a propósito de elementos e de conjuntos concretos, explicitamente conhecidos dele e de nós. No entanto, isso não lhe permitiria de modo nenhum ter acesso à linguagem das proposições abstratas gramaticalmente corretas. Esta última recorre, com efeito, a outras memórias, que é preciso primeiro instruir para novas tarefas. Vale a pena frisar que a nova linguagem formal engloba aquela que o computador já sabia manejar, de sorte que ela a prolonga e a estende para novos domínios. Exprime-se isso dizendo que a nova linguagem é uma metalinguagem da antiga; ela contém tudo o que a anterior sabia dizer, mas, em compensação, é impossível, para a velha linguagem, traduzir todas as frases da nova.

Acerca da verdade

O jogo dos cadáveres elegantes não teria nenhum encanto se as frases encontradas não se mostrassem, às vezes, sugestivas. O jogo mais severo das matemáticas seria ainda mais aborrecido se não fosse capaz de gerar, em vez da imagem que faz sonhar, esta outra pérola: uma verdade. Cumpre, pois, precisar o que é a verdade na matemática formal.

Consideremos, por exemplo, a proposição $a \in A$. Dois casos podem ocorrer: ou o elemento a e o conjunto A de que se trata estão concretamente presentes na memória do computador, ou então um ou outro, ou ambos, ainda são apenas nomes sem conteúdo preciso. No primeiro caso, é possível enumerar todos os elementos do conjunto conhecido A para verificar se o elemento a dele consta ou não. A proposição é, então, diretamente estabelecida como verdadeira ou falsa. No segundo caso, essa verdade ou falsidade é uma eventualidade que pode resultar de um raciocínio já feito ou que permanece por fazer, ou então ainda essa verdade pode ser simplesmente colocada como uma hipótese. O primeiro caso não apresenta, evidentemente, nenhuma dificuldade, e só o segundo merece uma atenção maior.

A verdade matemática é, então, uma consequência do *método axiomático*. Este último procede em quatro etapas: primeiro, se coloca, como acabamos de ver, um universo de discurso que resulta de proposições gramaticalmente corretas, construídas por meio de símbolos que podem eles próprios representar conceitos nomeados (elementos, conjuntos...), relações (=, ∈, ⊃...) ou operações (∩, ∪...). Um *cálculo de proposições** permite combinar essas proposições em conformidade com as regras da lógica. Essas regras podem ser facilmente ensinadas ao computador, e estão muito próximas das que encontramos na obra de Boole; elas se reduzem, na verdade, a dizer como manejar as operações "e, ou, não", =, "se..., então...". Na realidade, se agora designarmos com as letras *a*, *b*, *c*... proposições gramaticalmente corretas que o computador ordenou em sua memória *Proposições*, poderemos recorrer a um subprograma chamado *Lógica*, contido numa outra memória, que permitirá formar as novas proposições abstratas "*a* e *b*", "se *a* então *b*" etc., as quais são consideradas como proposições novas e ordenadas no bloco de memória correspondente. Podemos mencionar, em atenção ao leitor que achar desagradável deixar a lógica inteiramente aos cuidados do computador, que foi possível tê-la formalizado e axiomatizado previamente, e que este é, justamente, um dos aspectos principais da obra de Frege e de Peano.

A etapa seguinte do método axiomático consiste em atribuir a cada proposição um "valor de verdade". Esse valor é novamente representado pelos dois símbolos 0 e 1, onde 0 significa agora, para nós, falso, e 1, verdadeiro. Esses valores são incluídos numa memória *Valores de verdade*, e muitas proposições podem receber imediatamente seu valor de verdade. São todas aquelas ligadas a dados "concretos", diretamente verificáveis pelo computador, por exemplo 3 ∈ {1, 2, 3}. Outras, em compensação, possuem uma verdade indecisa, especialmente se contêm nomes de conceitos abstratos (por exemplo, 3 ∈ A), e seu valor de verdade só pode ser considerado um "nome de valor de verdade" abstrato, V, que é, em suma, uma espécie de incógnita, análoga às que encontramos na álgebra, com exceção do fato de que ela só pode assumir, no presente caso, um dos dois valores, 1 ou 0, verdadeiro ou falso.

As operações lógicas comportam, também, certas prescrições que permitem deduzir a verdade de uma proposição a partir da verdade de outras, conhecidas ou supostas. Assim, em nossa própria linguagem, se supusermos que as duas proposições *a* e *b* são separadamente verdadeiras, segue-se que a proposição que as combina, "*a* e *b*", também é verdadeira. Tais regras, bem enumeradas (desde Crisipo), podem ser integradas ao subprograma *Lógica* do computador, de sorte que uma nuvem de valores de verdade possíveis flutua sobre todas as proposições que podem ser formadas.

A última etapa é a que dá nome ao método axiomático. Consiste em eleger certo número de proposições e em decidir livremente que elas são verdadeiras. Essas proposições fundadoras, cuja verdade é declarada por decisão administrativa, são chamadas *axiomas**. Não poderíamos estabelecer aqui a lista dos axiomas da teoria elementar dos conjuntos, que é bastante longa, mas podemos citar alguns deles, como exemplo. É o caso da proposição "Se $a \in A$ e $B \supset A$, então $a \in B$" ou de "Se $B \supset A$ e $C \supset B$, então $C \supset A$", e de cerca de vinte outras mais ou menos semelhantes.

Podemos captar melhor a natureza do método recorrendo a uma imagem. Deixemos de lado as limitações de finitude próprias do computador (que, aqui, é apenas um intermediário retórico) e imaginemos o universo de discurso da teoria formal dos conjuntos (ou de qualquer outra teoria matemática) como um campo imenso repleto de inúmeras árvores que são outras tantas proposições possíveis. A água da verdade tem ali sua fonte, no lugar onde ficam algumas árvores principais, os axiomas. As regras da lógica estabelecem uma malha de inúmeros canais que vão de uma árvore a outra para irrigá-las.

Como o cálculo das proposições permite combinar de múltiplas maneiras as proposições, para, a partir delas, formar um grande número de outras, e como a lógica permite deduzir o valor de verdade de certas proposições quando a verdade de certas outras proposições é conhecida, a verdade vai brotar da fonte dos axiomas para ir aos poucos regando o campo das proposições. Uma proposição cuja verdade é estabelecida dessa maneira é chamada de *teorema*. É preciso admitir que esse talvez seja um nome belo e imponente demais para proposições cuja maior parte é carente de qualquer interesse para nós, mas, de qualquer forma, estão entre elas os teoremas que julgamos dignos do nome que têm. Só o que importa é que possamos dizer que são verdadeiros. Temos certeza disso a partir do instante em que balizamos uma cadeia de deduções lógicas, um canal que recebe a verdade na fonte dos axiomas e a transporta até esse teorema. O estabelecimento de uma tal via da verdade é uma *demonstração*.

O método axiomático muitas vezes causa certa repulsa por sua abstração orgulhosa. Aparentemente, ele deixa de lado a intuição, o que alguns continuam a lhe censurar. Outros afirmam, em compensação, que é essa pureza que o preserva das suposições duvidosas e que isso não impede que a intuição e a experiência adquirida pelo matemático escolham com conhecimento de causa os axiomas realmente interessantes, nem que a sua inteligência descubra as demonstrações. É claro, com efeito, que, se escolhêssemos os axiomas ao acaso na floresta das proposições, chegaríamos quase com certeza a um beco sem saída ou a contradições. Haveria beco sem saída quando, por exemplo, trinta axiomas só permitissem demonstrar dois teoremas e mais nada, sendo imediatamente esgotada a sua faculdade de gerar. Teremos um sistema de axiomas contraditórios se tivermos tomado quatro axiomas e os três primeiros permitirem demonstrar a falsidade do quarto. O eterno milagre das matemáticas é que possamos ver certos axiomas gerarem continuamente verdades novas, muitas das quais revelando-se de beleza e de finura prodigiosas, e que os axiomas empregados, sempre os mesmos, embora mais do que gastos, continuem, porém, a ser igualmente fecundos.

Continuando a recorrer à imagem da verdade que tem origem nos axiomas para se espalhar pelo campo das proposições, podemos entender que nem todas as proposições possam ser alcançadas pela corrente da verdade e morrem de sede, inúteis, insignificantes. É possível, também, que elas voltem à vida se acrescentarmos mais um axioma. Por fim, é possível que algumas só sejam acessíveis ao final de um canal infinito, que o homem não pode seguir até o fim – é aí que se situa o famoso teorema de Gödel, que teremos a oportunidade de examinar mais adiante.

Podemos também notar que cada proposição possui seu contrário, que a nega, e que a verdade de uma acarreta evidentemente a falsidade da outra. Um sistema de axiomas é dito contraditório quando a verdade, seguindo dois caminhos diferentes, acaba por irrigar uma proposição, seja ela qual for, e declara igualmente verdadeira a proposição contrária. Podemos, então, nos perguntar se uma teoria axiomática aparentemente satisfatória não o é apenas em aparência, simplesmente porque ainda não se descobriu a existência de uma proposição ambivalente que revele a sua incoerência. Esta questão da *coerência* de um sistema de axiomas preocupou muito os matemáticos. Foi possível demonstrar que certas teorias particularmente simples são efetivamente coerentes – é o caso da teoria elementar dos conjuntos finitos, que acabamos de ver, ou da aritmética dos números finitos. As grandes teorias realmente interessantes e úteis infelizmente não pertencem a essa categoria tranquilizadora, e os escrúpulos que sua coerência pode inspirar permanecem intactos.

Domar o infinito

O infinito infiltra-se por toda parte nas matemáticas. Isso pode ocorrer a propósito de uma derivada ou de uma integral que sejam obtidas por um processo em que uma infinidade de etapas permitam aproximarmo-nos cada vez mais da quantidade desejada; pode ocorrer, mais simplesmente, durante o encontro com um número notável como π, que não podemos descrever exatamente sem uma infinidade de casas decimais. Aqui, ali, em toda parte, o infinito; mas como controlá-lo?

Seu esconderijo preferido fica quase à nossa frente, ali onde basta contar: um, dois, três *et caetera*; que você quer dizer com *et caetera*, até onde? Até o infinito. Estranha noção essa, que parece ao mesmo tempo muito natural e inapreensível. Vemo-la aparecer pela primeira vez com o *apeiron* de Anaximandro, nos tempos pré-socráticos, como o que não é definido e que, segundo esse filósofo, é um elemento essencial da realidade. A filosofia apoderou-se dele e não cessará de sonhar com ele. Plotino, o célebre neoplatônico do século II de nossa era, reveste-o de trajes místicos: a divindade é infinita em tudo, bondade, sabedoria, potência, ela é o infinito. Essa ideia fará sucesso em seguida junto à maior parte dos teólogos, que estiveram entre os primeiros a raciocinar acerca dessas qualidades infinitas e do próprio infinito. O que os fez muitas vezes se depararem com surpreendentes paradoxos.

Os matemáticos não chegavam a tanto, e, depois de Arquimedes, que mostrou que não existe um número inteiro maior do que todos os outros (basta acrescentar-lhe 1 para obter outro maior), eles se acomodaram muito bem com o que a intuição lhes ditava. Os primórdios do cálculo diferencial e integral deram-lhe um novo motivo de se preocupar mais com o infinito, e sobretudo com a infinita pequenez de um segmento que se encolhe cada vez mais. Não foram logo muito longe nessa direção, e só no século XIX, de tanto se irritar por encontrá-lo em toda parte, é que se decidiram a enfrentar seriamente o infinito.

A familiaridade com todas as formas do infinito passa por um caminho obrigatório, que é o do infinito particular dos números inteiros. Portanto, é sobretudo dele que vamos falar, recorrendo mais uma vez ao nosso companheiro computador, para não nos perdermos nos meandros de nossa própria mente.

O computador sabe contar: um, dois, três, e isto até o maior número cujo símbolo suas memórias podem conter. Para ele, não há um número que vá além disso. Para "pensar mais adiante", será preciso passar para o método axiomático e a uma metalinguagem que ultrapassa a linguagem numérica banal que nos é natural.

Ajamos, pois, como antes e suponhamos que certos blocos de memória sirvam para o computador escrever, registrar e manipular os números naturais, todos aqueles que escrevemos explicitamente com algarismos: 0, 1, 2, 803712, 13... Ele pode somá-los, com a condição de que o resultado não ultrapasse a sua capacidade de escrita. Em outros blocos de memória, ele registrou antes, como o explicamos, as noções elementares, os signos e as operações da teoria elementar dos conjuntos, todas as regras da lógica, a maneira de construir proposições e os métodos que permitem manejá-las de maneira conforme à lógica. Para falarmos "entre nós", isso significa que só abordamos a teoria dos números inteiros depois de termos desenvolvido as teorias que tratam da lógica e da teoria elementar dos conjuntos, e quando sabemos pertinentemente o que é uma proposição matemática e o que distingue um axioma de um teorema.

Abrimos, então, um novo armazém da memória, destinado a conter nomes de números inteiros abstratos, aos quais atribuímos símbolos e que escreveremos, por nosso lado, com letras como n, p, q etc. Sempre é possível identificar um desses números que têm apenas um nome com um número preciso e dizer, por exemplo, que $n = 13$, quer porque isso decorra de uma escolha de nossa parte (de uma hipótese), quer porque seja o resultado a que chegue um raciocínio ou um cálculo: por exemplo, colocando $n = 6 + 7$, de onde decorre, feitos todos os cálculos, que $n = 13$. Introduzimos também signos (+, =) válidos tanto para os números abstratos quanto para os números naturais concretos. Eles permitem formar proposições acerca dos números, como $n = p + q$.

Mergulhamos, então, essa construção nova na teoria elementar dos conjuntos, convencionando que os números são os elementos de um conjunto que designamos por N. Apesar de seu caráter abstrato, esse conjunto está, na verdade, perfeitamente definido, graças a um certo número de axiomas que foram elaborados por Dedekind, Frege e Peano, e que são os seguintes:

1 0 e 1 são números.

2 Seja qual for o número n, existe um outro número diferente de n que chamamos de seu sucessor e que podemos escrever sob a forma $n + 1$.

3 Seja qual for o número n, temos $n + 0 = n$.

4 Se dois números p e q são tais que $p = q$, então $p + 1 = q + 1$.

5 Considera-se um subconjunto S de N que possui as seguintes propriedades: (I) S contém como elemento o número 0; (II) se S tem como elemento um número p qualquer, contém também o número $p + 1$. Nestas condições, S coincide necessariamente com N.

O segundo axioma chama-se axioma de Arquimedes, e é ele que transforma a sequência dos inteiros numa escada sem fim. O último axioma, de autoria de Peano, fornece o fundamento dos raciocínios por recorrência, que desempenham um papel insubstituível em muitas demonstrações matemáticas. Talvez não seja inútil oferecer um exemplo elementar disso, mesmo fazendo uma digressão: contam que, quando o jovem Gauss estava na escola primária, o professor dera como exercício a toda a classe somar 2 a 1, depois somar 3 ao resultado, e assim por diante até 100. Contava, talvez, poder dispor assim do tempo necessário para uma tranquila digestão. De repente, ele constatou que, passados alguns minutos, o pequeno Gauss havia parado de calcular. Espantado, o professor veio ver o que havia no caderno da criança, e descobriu simplesmente que, depois de algumas adições comuns, o menino havia multiplicado 100 por 101 e dividido o produto por 2, o que dá 5050. De fato, é este o resultado correto. Gauss havia, com efeito, observado que $1 + 2 = 3$, $1 + 2 + 3 = 6$, $1 + 2 + 3 + 4 = 10$ e que a cada vez o resultado, se o último número somado for n, é igual a $n(n + 1)/2$; daí o valor que ele calculara de modo tão simples.

Podemos pensar, porém, sobre como justificar o método empregado, sem nos contentarmos com uma observação afinal incerta, e isto o que quer que seja n. É o que é imediatamente oferecido pelo raciocínio por recorrência: considera-se o conjunto S dos números n para os quais se tem a fórmula de adição $1 + 2 + ... + n = n(n + 1)/2$. Verifica-se facilmente que se somando a isso o número $(n + 1)$, obtém-se $(n + 1)(n + 2)/2$.

Por conseguinte, se um número n pertence a S, o número $n + 1$ também lhe pertence. Mas o número $n = 0$ pertence a S, pois $0 = (0\,.\,1) / 2$. Portanto, de acordo com o axioma de Peano, o conjunto S coincide com N, ou, em outras palavras, a fórmula é realmente universal.

Para voltarmos aos axiomas de Peano, vemos que eles definem completamente o conjunto dos números inteiros e que para isso só são necessários alguns axiomas, perfeitamente límpidos e fáceis de utilizar na prática. Não sabemos o que é mais espantoso, essa simplicidade ou o fato de que tenham sido precisos mais de dois mil anos para chegar até ela.

Assim, o método axiomático permite construir sistematicamente todos os números. Em primeiro lugar, os números fracionários positivos (chamados também de racionais), depois os números racionais positivos ou negativos, depois os chamados números reais, que podem exigir uma infinidade de decimais para serem escritos, em seguida os números complexos, tudo isto por meio de um método axiomático progressivo, que permanece claro e rigoroso a cada passo. Podemos proceder de maneira análoga com outras noções importantes, como a de grupo, com muitas formas de geometria e com todo o arsenal da análise. Ali se encontram infinitos mais temíveis do que os dos números inteiros, mas, também ali, a rede dos axiomas e da lógica é capaz de capturá-los sem se romper. No entanto, não iremos adiante neste caminho, pois há nele a imensidão das matemáticas modernas.

As matemáticas de hoje

As matemáticas de hoje repousam inteiramente numa base axiomática. Fundamentam-se num sistema de símbolos sem relação direta com a realidade e submetido às suas próprias regras, cuja característica dominante é uma completa submissão à lógica, também ela formalizada, simbolizada. Essa abstração não significa, porém, que a imaginação tenha perdido seus direitos, muito pelo contrário, pois a escolha dos axiomas pertinentes, a conjectura dos teoremas interessantes ou fecundos, o estabelecimento de suas demonstrações e a descoberta das analogias inspiradoras que percorrem todo o imenso campo das matemáticas, tudo isso só aparece graças à imaginação criadora.

Essa imaginação faz de tudo para encontrar algo novo, e se os símbolos continuam sendo o fundamento, nenhum mandamento obriga a só recorrer a eles. Os matemáticos, na realidade, têm uma preferência acentuada por se exprimir numa linguagem tão próxima quanto possível da linguagem comum, em vez de símbolos, na medida do possível. Não desdenham as imagens sugestivas, e as palavras que empregam estão não raro muito distantes do seco alinhamento de símbolos absconsos das máquinas de pensar. Dizem eles: "conjuntos", "espaços", "números", "vizinhança", "ideais", "métrica", "curvatura", "filtros", "escolha", "aplicações", "grupos", "intersecção", "união", "distribuição", recobrindo cada termo uma noção que se baseia, em definitivo, numa axiomática cerrada, mas nem por isso deixando de ser sugestivo. Outras palavras são mais repulsivas, quando falamos de "isomorfismo", de "functor" ou de "topologia", mas basta um pouco de etimologia para esclarecê-las, a tal ponto que, afinal de contas, a linguagem das matemáticas é menos abstrusa do que a da medicina e bastante comparável à da botânica. A dificuldade não é conhecê-la, mas falá-la com facilidade.

As matemáticas de hoje são de uma riqueza imensa, e é preciso toda uma vida para explorá-las. Não podemos pensar, pois, em estabelecer um atlas para elas, o que seria ainda mais difícil porque os grandes continentes mudaram de lugar depois da época clássica – de lugar e de forma. Embora ainda se fale de aritmética (ou de teoria dos números inteiros), de álgebra, de geometria e de análise, estas palavras já não têm exatamente o mesmo conteúdo que antigamente, em razão da inflação dos conhecimentos e da variedade dos assuntos tratados. Assim como podemos encontrar num atlas certos mapas do relevo, dos cursos de água ou das cidades, vemos também "estruturas" diversas colorirem os continentes das matemáticas sob uma luz que lhes é própria, fazendo aparecer o que decorre das propriedades coletivas (conjuntos), de proximidade (topologia), de operação (anéis, grupos...), de função (uma noção multiforme e incômoda), cada uma com seus ramos prolíficos. A razão dessa nova cartografia está ligada ao fato de ela corresponder a certas maneiras de agrupar os axiomas que fazem surgir, entre áreas de aplicação aparentemente distantes, parentescos antes insuspeitados.

Com efeito, nada há de gratuito na escolha dos axiomas em que nos apoiamos. Quem quisesse introduzir novos axiomas sem uma aprofundada pesquisa prévia não deixaria de verificar, à sua própria custa, que não encontrou um filão, e sim um ridículo monte de pedras. A escolha deste ou daquele axioma unificador ou criador, que pode conter em germe uma teoria nova, decorre de constatações vindas de cem exemplos conjugados ou de uma intuição magistral, produto tanto do esforço quanto da inteligência. Um axioma só será conservado e uma noção nova só será mantida com vida se se mostrarem férteis, ricos em resultados novos e capazes de oferecer uma resposta a questões em aberto.

As ideias que atravessam as matemáticas são, com efeito, semelhantes às espécies vivas em competição pela vida: para subsistirem, precisam ser úteis em si mesmas, bem adaptadas às que as precederam e, sobretudo, férteis. Isto, afinal, é só uma banalidade, pois quem prestaria atenção a elas se não fosse assim? O que, em compensação, é extraordinário é a profusão dessa fecundidade, a imensidade dos terrenos abrangidos, que se veem anexados e penetrados até seus pontos mais recônditos. Ninguém consegue explicar de maneira satisfatória essa maravilha, embora se trate de um dos fenômenos mais espantosos da história das ideias. E o que é mais, nada parece indicar que as matemáticas possam ter limites.

Mas chega de girar ao redor das matemáticas, e terminemos o esboço de sua história. O período de seu reordenamento pela axiomática, com todos os ensaios inevitáveis num empreendimento de tal envergadura, estende-se *grosso modo* por uma centena de anos, de 1850 a 1950. Devemos citar seus grandes nomes, Weierstrass, Dedekind, Cantor, Frege, Peano, Hilbert, Russell e Whitehead, sem podermos entrar no pormenor de suas contribuições nem nos esquecermos de que outros também participaram dele. De certa maneira, a maior parte do programa foi finalmente formalizada pelo multiforme Nicolas Bourbaki (pseudônimo de uma equipe de matemáticos que continua a se renovar).

Desde meados do século XX, a ação, porém, mudou de cenário, e a axiomática a todo transe cessou de se manter no primeiríssimo plano. A experiência adquirida levou, até, a que se dessem alguns passos atrás, e certas axiomáticas demasiado gerais para serem fecundas caíram em desuso. Um justo equilíbrio acabou por se estabelecer, e assistimos atualmente a uma nova safra em que se multiplicam muito mais os resultados do que se aprofundam os fundamentos.

A crise da teoria dos conjuntos

Daríamos uma falsa imagem da história se deixássemos supor que uma transformação tão radical quanto a que acabamos de descrever tivesse ocorrido sem choques nem oposições. Dois episódios célebres dessa aventura merecem ser citados, mesmo que seja apenas para avaliar a importância das mutações ocorridas. Trata-se, no caso, da crise da teoria dos conjuntos, que ocorreu em 1902, e da descoberta do teorema de Gödel, nos anos 1930-1931.

O que é chamado de crise da teoria dos conjuntos é um episódio marcante, que merece que o apresentemos tal como existiu, ou seja, como um drama em que não faltaram nem os dilaceramentos nem a nobreza. Eis aqui mais ou menos como a veríamos num palco de teatro.

Dois personagens estão presentes no início do ato I, Gottlob Frege e Bertrand Russell. O cenário sugere um templo, o templo das deusas Matemática e Lógica. Ao fundo, grandes quadros representam os ilustres sacerdotes da época: David Hilbert e Henri Poincaré. Outros, de tons mais esmaecidos, mostram os retratos de Dedekind, Peano e Cantor. Um retrato do próprio Frege se encontra num cavalete do primeiro plano; ele acaba de ser admitido num lugar de honra, depois de ter ficado muito tempo no sótão.

O ator que representa Frege apresenta um rosto de homem na casa dos cinquenta, modesto mas animado por uma paixão exclusiva: a paixão pela verdade, pelo que podemos adivinhar. Cerca de vinte e cinco anos se passaram desde a publicação de seu livrinho de lógica, que, no começo, passou despercebido. Bertrand Russell tem trinta anos, traços agudos de aristocrata e um leve sotaque de Cambridge.

FREGE: É, meu livro final sobre a teoria dos conjuntos logo vai ser publicado. Já faz vinte anos que trabalho nele, mas a tentativa talvez tenha valido a pena.

RUSSEL: O senhor sabe muito bem o que penso a esse respeito. Nada tão importante quanto o seu primeiro livro havia sido escrito desde Aristóteles, e creio que este outro deverá assentar as matemáticas em bases definitivas. Que façanha em honra da inteligência humana![2]

FREGE: Não exageremos. Em todo caso, é verdade que a lógica está suficientemente clara. Quanto às matemáticas, creio que é preciso começar pela teoria dos conjuntos e edificar tudo sobre ela. Na realidade, não há nada mais simples e mais claro do que um conjunto. Basta pensar numa coleção de objetos, e todos sabem muito bem do que se trata.

---

2 A expressão é de Hilbert.

RUSSEL: É, parece evidente, mas eu tenho um escrúpulo.

FREGE: Qual?

RUSSEL: Algo que me perturba e que encontro ao reler seu *Begriffschrift* de 1879. O senhor diz ali que uma função sempre pode ser tomada como elemento indeterminado de um conjunto. Ainda pensa assim?

FREGE: Mais do que nunca. Boa parte de meu novo livro apoia-se nisso, e essa ideia é continuamente explorada nele.

RUSSEL: Significa isso que um conjunto qualquer, insisto na palavra "qualquer", pode ser tomado, por sua vez, como um elemento de outro conjunto?

FREGE: Não é evidente? Não é verdade que qualquer objeto sempre pode ser colocado num conjunto com outros?

RUSSEL: É realmente isso que a nossa intuição nos diz, mas acabo me perguntando se podemos confiar nela e se ela não acaba sempre nos enganando quando afrouxamos as rédeas por um instante.

FREGE: Bem, vejo que você achou um esqueleto no armário. Mais vale tirá-lo de lá. O que é?

RUSSEL: O senhor está de acordo que podemos conceber conjuntos que se contêm a si mesmos como elemento?

FREGE: Em todo caso, isso é uma consequência direta do que dizíamos. Se me pedissem um exemplo, citaria no catálogo de uma biblioteca, que pode ser um livro colocado numa das estantes da biblioteca, ou na palavra "dicionário" num dicionário, ou em Deus, que diz "Eu sou aquele que sou", ou no índice das matérias de um livro que indica o índice das matérias, ou ainda...

RUSSEL: Pois bem, consideremos, de preferência, todos os outros e chamemos A ao conjunto de todos os conjuntos que não se contêm a si mesmos como elemento. Eu lhe proponho a seguinte questão: pertence esse conjunto A a si mesmo enquanto elemento?

FREGE: Vejamos, isso não deveria ser difícil. Suponhamos que sim. Isso significa que A pertence a A. Bom. Mas, por definição, os elementos de A são conjuntos que não se contêm como elemento. Há contradição, e a resposta deveria ser, portanto, não.

RUSSEL: O senhor tem certeza?

FREGE: Se digo não, quer dizer que A não pertence a A. Opa! Mas pela definição de A, isso implica que ele pertence a A! Diabo, diabo, você tem razão! Por qualquer ângulo que se considere, chega-se a uma contradição. É um paradoxo, que digo? uma aporia, que digo? uma catástrofe! É o princípio do terceiro excluído que você acaba de atingir. Mas não, é impossível, não podemos renegá-lo, senão não haveria mais lógica possível, todo pensamento desmoronaria.

RUSSEL: Só vejo uma possibilidade: rejeitar o que o senhor dizia antigamente para voltarmos a partir do zero.

FREGE, *depois de um instante*: Não há meio de fazer outra coisa. Evidentemente, isso destrói meu grande projeto de remodelar todas as matemáticas. E eu, que achava ter conseguido! Mas você sabe que é realmente extraordinário, o que você achou aí, admirável. Bravo! Há muito que eu não encontrava algo tão interessante! (*Sai num passo hesitante, enquanto sorri e fala consigo mesmo.*)

RUSSEL, *acompanhando-o com os olhos enquanto sai*: Que integridade! Que elegância! Nunca vi ninguém entregar-se como ele à busca da verdade. Ele iria ver finalmente ser coroada a obra de sua vida inteira, ele que permanecera por tanto tempo ignorado para dar lugar a outros que lhe eram inferiores... Isso não o abalara e, quando lhe dizemos que uma de suas hipóteses mais fundamentais está errada, como reage? Seu prazer intelectual submerge a decepção pessoal. Isso é quase sobre-humano. Que força de alma podemos encontrar num homem, se ele conseguir consagrar-se inteiramente ao conhecimento e à criação, em vez de aos esforços vulgares que lhe dariam o poder e a celebridade! Que lição![3] (*Também se retira.*)

O CORO: O templo foi abalado, ele se racha, será um terremoto? Eis que os paradoxos se acumulam. Trazem de novo à baila o do mentiroso cretense. Há agora um paradoxo de Richard e outro de Burali--Forti, além do de Russell. Tornar-nos-emos a pilhéria de todos, quando observarem que basta uma frase com 11 palavras para definir "o menor número impossível de nomear em menos de 12 palavras"? Não passaria a lógica de uma ilusão?

HILBERT, *entrando*: Calma, calma. Considerem bem esses paradoxos que os apavoram. Todos eles se parecem. Trazem todos a mesma marca, a do todo que é tomado como uma parte. O catálogo de Russell é uma lista de todos os livros. Epimênides, o cretense, diz que todos os

---

3 Estes são, quase exatamente, os termos de uma carta de Bertrand Russell a Jean Van Heijenoort, onde fala de Frege.

cretenses são mentirosos. Sua frase com 11 palavras refere-se a todas as definições possíveis de um número. Essa história mostra uma única coisa: Frege ainda não fora longe o bastante em seu esforço de formalização. Acreditara poder confiar na intuição, ainda que só um pouco, acerca dos conjuntos, que parecem tão límpidos. Esse foi seu único erro, e cabe a nós corrigi-lo. Toda a lógica e as matemáticas serão de agora em diante perfeitamente formais. (*Sai, seguido de Zermelo, pálido e pensativo, a quem cabe retomar a tarefa.*)

O teorema de Gödel

É raro que um acontecimento que diz respeito às matemáticas alcance e surpreenda o mundo exterior. Contudo, foi isso que aconteceu na década de 1930 com um certo teorema de Gödel, de que se falou como se ele houvesse assinalado um grande fracasso do espírito.

De que se tratava? Kurt Gödel era um discípulo de David Hilbert e trabalhava num dos grandes projetos do mestre: demonstrar a coerência dos axiomas da aritmética, para estabelecer de uma vez por todas que pelo menos esse ramo das matemáticas está para sempre livre de toda contradição interna. À maneira romana, tratava-se de poder dizer: "Aqui erijo um monumento para a eternidade."

Hilbert baseava-se na formulação da aritmética e de suas proposições pelos signos e pelos símbolos, como a esboçamos mais acima. Considerava, pois, o conjunto de todas as proposições corretamente formadas na linguagem formal da aritmética, ali incluindo as operações correntes: adição, subtração, multiplicação, divisão com resto inteiro e exponenciação. Todos os axiomas necessários ali figuravam em boa ordem. O problema que então se tratava de resolver era mostrar que toda proposição do conjunto podia ver-se, em princípio, atribuir um valor de verdade único por meio de uma demonstração, isto é, de uma cadeia finita de implicações lógicas que tivessem origem nos axiomas.

A façanha de Gödel foi mostrar que podemos efetivamente atribuir um valor de verdade a certas proposições sem ter de passar por uma demonstração, o que, evidentemente, só pode ser feito através de uma teoria de nível superior, dotada de uma metalinguagem, noção já citada aqui. Ele pôde, então, responder à questão proposta por Hilbert sob uma forma contrária à que este último esperava.

Gödel, com efeito, mostrou que existem proposições verdadeiras (do ponto de vista da metalinguagem) que são impossíveis de se demonstrar por uma prova de comprimento finito. Assim, para um matemático que só pode ter acesso à certeza por meio de uma demonstração e que teve a infelicidade de tomar uma tal proposição como conjectura, será para sempre impossível prová-la ou refutá-la.

O resultado de Gödel pode ser facilmente entendido se recorrermos a uma imagem de que já nos servimos: falávamos mais acima da verdade que se infiltra através de regatos, cuja fonte são os axiomas. Gödel diz-nos em particular que nem todo o campo das proposições é regado por regatos de comprimento finito e que, no caso de algumas delas, é preciso percorrer um caminho infinito antes de alcançá-las. Em suma, aí não há nada de muito surpreendente, e não se poderia ver nisso um fracasso do espírito. Verifica-se que existem problemas que não têm solução. Quais? Não se sabe. Já foram encontrados? Não se sabe. Que há de surpreendente, afinal, no fato de que toda proposição, mesmo a mais complicada, possa ser declarada verdadeira ou falsa? Não é o contrário que seria espantoso? Mais grave é a incerteza em que permanecemos, pois nada prova que a aritmética seja, em definitivo, coerente. Mas não é esse o preço a pagar por sua fecundidade? Mais uma vez, a esperança quase louca da ambição humana, que sonha construir para a eternidade, se viu rejeitada com desdém pela nêmesis. Isso é da ordem das coisas.

Afinal de contas, o teorema de Gödel constitui uma bela façanha da inteligência, mas ele a reduz à modéstia sem destruir nem realmente deteriorar sua obra. Ele apenas lhe recorda que também ela pode ser mortal.

CAPÍTULO 6
A FILOSOFIA DAS MATEMÁTICAS

As matemáticas não nos interessam aqui por si mesmas, mas sim por seu significado. Uma vista panorâmica mais ou menos exata, por mais breve que seja, não poderia, pois, deixar de indicar o que delas pensam os filósofos ou os matemáticos versados na filosofia. Se devemos nos apoiar neles ou deles nos distanciar, é o que veremos, mas a situação atual vai revelar-se suficientemente complexa para que possamos pelo menos avaliar o que resta a percorrer.

Que são as matemáticas?

Em que consistem as matemáticas, essa estranha excrescência da razão, de onde vem elas e qual é a sua natureza? A questão é tão antiga quanto seu objeto. No entanto, ela só costuma preocupar um pequeno número de filósofos e de matemáticos. Quem mais se preocuparia com isso? Ninguém. No entanto, a presença do formal até no coração da natureza deveria incitar-nos a considerar a coisa de mais perto. E se estivesse escondida ali uma das chaves do conhecimento, se o "Ninguém entra aqui se não for geômetra" significasse ainda que a entrada real da filosofia fica por trás dessa questão, inopinadamente primeira, quem ainda iria querer ignorá-la?

As matemáticas muitas vezes foram projetadas num mundo divino, onde reinaria uma luz perfeita. É a ideia de Platão e de Nicolau de Cusa, entre muitos outros. Podia-se acreditar que as demonstrações dos matemáticos, perfeito modelo de um acesso à verdade tão seguro quanto triunfante, recebiam sua força de uma graça concedida pela divindade, graça esta que devia ser tomada com respeito para fazê-la frutificar em outro lugar. Assim é que boa parte da teologia, tanto no fim da Antiguidade quanto na época escolástica, se inspira no exemplo matemático, para alcançar as cumeadas de Agostinho e de Tomás de Aquino. O exemplo mais marcante disso é oferecido por Espinosa, e a verdade das sentenças da *Ética* se impõe, ou pelo menos seu autor o pretendia, pela força dos raciocínios que procedem "à maneira dos geômetras". Atitude análoga permeia também a filosofia de Leibniz, aliás admirador de Espinosa.

Esse tipo de parentesco dá a entender que a questão da natureza das matemáticas por vezes possa vir misturar-se a outras que um filósofo julgaria pertencer mais ao seu domínio. Com efeito, é difícil dissociá-la completamente das questões colocadas pela natureza e pela potência da razão ou das sugeridas pela presença de uma ordem na natureza. O mínimo que se pode dizer é, portanto, que se trata de uma questão mais importante do que parece à primeira vista, e que, sem dúvida, é difícil.

Evidentemente, não tentaremos definir as matemáticas, o que equivaleria quer a já saber o que elas são, quer a só cingir os seus caracteres exteriores. A etimologia tampouco nos ajuda muito, pois só evoca coisas sabidas e compreendidas, o fruto de uma iniciação do mais alto nível. Assim, começaremos registrando alguma de suas características mais marcantes, que nos servirão como critérios para apreciarmos as teorias filosóficas a seu respeito. Com efeito, acontece que várias dessas teorias pecam por negligência para com uma ou outra dessas características, quando só deveríamos legitimamente nos ter por satisfeitos se déssemos conta de todas elas.

A primeira característica, a beleza, foi assinalada muitas vezes. É uma beleza um tanto estranha, que só conhecem os que a apreciam de perto (mas não acontece isso com toda beleza?). É difícil traduzi-la numa linguagem que não seja a sua própria, e ela se fecha à da poesia. É bem verdade que, às vezes, ela se encarna na harmonia das proporções ou nas formas elegantes de uma obra de arte, mas ouçamos antes o que Bertrand Russell dizia a respeito: "Quando as consideramos como convém, as matemáticas não possuem apenas a verdade, mas também uma suprema beleza; beleza fria e austera como a da escultura, que não procura de modo algum seduzir nossas fraquezas, sem os encantos magníficos e enganosos da pintura ou da música e, no entanto, sublimemente pura e capaz de uma perfeição altaneira que só as maiores obras de arte podem oferecer. A verdadeira beatitude, a exaltação, o sentimento de ser mais do que humano, tudo o que seja a pedra de toque da mais alta excelência se encontra nas matemáticas tão certamente quanto na poesia". Plotino, muito tempo antes, ia ainda mais longe, até inverter os termos. A beleza de uma estátua, por exemplo de Zeus, estava, para ele, ligada ao fato de que o artista nela havia traduzido no mármore algo da essência, da Forma do deus – um neoplatônico de hoje talvez dissesse, no mesmo espírito, que Velásquez ou Monet captaram cada um alguma coisa da essência da luz. A beleza das matemáticas e, ainda melhor, a beleza de uma filosofia coerente ofereciam a Plotino o modelo a partir do qual se molda da melhor forma a obra de arte.

Outra característica importante das matemáticas é a fecundidade. Foi o que nos esforçamos por ressaltar no capítulo anterior, mas será que devemos usar a palavra fecundidade? Profusão conviria mais, é a superabundância de uma torrente das dimensões de um mar, a abertura do nascimento do mundo do *Mahabharata*. Emprego esta comparação singular de propósito, pois as matemáticas têm cem braços e mil tetas, e perdemos a cabeça ao vê-las reduzidas pelos míopes às proporções de uma mulherzinha raquítica. Sua fecundidade incessante é, contudo, um dado essencial de sua natureza, e ela não pode deixar de levantar a questão sobre o que a torna possível.

Já nos deparamos com três outras características das matemáticas, dignas de interesse. A primeira é seu íntimo parentesco com a lógica, a tal ponto que não se pode dizer onde as duas se separam. A segunda é a capacidade das matemáticas de se reduzirem a um puro uso de símbolos, com o que elas mostram a enorme distância que as separa de qualquer espécie de realidade concreta. Na verdade, nada está mais distante do real do que elas, ainda que elas tenham inicialmente se implantado na realidade. Elas são o extremo da abstração (abstrair: arrancar, desarraigar) e, desde o nascimento da geometria grega, essa abstração as separa da realidade concreta. Contudo, diante disso, vem a terceira característica, que é o estreito laço que elas conservam com a realidade, na medida em que as ciências da natureza, e em particular a física, não podem dispensar-se da linguagem ou dos conceitos das matemáticas. Acrescentemos, por fim, uma característica perfeitamente trivial, mas que nem por isso devemos perder de vista: as matemáticas são um produto do cérebro humano, e são feitas por homens que vivem em sociedade.

Se deixarmos de lado, mesmo a contragosto, a beleza – que não pode deixar-se encerrar nas palavras –, as características das matemáticas a serem retidas são, pois, a fecundidade, a simbolização, uma correspondência superior com a realidade e o fato de que resultam da atividade humana. Estabelecido esse quadro, será cômodo distinguir as teorias filosóficas que lhes concernem segundo duas categorias, conforme pertençam elas à ontologia ou à sociologia: as primeiras interrogam a natureza intrínseca das matemáticas, o que elas são em si mesmas, por assim dizer; as segundas se interessam mais pelas modalidades da construção do edifício matemático pelos humanos.

O realismo matemático

A teoria filosófica mais antiga, embora ainda muito viva, afirma que existe um mundo diferente da realidade concreta, a que pertencem propriamente as verdades matemáticas. Encontramo-la pela primeira vez em Platão, onde esse mundo é o das Ideias, e não raro se dá o nome de platonismo a esse ponto de vista, cuja origem remonta, sem dúvida, a Pitágoras. Outros preferem falar de *realismo** matemático, para ressaltarem o postulado radical da existência de uma realidade à parte. Preferiremos esta última expressão, pois tem o mérito de evitar qualquer ambiguidade.

O realismo matemático inspira Descartes num trecho da Quinta Meditação que já citamos e que vale a pena, porém, retomar: "Quando imagino um triângulo, ainda que talvez não haja em nenhum lugar do mundo fora de meu pensamento uma tal figura, e nunca tenha existido, ele, porém, não deixa de mostrar uma certa natureza, ou forma, ou essência determinada dessa figura, a qual é imutável e eterna, que não inventei e não depende de modo nenhum de meu espírito; como parece pelo fato de que podemos demonstrar diversas propriedades desse triângulo".

Hermite diz isso quase da mesma maneira numa carta a Stieljes: "Creio que os números e as funções da análise não são produtos arbitrários de nossa mente. Acho que existem fora de nós com o mesmo caráter de necessidade que as coisas da realidade objetiva, e que os encontramos ou descobrimos, ou estudamos, como os físicos, os químicos ou os zoólogos".

Bertrand Russell, que certamente não era ingênuo em matéria de filosofia, não deixava de exprimir a mesma ideia ao escrever:[1] "O número 2 deve ser, de qualquer modo, uma entidade, que tenha uma realidade ontológica, ainda que não esteja em nenhuma mente ... Em suma, todo conhecimento deve ser reconhecimento, sob pena de ser pura ilusão. A aritmética deve ser descoberta exatamente no mesmo sentido de que Colombo descobriu as Índias Ocidentais, e tanto não criamos os números quanto ele não criou os índios. O número 2 não é uma coisa puramente mental, mas uma entidade que pode tornar-se objeto de pensamento. Tudo o que pode ser pensado tem uma realidade ontológica, e sua realidade é a condição prévia, não o resultado, do fato de que ela será pensada. A respeito da existência de um objeto de pensamento, porém, nada pode ser concluído do fato de que ele seja pensado, já que ele certamente não existe no pensamento que o pensa. Por conseguinte e em suma, nenhum gênero especial de realidade pertence aos objetos de nossa representação enquanto tais."

Para Jean Dieudonné,[2] é certamente "bastante difícil descrever as ideias dos matemáticos, que variam, aliás, de um para outro". No entanto, acrescenta ele: "Eles admitem que os objetos matemáticos possuem uma 'realidade' distinta da realidade sensível, talvez semelhante à que Platão concedia às suas Ideias."

Quanto a Alain Connes,[3] ele nos diz: "Julgo estar bastante próximo do ponto de vista realista. Para mim, a sequência dos números primos, por exemplo, tem uma realidade mais estável do que a realidade material que nos cerca ... O método axiomático, para citar apenas ele, permite que o matemático se aventure muito além das regiões familiares ... A realidade matemática possui uma coerência que realmente supera a que

---

1 Em seus *Princípios de matemáticas*.
2 Na Introdução de seu *Abrégé d'histoire des mathématiques*, op. cit.
3 Vide Jean-Pierre Changeux e Alain Connes, *Matière à pensée*, Paris: Odile Jacob, 1989. (*Matéria e pensamento*, São Paulo: Editora UNESP, 1996.)

a intuição sensível produz, uma coerência inexplicada e independente de nosso sistema de raciocínio".

Muitas coisas concorrem, de fato, para fortalecer o ponto de vista dos realistas: quase todos eles são matemáticos criadores e conhecem bem o sentimento de descoberta constantemente renovado a que se referem. É também o que Connes chama de coerência que distingue a visão do matemático de qualquer outra forma de arte: as matemáticas em sua totalidade, do teorema de Pitágoras à prova de um teorema que acabou de ser feita ontem, têm uma unidade quase total, elas são muito mais uma obra única do que uma multidão reunida. Essa coerência também pode assumir a forma de uma harmonia considerada perfeita entre uma questão proposta e a resposta que lhe vai ser achada, e também a forma de uma generalização que transforma um teorema anódino numa poderosa teoria, ou ainda da presença sem fim, em todo o edifício, de analogias que se repetem e se respondem de mil maneiras diferentes. A coerência aparece, também, quando vemos de repente serem extraídas, do meio de um sem-número de invenções quase gratuitas, estruturas novas que se revelam de uma espantosa fertilidade: distribuição, espaços métricos, espaços de Hilbert ou de Banach. Estes exemplos mostram também, desgraçadamente, a dificuldade que os matemáticos sentem em comunicar o que veem: eles são os únicos a conhecer realmente as maravilhas que os entusiasmam, e aqueles que vêm de fora e a quem eles falam sobre elas só recebem delas uma imagem banal e desbotada.

No entanto, parece que esses realistas não têm dúvida de que avançam por um terreno firme e sempre presente, que apenas exploram. Há, também, algo em seu procedimento que se assemelha à exploração de uma floresta virgem, espessa demais. Temos ali ideias súbitas, e uma etapa da viagem pode acabar numa imensa clareira, mas a marcha necessária é a da demonstração; é uma caminhada quase rastejante, onde cada passo tem de ser garantido. O matemático em seu trabalho avança conservando os olhos no chão, com o sentimento de que existem verdades culminantes que só alcançará ao fim de uma longuíssima espera e de onde a vista se estende até o horizonte. Espinosa imaginava, assim, um conhecimento "de terceira espécie", que transcendesse o da prova paciente, que é apenas de "segunda espécie".

Esses homens se revezam ao longo de toda a história para dizerem o que sentem e o que acreditam perceber: a existência de um vasto continente que lhes é permitido percorrer em parte, a alegria de ter margeado matagais de verdades, a solidez dos fundamentos e a firmeza dos laços que se tecem – coerência... Poder-se-ia acreditar, ouvindo-os, que são místicos, pois dizem, como eles, ter contemplado, sob outros horizontes, oceanos de luz. A dúvida e a reserva podem, então, tomar conta de quem os escuta: não se valem eles de visões ilusórias, da excitação de um cérebro entusiasmado por gozar de si mesmo, ou de um sonho de presença tão forte que parece mais certo do que a realidade? Assim é que o realismo matemático é muitas vezes descartado pelos céticos como uma forma suave de misticismo.

Só podemos responder a esse tipo de objeção recorrendo à história, único dado objetivo nas coisas do espírito. Neste sentido, é interessante voltar ao que diz Alain Connes, quando afirma que a coerência encontrada pelos matemáticos é independente de seu modo de raciocínio. De maneira mais figurativa, mas também mais expressiva, poderíamos dizer que eles concordam em reconhecer os mesmos relevos do terreno, sejam quais forem os caminhos pelos quais se aproximem dele.

Podemos apresentar como exemplo disso a história da análise entre os séculos XVII e XIX, já esboçada anteriormente. Sabe-se que, na época, se dispunha de um grande número de resultados realmente admiráveis, mas acabou-se por sentir a fragilidade de seus fundamentos. Realizou-se, então, um amplo trabalho de crítica, ao qual nenhuma construção puramente humana teria podido resistir. As invectivas a que foi submetida a teologia ao final do período escolástico foram carícias se comparadas às que os matemáticos impuseram à sua própria casa – tudo deveria ter desmoronado, para só deixar pedaços isolados de parede. Ora, o que se viu em vez disso? Viu-se o edifício elevar-se ainda mais, em vez de cair em ruínas, mais firme e mais vasto do que antes, agora com todas as pedras bem alinhadas. Contudo, de certa maneira, tudo mudara, a axiomática substituíra a intuição, e todas as estruturas traziam a marca de uma organização nova; os modos de raciocínio eram outros, mas a coerência dos resultados, velhos e novos, apenas tinha um realce mais nítido e mais seguro.

Os matemáticos deparam-se continuamente com esse tipo de lição, durante suas pesquisas. Sempre acham que o que encontram não é necessariamente o que esperavam, mas sim o que impõe, por assim dizer, a força das coisas, com a necessidade de um mundo que existe em si.

As objeções propostas comumente contra o realismo matemático se baseiam sobretudo em pressupostos quanto à natureza da realidade. É muito raro que essas suposições conservem sua aparência de evidência quando as comparamos com o que a física moderna diz dessa realidade. Darei apenas um exemplo: o filósofo André Darbon publicou um trabalho[4] consagrado às teorias "logísticas" de Russell, no qual encontramos bom número de ideias e de informações preciosas. Infelizmente, ele se entrega, no último capítulo, a uma crítica severa do realismo de Russell, que não hesita, de passagem, em chamar de "pueril", sem desdenhar, porém, apoiar seus argumentos em considerações ponderadas e eruditas. Verificamos então, dentre os considerandos de seu julgamento, que Darbon julga óbvia, em princípio, a impossibilidade dos indiscerníveis, que, por certo, goza da paternidade de Leibniz, mas que, de qualquer forma, teve de ser rejeitada pela física, sob a pressão da experiência, vinte anos antes do momento em que seu livro foi publicado. Este exemplo é revelador, pois mostra a presença frequente de ontologias pressupostas nas críticas do realismo, as quais não são muito mais dignas de crédito do que a que pretendem rejeitar. Dispensamo-nos de dizer mais a este respeito.

Uma crítica de outra natureza foi proposta recentemente e merece que a mencionemos. É a que apresenta Jean-Pierre Changeux no livro em forma de diálogo *Matière à pensée*, escrito com Alain Connes. Changeux raciocina como naturalista e especialista em cérebro, e observa a existência das estruturas da percepção e a estruturação das funções no cérebro, nas quais seria fácil ver uma espécie de predisposição interna à manipulação dos símbolos, seja ela inconsciente ou consciente, ou mesmo refinada. O cérebro inventa símbolos porque funciona processando símbolos concretos: seus próprios sinais. Quando ele se maravilha com o que descobre unicamente pelo pensamento, apenas admiraria a maravilha da natureza que ele próprio é. A coerência que ali encontramos seria um reflexo da espantosa harmonia interna de nossa máquina de pensar.

A objeção é ainda mais forte porque vai direto ao coração do que os matemáticos sentem com mais força e que muitas vezes afirmam. Ela me parece fracassar, porém, ao chocar-se contra escolhos que um naturalista não deveria ignorar: a maravilha matemática é reduzida a uma outra maravilha, a do cérebro. Seja. Essa maravilha da natureza é o fruto, como tudo o que vive, de bilhões de anos de evolução, o que supostamente

---

4 André Darbon, *La philosophie des mathématiques*, Paris: Presses Universitaires de France, 1949.

explica a sua quase-perfeição. Isto também é verdade, mas não poderíamos deter-nos aí. De onde vem que a evolução tenha dotado o cérebro dessas capacidades, senão do fato de que elas se mostram úteis à sobrevivência, o que supõe que algo corresponda a elas no mundo da realidade exterior: uma ordem imanente à realidade? Quando a ciência aprofunda essa ordem para chegar aos princípios da física, de novo ela encontra as matemáticas, mas desta vez como uma necessidade associada à realidade, e não mais como um produto do livre funcionamento do cérebro. Afinal de contas, giramos em círculo, e a resposta proposta por Changeux não era uma resposta. Na melhor das hipóteses, é apenas um dos projetores que contribuem para iluminar uma parte do palco.

Teremos de voltar à questão mais tarde, mas desde já podemos fazer uma observação muito simples: nenhuma discussão um pouco aprofundada do realismo matemático pode ser separada da discussão sobre as leis do mundo físico, e a natureza das matemáticas é inseparável da natureza dessas mesmas leis. Suas estranhezas se entrepenetram, e não podemos rejeitar de saída a existência de uma realidade impalpável em nome do senso comum, no momento mesmo em que este último é derrotado pela física. Seria incorreto construir, hoje, uma filosofia das matemáticas que permanecesse independente da filosofia das ciências da natureza.

Em suma, se voltarmos aos critérios estabelecidos no início e julgarmos o realismo matemático com base neles, constatamos que todos eles – quer se trate da beleza, quer da coerência, quer da fecundidade, quer da correspondência com as leis da realidade física – se ajustam bem à hipótese proposta. A única dificuldade do realismo matemático – e por isso ela se torna ainda maior – é chegar a fazer admitir a existência de algo que nunca tocaremos, de que nunca poderemos dizer: "Aí está, é isto", apontando-o com o dedo, em suma, a presença de uma realidade que possa não ser imediata e sensível.

O nominalismo

Todo realismo se depara inevitavelmente com um nominalismo. A versão extrema do nominalismo, no presente caso, consiste em dizer que as matemáticas são um jogo de regras arbitrárias, semelhante, por assim dizer, ao xadrez, mas mais complicado. Trata-se de uma posição que não se encontra muitas vezes nos textos dos matemáticos, e temos de procurá-la nos filósofos, como André Darbon, já citado.

Considera ele as matemáticas como uma construção "hipotético-dedutiva" de invenção puramente humana. Ela se fundamenta em hipóteses que podemos escolher à vontade, o que inclui, no limite, as próprias regras do raciocínio. O jogo consiste em extrair deduções a partir dessas hipóteses e dessas regras.

Não há dúvida nenhuma de que assim se dá realmente conta de um aspecto inegável da maneira como as matemáticas são feitas. A asserção propriamente filosófica do nominalismo é, porém, que elas nada mais são do que isso. Embora essa doutrina tenha sua origem em Leibniz, não poderíamos atribuí-la ao filósofo das mônadas, e reduzir seu pensamento a essa forma simplista equivale a mutilá-lo. Mais vale ouvir, a este respeito, a opinião de um especialista, Jean Dieudonné, que tem um juízo mais fino sobre a presença das construções puramente gratuitas nas matemáticas e sobre seu interesse: "Parece realmente que os problemas matemáticos 'sérios' sejam mais ou menos como seres vivos, com uma evolução natural que convém respeitar. As axiomáticas introduzidas artificialmente, apenas pelo desejo de generalizar arbitrariamente problemas conhecidos, raramente tiveram consequências notáveis". Em outras palavras, uma teoria que supõe a gratuidade e a arbitrariedade das hipóteses matemáticas choca-se de frente com o mistério de sua fecundidade.

Darbon pode argumentar retornando às origens históricas da aritmética e da geometria, que tiveram origem na realidade concreta; isso não lhe poderia ser de nenhuma utilidade, pois ele precisaria poder explicar por que essa realidade concreta se dobra a leis que as matemáticas são as únicas a poder exprimir. Em suma, o nominalismo estrito fracassa perante os três principais critérios, os de fecundidade, de coerência e de correspondência entre as matemáticas e a realidade.

Alguns nominalistas, dentre os quais o próprio Darbon, quiseram justificar sua posição recorrendo aos resultados da chamada escola formalista. Trata-se pura e simplesmente de firmes defensores do método axiomático. Na realidade, o uso ou não do método axiomático nada tem a ver com a questão da natureza das matemáticas, mas diz respeito apenas ao método que melhor lhes convém. Nada impede de ser realista e empregar o método axiomático, e os exemplos disto não faltam. O método axiomático só pende para o lado do nominalismo se afirmarmos que as matemáticas se reduzem inteiramente a uma questão de método e se nos dispensarmos de nos interrogar sobre a amplitude e sobre a coerência de seus resultados. É verdade que, para os formalistas integrais, as matemáticas são inteiramente redutíveis à manipulação de símbolos e, neste sentido, chegamos, então, ao nominalismo. Poucos matemáticos, porém, vão tão longe.

Já que acabamos de mencionar a escola formalista, podemos também acrescentar aqui, sem nenhuma preocupação de ordem, outros pontos de vista que também merecem ser citados. É o caso do "logicismo", que se esteia no método axiomático, atribuindo, desta vez, o papel principal aos processos de raciocínio. O importante é fabricar "provas" e os axiomas da lógica em que elas se fundam são supostamente os mais fundamentais. São considerados absolutamente gerais, sem arbitrariedade e aplicáveis a qualquer forma de pensamento racional. Conhecemo-los por intuição ou, como diria Hume, por tê-los visto se extrair da acumulação dos fatos e estruturar a linguagem. Essa concepção foi desenvolvida sobretudo por Russell e Whitehead, e às vezes é esquematizada, dizendo-se que as matemáticas se reduzem à lógica, o que significa que a lógica possui uma base ontológica e que as matemáticas são, em parte, determinadas por isso, e portanto fundamentalmente realistas, mas também, em parte, arbitrárias.

A chamada escola intuicionista, cujo principal artesão foi Brouwer, pretende restringir o domínio das matemáticas ao que é representável pela imaginação e se opõe ao que considera serem excessos no formalismo moderno. Isso a leva à prática de fazer uma triagem dos axiomas, restringindo os que admite ao que considera como legítimo de seu ponto de vista. Não insistiremos neste ponto, considerando que este tema de controvérsia é demasiado técnico. É claro que o intuicionismo se situa no quadro do realismo, mas de maneira bastante surpreendente, pois parece que podemos descrever a sua posição da seguinte maneira: existe uma realidade matemática acessível à intuição, mas não imanente (dada de uma vez por todas e existente em si); pelo contrário, ela é uma realidade que vai sendo construída aos poucos pelos matemáticos. Poderíamos parafrasear isso dizendo que a realidade primeira é o universo e que ele dá origem a seres, alguns dos quais matemáticos, cujo trabalho é aumentar o conteúdo intelectual do universo...

O sociologismo matemático

Existe um outro ponto de vista importante, que qualificamos conforme o caso de teoria da comunidade científica ou de sociologismo matemático. Segundo seus defensores, as matemáticas são essencialmente o que a comunidade dos matemáticos decide fazer delas. Trata-se, pois, de uma forma de nominalismo, cujo grande interesse está em ressaltar melhor a ação quotidiana de homens inseridos na sociedade e cuja coletividade é uma microssociedade, uma confraria internacional.

Exatamente como uma confraria, ela sagra seus novos membros e os submete a provas de iniciação, por meio de exames que culminam com a tese. O ensinamento é destinado a difundir e a controlar as doutrinas que prevalecem num momento dado. Assim, em meados do século XX, a axiomática, tal como fora formulada por Hilbert e codificada pelos livros de Bourbaki, torna-se dominante. Pouco depois, a veremos invadir o ensino elementar, sob o nome de matemática moderna. A partir daí, o desenvolvimento dos computadores contribuiu cada vez mais para reorientar os interesses da comunidade, e vemos as considerações de combinatória prevalecerem sobre as considerações em que o infinito, como na análise, desempenha o papel principal.

Os filósofos e os matemáticos que se inspiram nessa escola, dentre os quais podemos citar Raymond Wilder e René Thom, ampliam significativamente o nominalismo tradicional, levando muito mais em conta a fecundidade das matemáticas, a qual lhes interessa sobretudo sob o ângulo da criatividade. A criatividade é também uma questão que fez correr muita tinta, desde o famoso exemplo em que Poincaré contava como a ideia das "funções fuchsianas" dele se apoderara inopinadamente no momento em que ia tomar o ônibus. Foram realizadas investigações aprofundadas acerca da criatividade matemática, e nelas fica claro, com efeito, de maneira quase sistemática, que as ideias novas surgem de repente, com a condição de que o pesquisador não cesse de pensar e de repensar o seu problema. A comunidade matemática desempenha, em relação a essa "epistemologia privada", um papel de crítico e de caixa de ressonância, que permite decidir entre o que será aceito como digno de ser meditado e transmitido, e o que está fadado ao desaparecimento e ao olvido.

Poder-se-ia temer que uma tal redução das matemáticas a um acordo colegial as reduzisse a um mero jogo de convenções e de conveniências, para não falar de moda, onde nada distinguiria a comunidade em questão de um clube de bridge. Para contrabalançar essa tendência, deveria intervir o fato de que as matemáticas são um meio de conhecimento. Não parece, porém, que os defensores dessa escola compartilhem uma opinião comum sobre a razão pela qual as matemáticas são tão espantosamente eficientes quando intervêm nas outras ciências. Essa, também, não parece ser uma de suas grandes preocupações, a não ser para registrar que essa utilidade é levada em conta na apreciação feita pela comunidade sobre o interesse das pesquisas novas. Eles se interessam mais pelo fato de que o processo próprio às matemáticas é o da prova, e, segundo eles, aí é que se situa a singularidade de seu assunto comparativamente a qualquer outra disciplina.

Imre Lakatos levou especialmente longe a análise da prova, tanto no que se refere ao princípio como no que tange à prática. Para tanto, ele estuda como uma "verdade" matemática se elabora na epistemologia privada do matemático e na comunidade, distinguindo várias etapas. Tudo começa, segundo ele, com uma conjectura, isto é, com uma hipótese que suponha que certo teorema provavelmente é verdadeiro. Essa conjectura pode ser uma observação sugerida por alguns exemplos ou uma ideia que passou pela cabeça de um matemático e que ele reteve por sua beleza. Grande número de conjecturas, famosas ou não, figuram nos livros, às vezes há séculos. A escola sociológica e Lakatos interessam-se, evidentemente, pela maneira como elas surgem, mas isso é da esfera da já mencionada reflexão sobre a criatividade.

A conjectura pode ser trabalhada por um só matemático, por uma equipe ou até por muitos grupos em situação de colaboração ou de concorrência. Em todo caso, o trabalho de busca de uma prova procede de maneira análoga. Começa por uma enumeração das ideias de provas que pode sugerir a bagagem dos métodos conhecidos, depois vêm considerações que visam a avaliar a maior ou menor verossimilhança do resultado esperado e a capacidade que os métodos considerados teriam de alcançá-los. Chega-se, assim, a constituir o que Lakatos chama de um "esquema de prova", segundo o qual o caminho a seguir para estabelecer a conjectura é decomposto em várias etapas, o que podemos chamar de lemas, ou conjecturas subsidiárias. Alguns desses lemas podem ser demonstrados, mas outros permanecem hipotéticos, enquanto não é alcançada uma prova satisfatória.

Normalmente, então, se submetem esses esquemas de prova à crítica, procurando contraexemplos que mostrem que um suposto lema é, na verdade, incorreto. A descoberta de um contraexemplo pode levar a situações variadas: pode pôr em questão apenas alguns lemas, e neste caso o esquema de prova volta para o estaleiro. Pode também acontecer que a conjectura global que se queria demonstrar se revele falsa, o que põe um ponto final no empreendimento, sem que ele tenha sido necessariamente inútil, pois o trabalho de reflexão efetuado pode sugerir novas possibilidades e levar a uma nova fase de criatividade. Outras vezes, os contraexemplos podem eles próprios parecer de tal forma excessivos que se prefere tentar restringir as hipóteses que condicionam a validade da primeira conjectura. Assim, o trabalho vai avançando por etapas, e, conforme o caso, acaba chegando a uma prova satisfatória da conjectura ou a uma crítica das hipóteses cada vez mais aprofundada, que pode chegar, nos casos mais extremos, a uma revisão dos axiomas da teoria que lhe serve de base.

Lakatos considera que é por meio desses procedimentos que se chega a resultados sobre os quais a coletividade matemática pode entrar em acordo. Ele ressalta daí que os critérios de "verdade" a que eles satisfazem são mais um problema de convenção do que a chegada a um absoluto definitivo e incontestável. Podemos ilustrar este ponto de vista com o exemplo da análise, cujos critérios de exigência evoluíram consideravelmente entre os séculos XVIII e XIX, para chegarem ao remodelamento completo dos axiomas que já descrevemos. Assim, as provas amadurecem com o tempo, bem como as próprias matemáticas.

Essas considerações são perfeitamente válidas, e traduzem bem a realidade dos fatos; elas se baseiam em investigações escrupulosas quanto à maneira como as matemáticas são feitas. Podemos, porém, perguntar se com isso aprendemos muito, afinal de contas, sobre a natureza das matemáticas. Um realista poderia objetar que um estudo análogo poderia ser feito sobre a evolução das cartas, dos mapa-múndis e dos portulanos entre a Antiguidade e o Renascimento, em que só se reteriam das narrativas dos exploradores as distâncias que percorreram em mar ou por terra, sendo os pormenores mais precisos atribuídos à "criatividade" dos viajantes. Quando as distâncias concordam suficientemente, podemos concluir pelo interesse dos continentes conjecturados, mas não por sua existência. Em outras palavras, a análise nominalista do sociologismo matemático nada oferece sobre a realidade eventual das explorações feitas, como, inversamente, não permite rejeitar a hipótese dessa realidade.

Essa teoria obtém um escore um tanto ou quanto medíocre quando a submetemos à bateria dos critérios estabelecidos inicialmente. O critério estético é realmente satisfeito, na medida em que a comunidade é muito sensível a ele. O mesmo ocorre com o aspecto simbólico, que faz parte das exigências da comunidade atual. A fecundidade, em compensação, permanece um mistério, novamente englobado no psicologismo que gira em torno da criatividade. Por fim, o problema da correspondência entre as matemáticas e a realidade física permanece intacto.

As matemáticas e a realidade física

Falamos sobre o papel insubstituível das matemáticas na formulação das leis da física como um dos critérios que permitem julgar as diferentes filosofias das matemáticas. Cumpre dizer que esse critério nada tem de habitual e, no mais das vezes, só lhe atribuem um papel muito secundário. Vamos, pois, examinar alguns de seus aspectos, para melhor situá-lo.

Podemos mencionar, a este respeito, os "ultrafinitistas", em sua maioria informáticos ou físicos que só querem ver nas matemáticas um processo finito realizado em computadores ou diretamente na natureza, pelos próprios objetos. Trata-se de um ponto de vista extremo, sobre o qual não nos estenderemos.

Poderíamos, também, afirmar, sem excesso demasiado, que todos recorrem à realidade física no momento de fazer uma escolha entre todos os conceitos matemáticos imagináveis, ainda que com reticências. De fato, é na realidade física que os formalistas encontram a fonte das regularidades de onde viria a lógica, como o pretendia Hume. Os intuicionistas concordam inteiramente com eles, neste ponto. Os nominalistas moderam, na prática, a arbitrariedade excessiva de seu jogo hipotético-dedutivo, recorrendo de quando em quando às sugestões dadas pela realidade exterior, mesmo que seja apenas nas origens da geometria grega. Os logicistas, enfim, consideram que o papel de pilares fundadores que a lógica concede à teoria dos conjuntos e aos números inteiros tem como origem a existência, na natureza, de objetos com que podemos constituir conjuntos.

Assim, uma exposição moderna das matemáticas tenderia a tomar como ponto de partida a lógica e a existência de objetos, para nada mais conservar das contribuições da realidade. Muitos matemáticos julgam que esse ponto de vista é legítimo, para não dizer incontestável, e que as matemáticas mergulham, assim, suas raízes no que a realidade tem de mais simples, para em seguida se desenvolver de maneira autônoma.

Infelizmente, parece que eles se iludem sobre a suposta simplicidade do mundo. Se, há um século, poderia parecer evidente que a realidade se compõe de objetos que podemos ordenar e contar, hoje as coisas não são tão simples. Com efeito, sabemos que a realidade física obedece a leis quânticas, e isso põe em xeque a simplicidade fundamental da noção de objeto.

Poderíamos, inversamente, ser tentados a ver objetos muito simples na base da física, ou seja, as partículas elementares, que são os elétrons, prótons, quarks ou outros. Ora, por uma estranha maldição, esses objetos são desprovidos de todas as características que permitiriam fundamentar neles uma teoria dos conjuntos. Com efeito, essas partículas são estritamente indiscerníveis, e nada permite distinguir um elétron de outro elétron, nem sequer a sua posição no espaço. Fica, pois, excluído dizer que um possui uma propriedade que permitiria colocá-lo em certo subconjunto, e não o outro. A física atual baseia-se em objetos que não podem ser entendidos como os elementos de um conjunto decomponível em subconjuntos.

Não seja por isso, dirão, vemos muito bem que existem objetos à nossa escala que não sofrem desse tipo de vício: as árvores, as pedras e os palitos de fósforo, e mil outras coisas a que nos basta referirmos quando elaboramos o *abc* das matemáticas. Esse ponto de vista é venerável pela Antiguidade, e se baseia, no fundo, no empirismo. A dificuldade com que ele corre o risco de se chocar é mais sutil do que a anterior, mas nem por isso inexistente. Com efeito, quando tentamos compreender a natureza dos objetos em questão, num mundo submetido à física quântica, e tentamos fazer dele uma descrição satisfatória, verificamos uma verdadeira reviravolta na ordem suposta da simplicidade matemática. As leis da física que traduzem a existência dos objetos só podem exprimir-se pelos métodos mais sutis da análise, extremamente distantes do *abc* da teoria dos conjuntos.[5]

Em outras palavras, o que parecia poder servir de ponto de partida para as matemáticas se revela, no estado atual dos conhecimentos, um ponto de chegada particularmente distante do ponto de vista da teoria da matéria. Não há ponto de ancoragem das matemáticas na realidade física que possamos considerar como uma evidência primeira.

Devemos mostrar-nos pessimistas com isso e concluir que, de tanto nos interrogarmos, chegamos apenas a reduzir a pó o conhecimento? Não o cremos, mas isso indica, sem dúvida, que devemos ser ainda mais exigentes e, sobretudo, não considerar as matemáticas como um dado à parte, mas integrá-las numa filosofia do conhecimento mais ampla.

---

5 Esta discussão antecipa o que veremos no capítulo X, acerca das propriedades clássicas de objetos macroscópicos fundados em leis quânticas.

CAPÍTULO 7
A FÍSICA FORMAL

O século da física formal

No final do século XIX, a física clássica chegava, com Maxwell, a uma profunda reviravolta de sua natureza. Víamos empalidecer o papel primordial dos antigos conceitos visuais, como os de posição, de velocidade ou de força, cuja expressão matemática pudera, até então, parecer só conferir-lhes uma maior precisão, sem alterar seu sentido intuitivo primitivo. Essa clara visão tivera de ceder o lugar, em parte, a conceitos incomparavelmente mais abstratos, como o campo elétrico ou magnético, cuja expressão matemática já não era simplesmente uma tradução matemática da intuição, mas sim a única forma perfeitamente explícita que lhes poderíamos dar. As leis dessa nova física tornavam-se, na mesma data, relações matemáticas entre essas quantidades; algumas as vinculam umas às outras e outras exprimem sua dinâmica, isto é, a maneira como elas evoluem ao longo do tempo. Embora o pensamento do físico continuasse a preservar o máximo possível o que restava de intuição, ele agora havia entrado numa nova fase, a de uma concepção em que a forma matemática das noções físicas e das leis prevalece sobre qualquer outra maneira de compreender.

Doravante, toda a física repousa sobre bases ainda mais formais, que não raro escapam a qualquer intuição, quando não chegam a bater de frente contra o senso comum ou o que se crê tal. Não poderíamos, contudo, ver nessa evolução, surpreendente e, sob alguns aspectos, apavorante, o efeito de uma vontade obstinada de alguns espíritos absconsos ou de metafísicos extremados que preferissem suas quimeras à simplicidade das coisas. De fato, não se pouparam esforços para dar mais carne, mais sangue e mais vida a noções que, para se imporem, pareciam contradizer o testemunho de nossos sentidos: se hoje elas reinam, impávidas, no centro de nossos conhecimentos, é porque ninguém conseguiu destroná-las.

Seria igualmente errôneo acreditar que a física, nesse mergulho no abstrato, cortou os laços com a realidade, para se vestir de ouropéis matemáticos mais espessos. Com efeito, ela ia recolhendo frutos sem conta, vendo estender-se ilimitadamente o campo de seus conhecimentos, até que não permanecesse mais nenhum mistério, nenhuma pedra sem ter sido deslocada, exceto nos confins mais longínquos. Ao mesmo tempo, ia se aprofundando a compreensão minuciosa da realidade concreta, e as aplicações técnicas multiplicavam-se enormemente. Tampouco a intuição foi desativada, e ela ainda se exerce plenamente, por exemplo, na obra de um Pierre-Gilles de Gennes, para só citar um nome. Ela só desertou os fundamentos, mas isso já é o bastante.

Sabemos quais foram as principais etapas dessa aventura, aliás numerosas. Tudo começou no limiar do estranho, com a teoria da relatividade restrita, descoberta por Einstein em 1905: o espaço e o tempo perdem o caráter absoluto que sempre tiveram nas consciências e que Newton revelara. As distâncias e a maneira como o tempo passa dependem, pelo contrário, do movimento de quem as mede. Pouco tempo depois, foi a vez da teoria relativista da gravitação, também de autoria de Einstein, que resolvia a grande questão deixada em suspenso por Newton: as forças gravitacionais não se exercem a distância de maneira instantânea, mas sua ação vai propagando-se aos poucos, na velocidade da luz. Esse triunfo maior foi também uma imensa fonte de perplexidade, pois não só o tempo e o espaço se conjugam intimamente sob o efeito do movimento, mas ambos, formam juntos, uma entidade nova, o espaço-tempo, totalmente inacessível à intuição e, além disso, curva. As matemáticas são as únicas que podem oferecer uma descrição dele, diante da qual o senso comum permanece, por assim dizer, estupefato e mudo.

Teriam podido contentar-se em admitir que, a despeito do fascínio que exercem sobre nossa mente, o espaço e o tempo nunca foram, no fundo, claramente compreendidos e que a meditação sobre eles é uma espécie de metafísica. Os novos efeitos de gravitação que a teoria prediz são mínimos, e, a rigor, poder-se-ia, pois, contentar com a presença de uma cortina de mistério nas fronteiras extremas da física, embora conservando uma visão clara da matéria – aquela que sempre podemos ver e tocar. Isso teria sido ignorar que o pior – e o melhor – ainda estava por acontecer.

O melhor e o pior são a maravilhosa e, às vezes, diabólica física quântica. Mais vale não a tratarmos superficialmente agora, pois teremos a oportunidade de reconhecê-la à vontade, mas podemos desde já dizer até onde se estende o seu domínio. Eis aqui, em primeiro lugar, a sua afirmação primeira: toda espécie de matéria e toda forma de luz ou de radiação é composta de partículas minúsculas – elétrons, prótons, nêutrons, fótons e algumas outras. A mecânica quântica é a expressão das leis da física próprias dessas partículas.

Trata-se, pois, por assim dizer, da teoria de tudo, com exceção, talvez, do espaço e do tempo. É a quintessência da física, uma teoria universal de que decorre toda outra física, pelo menos em princípio, por via de consequência. A mecânica quântica é, assim, praticamente a totalidade da física reunida em algumas leis, e é por isso que podemos chamá-la de maravilhosa. Que ela também possa ser diabólica, é o que sempre se nos revelará bastante cedo, e mais vale não vilipendiá-la antes de tê-la realmente encontrado.

Dito isso, não poderíamos pensar em entrar em todos os meandros dessas teorias, e permaneceremos fiéis à nossa decisão de nos limitar ao essencial, ao indispensável para quem quer apenas meditar sobre a ciência. A teoria da relatividade restrita e a da gravitação relativista só serão abordadas de maneira muito breve. Isso não constitui de modo nenhum um juízo negativo sobre seu interesse profundo, mas a física quântica oferece matéria para reflexão em dose suficiente para que nos contentemos com ela.

Continuaremos a abordar essas questões seguindo o curso da história. Esta última, infelizmente, é bastante complexa no pormenor: está repleta de aventuras, de iluminações, de premonições e de voltas atrás, e também de grandes surpresas. É por isso que nos permitiremos simplificá-la. Quando essas espantosas ciências tiverem sido mais ou menos cingidas, esforçar-nos-emos por extrair os seus princípios, apesar de sua obscuridade matemática, para tentarmos captar melhor as suas consequências. Veremos, então, aparecer em plena luz problemas filosóficos profundos, em que a teoria do conhecimento mergulha hoje as suas raízes.

A relatividade

Apesar de seus aspectos formais, a eletrodinâmica do fim do século XIX conservava do passado uma ideia forte e uma ideia simples, que ambas, juntas, levavam a uma ideia fixa. A ideia forte era o caráter absoluto do espaço e do tempo. A ideia simples era que o caráter vibratório da luz supõe um suporte material concreto: algo que vibra e que era chamado de éter. A ideia fixa era pôr em evidência a existência do éter por meio da experiência.

Hoje perdemos em parte a memória das cogitações, das teorias e das tentativas a que levou essa busca do éter. Sua soma é considerável, e os historiadores da ciência são quase os únicos a conhecer a sua extensão. Retenhamos apenas os seus traços essenciais: era natural supor que o éter, meio por assim dizer material que vibra à passagem da luz, deveria encontrar-se presente em toda parte em que a luz se propaga, em particular no vácuo intersideral, que a luz dos astros atravessa. Ele deveria, portanto, materializar o espaço absoluto postulado por Newton.

Essa ideia não era uma pura especulação, mas, pelo contrário, baseava-se em observações muito sensatas, que é bom recordar. A primeira refere-se à composição das velocidades. A existência de um espaço e de um tempo absolutos tem, com efeito, como consequência uma regra simples que fornece a velocidade de um movimento quando o experimentador que o observa é ele próprio levado por um outro movimento relativamente ao espaço absoluto. Assim, se um sinal luminoso se propaga com certa velocidade no espaço absoluto, um observador que também se desloque deveria verificar que a velocidade que ele mede é a diferença (vetorial) entre a velocidade absoluta da luz e a sua própria. A velocidade observada da luz deveria, pois, ressentir-se do movimento do laboratório em que ela é medida, o qual é arrastado pela Terra em sua revolução ao redor do Sol. Mas acontece que as equações da eletrodinâmica de Maxwell preveem uma velocidade da luz perfeitamente definida, designada por c, sem nenhuma margem de liberdade. Era, pois, razoável pensar que as equações de Maxwell representavam as leis da física tais como elas se exprimem num meio material único, o éter, estando esse meio ele próprio em repouso em relação ao espaço absoluto.

O que acabamos de dizer a respeito da composição das velocidades mostra que essa ideia podia ser posta, em princípio, à prova, medindo-se a velocidade da luz com precisão suficiente. Com efeito, a velocidade da Terra em relação ao Sol é dirigida em direções opostas a cada seis meses de intervalo, e isso deveria poder ser verificado. Não é necessário esperar seis meses, pois a velocidade da Terra num momento dado tem uma direção bem definida em relação ao espaço absoluto, e isso tem como consequência que uma medição da velocidade da luz não deveria dar o mesmo valor conforme a luz se propague nessa direção privilegiada ou em outra, perpendicular, por exemplo. Desgraçadamente, a razão V/c entre a velocidade da Terra e a da luz é muito pequena, da ordem de um décimo de milímetro, e os meios de que se dispunha não permitiam realizar as medições com uma precisão suficiente.

Procuraram-se, então, outros efeitos que pudessem ser alcançados pela experiência. Os fenômenos de interferências eram especialmente promissores, pois a posição exata das franjas de interferência oferece o meio de amplificar muito as supostas variações da velocidade da luz. É bem verdade que os efeitos esperados eram de segunda ordem, em razão da quantidade muito pequena V/c, ou seja, proporcionais ao seu quadrado e, portanto, da ordem de um centésimo milionésimo. Seja como for, a amplificação esperada tornava-os acessíveis, com a condição de que se utilizasse um interferômetro bastante grande e suficientemente estável. Foi, portanto, graças aos progressos técnicos que havia realizado na concepção e na utilização dos interferômetros que o físico americano Albert Michelson, com seu colaborador Edward Morley, pôde finalmente medir o "vento de éter", em 1887.

O resultado foi muito diferente do que se esperava. Não se constatou nenhuma manifestação da velocidade do laboratório em relação ao éter, e todas as verificações feitas levavam à mesma conclusão: a velocidade da luz não depende de modo nenhum do movimento do laboratório onde ela é medida.

Muitas ideias que se acreditavam aceitas viam-se derrubadas por essa descoberta, e se procurou por todos os meios qual poderia ser a explicação disso. A explicação proposta pelo irlandês George Fitzgerald em 1893 era ao mesmo tempo sedutora e estranha: seria possível que todos os corpos materiais, por exemplo o metro padrão, vejam seu tamanho modificado sob o efeito de seu movimento em relação ao éter? O comprimento de um metro seria diminuído quando ele se desloca em sua própria direção e permaneceria intocado quando sua velocidade lhe é perpendicular, sendo proposta por Fitzgerald uma expressão explícita dessa modificação. O holandês Hendrik Lorentz, já autor de uma teoria minuciosa da eletrodinâmica na matéria, julgou poder atribuir esse efeito a uma modificação das forças que ligam os átomos na matéria dos padrões de comprimento (e, evidentemente, em qualquer outro corpo). Mostrou também, em 1903, que esse efeito deveria ser acompanhado de uma mudança do ritmo dos movimentos periódicos nos átomos e, em maior escala, do ritmo dos relógios, estando os dois efeitos conjugados na famosa transformação de Lorentz, que fornece a modificação dos comprimentos e dos tempos quando dois observadores em movimento relativo comparam suas respectivas medidas.

Em 1905, Albert Einstein propôs uma revisão conceitual de outra magnitude. Em vez de admitir que o movimento em relação ao éter é a causa das contrações de Fitzgerald, pretende ver a origem delas na própria natureza do espaço e do tempo. O mesmo metro padrão tem sempre exatamente o mesmo comprimento para o observador que o segura na mão, e o ponteiro do relógio que ele traz no bolso da calça gira sempre no mesmo ritmo. Esse observador baliza o espaço com a ajuda de seu metro, e mede o tempo com o relógio. Outro observador que se desloque em relação ao primeiro numa velocidade constante pode fazer o mesmo, mas as medidas que ambos fazem do mesmo evento não têm nenhuma razão para coincidirem. Em outras palavras, não há nem espaço nem tempo absolutos, mas sim medidas de distância e de tempo que dependem do movimento do observador. A maneira como essas medidas são comparadas entre dois observadores faz intervir apenas a velocidade do movimento de cada um deles em relação ao outro, ou seja, seu movimento *relativo*.

A revolução conceitual assim introduzida pode ser especialmente bem apreciada se a aproximarmos dos juízos sintéticos *a priori* de Kant sobre o espaço e o tempo. Sempre podemos admitir, se quisermos, que se trata de ideias inatas por meio das quais a nossa representação, a nossa visualização do mundo deve necessariamente passar, mas é preciso reconhecer que essas categorias de pensamento não se ajustam à natureza, exceto nos casos (aliás, de longe os mais frequentes) em que todos os movimentos são lentos em relação à velocidade da luz. O espaço e o tempo continuam a ser representáveis para nossa visão mental, mas só aproximadamente, e, afinal, a formulação matemática da correspondência entre as observações é a única confiável. Ela só é descritível através da álgebra, mesmo quando conseguimos domar o seu caráter abrupto, pela familiaridade. Com a relatividade, a teoria do conhecimento cessou, sem dúvida para sempre, de se moldar na representação intuitiva, para se fundamentar apenas em conceitos cuja única formulação digna de fé passa por um formalismo matemático.

Pode-se dizer, porém, que as concepções de Einstein sobre o espaço e o tempo seriam suficientes para obter a adesão? Podíamos perguntá-lo comparando-as às de Lorentz, muito mais próximas das ideias clássicas. Assim, não era dessas considerações gerais que a confirmação deveria vir, mas sim da aplicação que Einstein fez delas à dinâmica. Os princípios da dinâmica de Newton eram, de fato, incompatíveis com a nova teoria. Para reconciliá-las, era preciso revisar a maneira como a impulsão e a energia cinética se exprimem em função da velocidade dos corpos em movimento. Era preciso, pois, reescrever as equações de Newton de maneira nova, que só diferisse significativamente da antiga quando as velocidades em ação não fossem desdenháveis ante a da luz. Foi o que fez Einstein, com o resultado extraordinário que se sabe: existe uma energia que só provém da massa e que é dada pela famosa fórmula $E = mc^2$.

A existência dessa energia de massa deveria, mais tarde, revelar-se na física nuclear, em que a energia de ligação dos prótons e dos neutros no núcleo se traduz por uma diminuição perfeitamente mensurável da massa total. Evidentemente, não é essa a única confirmação experimental da teoria da relatividade, e hoje se conhece um sem-número delas. Não tentaremos, porém, enumerá-las, pois elas têm de preferência seu lugar nos trabalhos especializados. Vejamos, antes, a continuação.

A teoria relativista da gravitação

A despeito de seu sucesso, a teoria da relatividade ainda deixava abertos dois problemas: saber como aplicá-la quando um observador tem um movimento acelerado; fazer a teoria da gravitação de Newton entrar no novo quadro.

Restava como que um vestígio do espaço e do tempo absolutos na primeira teoria de Einstein. Com efeito, as transformações de Lorentz que ela utiliza só são aplicáveis a dois observadores animados um em relação ao outro de um movimento em velocidade constante, sem aceleração relativa. Ora, recordamo-nos de que os princípios da dinâmica de Newton só são válidos sob sua forma mais simples quando os escrevemos no espaço absoluto com um tempo absoluto. Na realidade, eles conservam a mesma forma em todo sistema de referência (todo laboratório de medida) cuja velocidade seja constante em relação ao espaço absoluto. Esses sistemas privilegiados de referência são chamados de referenciais galileanos, porque são aqueles em que o princípio de inércia de Galileu se aplica, isto é, aqueles em que um corpo que não está sujeito a nenhuma força se desloca num movimento retilíneo uniforme.

A teoria da relatividade restrita conservava a noção de referencial galileano. É só num tal referencial que a nova formulação da dinâmica tinha a forma simples que Einstein supunha. Assim, embora já não houvesse nem espaço nem tempo absolutos, continuava havendo uma categoria de referenciais privilegiados, cuja família conservava um caráter único. Plagiando George Orwell, poderíamos dizer que, dentre todos os sistemas de referência, ou todas as maneiras de descrever o espaço e o tempo, alguns eram mais iguais do que outros. Havia ali matéria para investigação.

O outro problema era o da gravitação. Lembramo-nos da perplexidade que o próprio Newton sentia diante da existência de forças de gravitação que agiam imediatamente a distância.[1] A dificuldade tornava-se mais aguda na nova teoria relativista. Esta última prevê, que nenhum efeito físico pode propagar-se mais rápido do que a velocidade da luz. Eis a razão: suponhamos que haja uma causa A para um efeito que seja gravitacional para as necessidades da causa – por exemplo, a ejeção de certa massa de matéria pelo Sol, fenômeno detectado por um observador. Essa causa produz um efeito B em alguma distância, por exemplo, um efeito de maré na Terra. Pode o observador admitir que o efeito se

---

[1] Na realidade, Newton e seus contemporâneos estavam preocupados principalmente com o fato de que a gravitação pudesse transmitir-se através do vácuo, e a questão de sua transmissão instantânea é mais tardia. Devo esta retificação a Loup Verlet.

produza no próprio instante em que ocorre a causa? Certamente não, pois podemos mostrar que, em virtude das transformações de Lorentz, existiriam então outros observadores em movimento, em relação ao primeiro, que, nestas condições, veriam *o efeito preceder a causa*. As dificuldades das interações distância, portanto, já não são um mero prurido metafísico, como no tempo de Newton, mas acarretam uma verdadeira contradição interna. Por isso mesmo, em compensação, o problema que elas colocam se torna acessível à análise, e é a isso que Einstein vai dedicar-se entre 1911 e 1916.

Assim, ele está na presença de duas questões aparentemente muito diferentes: a primeira consiste em reformular as leis da dinâmica num sistema de referência qualquer e, em particular, num referencial acelerado; a segunda, encontrar uma teoria da gravitação em que as forças não se exerçam instantaneamente a distância.

Estes dois problemas estão ligados, como ele logo se convence. Sabe-se que uma aceleração se manifesta por meio de forças de inércia: é a força aparente, isto é, sem intermediário concreto mas muito manifesta, que sentimos nas entranhas quando andamos em "montanhas russas" ou a que um aviador constata durante uma forte aceleração. Podemos também sentir seu efeito num elevador rápido. Ora, observa Einstein, é absolutamente impossível para mim, quando estou fechado num elevador, saber se a impressão de peso que sinto se deve a uma aceleração do elevador ou a uma verdadeira força de peso, ou ainda a uma combinação das duas. Nenhuma medição feita localmente, ou seja, sem nem sair do elevador nem olhar para fora, me permite resolver a questão. A razão disso está ligada a uma identidade misteriosa que Newton sublinhara, a igualdade da massa inercial (que determina a reação à aceleração) e da massa gravitacional (que determina a força de atração criada por outras massas).

Se, portanto, conseguirmos reformular as leis da dinâmica num sistema de referência qualquer, poderemos ter esperanças de compreender a forma que devem assumir as leis da gravitação num contexto relativista. Einstein vai, então, fazer uma observação essencial, tornando a percorrer em sentido inverso o caminho que percorrera para passar das propriedades relativistas do espaço e do tempo à dinâmica, pois ele vai esclarecer a dinâmica tal como ela se exprime num referencial acelerado, aprofundando, desta vez, a geometria do espaço tal como é vista num tal sistema.

O exemplo dado por ele é suficientemente simples para que o citemos aqui: imaginemos que estamos situados num carrossel que gira, rápido o bastante para que os efeitos da relatividade sejam sensíveis. Sentimos ali uma aceleração (exceto no eixo da plataforma) cuja força de inércia é a mesma que a força centrífuga. Mas será que isso é tudo o que se passa? Tomemos uma régua e meçamos um raio da plataforma, supostamente circular. Como a velocidade é em toda parte perpendicular ao raio, nossa régua não sofre a contração de Fitzgerald, e assim achamos um certo valor do raio. Meçamos, então, a circunferência da plataforma, colocando várias réguas idênticas uma depois da outra. Desta vez, a velocidade é em toda parte paralela a essas réguas e, portanto, elas vão sofrer um efeito de contração relativista. Quando comparamos o comprimento da circunferência com o raio, vamos, pois, encontrar um número que já não é 2π, como era de se esperar, mas depende do raio e da velocidade de rotação sobre a circunferência. Eis aí algo para nos deixar pasmos: nosso espaço não é mais euclidiano!

Assim, pois, a geometria do espaço num referencial acelerado já não se mostra euclidiana. Considerações análogas permitem mostrar que a passagem do tempo medido por relógios também é sensível aos efeitos de aceleração e que ela não é a mesma conforme os relógios, supostos idênticos, forem colocados no centro ou na periferia da plataforma giratória.

Mas o que é, então, um espaço que não é euclidiano? A pergunta é fácil quando se trata de um espaço de duas dimensões: basta, por exemplo, comparar um plano com uma esfera ou com a superfície de uma batata. O plano é euclidiano: o caminho mais curto de um ponto a outro é uma reta, e a soma dos ângulos de um triângulo é igual a π. Seres de duas dimensões que vivessem sobre a superfície da batata também poderiam concordar em chamar de linha reta o mais curto caminho de um ponto a outro: é o que os matemáticos chamam de uma geodésica (cujo nome recorda que ela é justamente o mais curto caminho entre dois pontos da superfície da Terra). Assim sendo, nossos seres de duas dimensões constatariam que não vivem num espaço euclidiano, pois a soma dos ângulos de um triângulo sobre uma esfera ou sobre uma batata não é igual a π. O espaço tem uma *curvatura*, como o vemos manifestamente no exemplo da esfera.

Seja, dirão, mas a batata está situada no espaço comum, que tem três dimensões, e este é euclidiano. Admitamo-lo, mas que se há de pensar se constatarmos, como no exemplo do carrossel, que o espaço de três dimensões não é mais euclidiano? Vamos supô-lo mergulhado num espaço imaginário de quatro, cinco dimensões ou mais? Nosso respeito e nossa admiração por Euclides devem ir até aí?

É muito mais simples, de acordo com Einstein, limitar-se ao espaço tal como um observador pode vê-lo e medi-lo: de três dimensões, por certo, mas não euclidiano. Os matemáticos ensinaram-nos, desde Gauss, a descrevê-lo em si mesmo, sem ter de supô-lo mergulhado num espaço euclidiano de dimensão mais alta, e basta aplicar suas técnicas. Mais uma vez, portanto, conceitos que só se exprimem através das matemáticas e que escapam à intuição vão ter de ser invocados.

A partir daí, vemos em que direção seguir: é preciso fazer que se combinem primeiro as considerações que dizem respeito ao espaço e as que se referem ao tempo, unindo-as num só objeto formal de quatro dimensões, o *espaço-tempo**. É ele que vai ser considerado um espaço geométrico de natureza transcendente e que apresenta uma curvatura. Impõe-se, então, um primeiro resultado: não é preciso recorrer a referenciais galileanos para formular as leis da física, e podemos escrevê-las em qualquer referencial, rompendo, assim, completamente com os últimos farrapos do envoltório newtoniano. O princípio de inércia cessa de privilegiar os referenciais galileanos, e agora engloba o efeito das forças de gravitação: um corpo que não está submetido a nenhuma força *a não ser a gravitacional* percorre uma geodésica do espaço-tempo.

Ainda falta descobrir pelo que se deve substituir a força de gravidade de Newton. Já que o novo princípio de inércia inclui o efeito da gravitação, já não é preciso falar de força, pois basta saber achar as geodésicas do espaço-tempo. Ora, para isso, basta conhecer a sua geometria, o que equivale a determinar a sua curvatura. Toda a teoria relativista da gravitação equivale, pois, a descobrir como a curvatura do espaço-tempo é determinada por seu conteúdo em massa (ou antes, em energia). Mas por meio de que equações?

Este último obstáculo concentrará por muito tempo os esforços de Einstein, pois os métodos matemáticos a que precisa recorrer ainda são desconhecidos na época por todos os físicos. Ele obtém sucesso, por fim, ao mesmo tempo que Hilbert, que ele conseguira interessar por suas pesquisas, e essas serão as famosas equações de Einstein, que não podemos descrever aqui. Contam a este respeito uma anedota que corrige a perspectiva da imagem de Einstein, que, para o grande público, foi o matemático, quando na verdade ele era mais um físico atento aos princípios e pouco dado aos cálculos muito complexos, que, pelo contrário, sabia como evitar. Com efeito, não dizia Hilbert que "Herr Einstein quer substituir a física pela geometria, mas todo o mundo nas ruas de Göttingen sabe mais geometria do que ele"? Devemos entender que "todo o mundo", para Hilbert, se aplicava a seus próprios alunos, é bem verdade que muito numerosos. Essa historinha um pouco ácida nos servirá de pretexto para aprofundarmos mais o formalismo da teoria relativista da gravitação, pois quem pretenderia dizer com palavras o que para Einstein foi uma prova tão dura? Também nada diremos das fascinantes aplicações dessa teoria aos buracos negros ou a uma ciência enfim legitimada, a cosmologia, isto é, a teoria do espaço-tempo em seu conjunto ou, se preferirem, a história do universo. De fato, mais vale reservar nossos esforços para a última teoria formal da física, a mecânica quântica, cujo campo é ainda mais vasto e as consequências mais importantes para a teoria do conhecimento.

A pré-história dos átomos

Vamos agora nos voltar para os constituintes microscópicos da matéria e da radiação, e em primeiro lugar para os átomos. Os átomos estão presentes na natureza desde toda a eternidade, ou pelo menos apareceram um milhão de anos depois do nascimento do universo. Passemos por cima, porém, desses bilhões de anos em que eles se preparavam para entrarem em nós e nos constituírem, e voltemos imediatamente, mais uma vez, à iluminação grega. Leucipo, um homem que pertencia à geração anterior à de Sócrates e sobre o qual quase nada sabemos, teve a estranha ideia dos átomos – através de que espantoso voo do espírito, que nos deixa estupefatos? Seu discípulo Demócrito, seguido de Epicuro e enfim de Lucrécio (um vulgarizador brilhante em versos de dez pés) tiraram dessa ideia consequências de que a posteridade jamais deveria esquecer-se. Mas não nos detenhamos aí e sejamos breves. Lancemos apenas um olhar de passagem aos átomos de Descartes: eles são curvos como ganchos, para se prenderem uns aos outros. Nada de muito novo nisso, mas eis aqui algo que parece mais interessante: no século XVIII, Daniel Bernoulli mostra que, se os gases são formados de átomos, então a pressão se deve aos choques que estes últimos exercem sobre as paredes, e isso permite compreender como a pressão depende da temperatura. É preciso supor, para isso, que os átomos são animados por uma espécie de movimento perpétuo, semelhante ao que o botânico Robert Brown observara quando constatou que grãos de pólen, numa gota d'água vista no microscópio, estão em contínua agitação. Mas vamos em frente.

Durante todo o século XIX, a ideia de átomo vai aos poucos ganhar corpo, graças principalmente aos trabalhos dos químicos. Havia-se estabelecido, no final do século anterior, a distinção entre os corpos simples e compostos. Depois Dalton e Gay-Lussac constatam que as reações químicas sempre envolvem massas de corpos simples (ou volumes de gás) que se apresentam em proporções fixas, números inteiros cuja ocorrência poderia ser explicada se os corpos simples só contivessem uma única espécie de átomos e se os corpos compostos fossem constituídos por moléculas formadas de alguns átomos. Assim, aos trancos e barrancos, apesar de severas objeções, a ideia iria seguir seu caminho, por meio de avanços às vezes fulgurantes e de resistências persistentes. Os defensores da hipótese atômica sentiram-se fortalecidos pela descoberta das leis da eletrólise e, mais tarde, pela explicação de múltiplos fenômenos da química orgânica. Começava-se a ver que forma as moléculas deveriam ter no espaço. Não se podia, porém, disfarçar a existência de problemas difíceis, pois como entender que átomos pudessem repelir-se, como verificamos quando tentamos comprimir a matéria, embora sejam igualmente capazes de se ligar uns aos outros para formarem moléculas? Outras propriedades estranhas, chamadas de mesomerismo ou de ressonância, também davam matéria para crítica aos muitos incrédulos.

As coisas pareceram complicar-se ainda mais por volta do final do século, quando se percebeu que os átomos não constituem o limite de pequenez extrema da matéria. Com efeito, J. J. Thomson descobriu em 1897 partículas muito leves de carga negativa, que chamou de "elétrons". Elas são emitidas pelo cátodo num tubo de raios X, e outras partículas muito mais pesadas, íons, saem do outro lado, pelo anodo. Seria possível, então, que os átomos (cujo nome, não nos esqueçamos, significa "o que não pode ser cindido") sejam na realidade formados de partículas menores e contenham, em particular, elétrons? A ideia era sedutora, pois Lorentz mostrou que ela oferece uma explicação clara de muitas propriedades elétricas e magnéticas da matéria. Infelizmente, também neste caso, um obstáculo maior parecia apresentar-se, pois não se conseguia ver em que se distinguem um corpo condutor e um isolante.

Podemos mencionar também, pela beleza do fato, que Rayleigh interpretou em 1899 a cor azul do céu como uma difusão da luz do Sol pelas moléculas da atmosfera. A continuação também merece ser contada: em razão dessa difusão, que tira certa energia da luz direta do Sol para enviá-la em todas as direções e que privilegia a parte azul do espectro, a energia da componente azul da luz se vê, em parte, perdida à medida que os raios do sol penetram mais fundo na atmosfera. Se essa espessura for grande o bastante, vem em seguida a vez do verde desaparecer, e depois a do amarelo. Quando a espessura da atmosfera for muito grande, como é o caso dos raios do sol poente ou nascente, só resta um clarão vermelho e alaranjado. Dirão vocês que isso é óbvio. Mas esperem um pouco, que a história não acaba aqui. Um dia em que se achava nos contrafortes do Himalaia, em Darjeeling, onde os *saibs* ingleses gostavam de se refazer dos rigores do verão, lord Rayleigh observou que as encostas geladas do Everest, distante algumas centenas de quilômetros, tinham uma cor esverdeada. Da espessura de atmosfera que a luz deveria ter atravessado, ele deduziu, então, o valor do número de Avogadro, ou seja, o número de átomos numa massa dada, por exemplo, o número de átomos de hidrogênio em 1 grama desse gás ou de átomos de oxigênio em 8 gramas de oxigênio gasoso. Trata-se de um número de 24 algarismos, o que mostra o quanto os átomos são pequenos, pois isso significa que seu tamanho é da ordem de uma unidade de comprimento especial, que chamamos de angström e vale um décimo bilionésimo de metro.

Einstein, mais uma vez, iria retomar em 1905 a questão do movimento browniano, essa já mencionada agitação dos grãos de pólen numa gota d'água. Deve-se esse movimento, diz ele, aos múltiplos choques que as moléculas de água imprimem ao grão de pólen ou a qualquer outra poeira minúscula. Ele levou a ideia até suas últimas consequências quantitativas e pôde, assim, predizer que caminho uma poeira deve percorrer, em média, ao cabo de certo tempo. Essa predição foi logo confirmada pelas medições efetuadas por Jean Perrin, e se costuma dizer que data daí o reconhecimento universal da existência dos átomos.

Em 1911, se aprenderia muito mais sobre a natureza dos átomos, graças a Ernest Rutherford. Ele se interessou por experiências em que partículas alfa oriundas da desintegração do rádio atravessavam uma fina folha de metal. As partículas eram ligeiramente desviadas de seu caminho inicial. Ora, as partículas alfa são carregadas, e podemos, pois, supor que o efeito se deve a forças elétricas. Os elétrons dos átomos, leves demais, não podem ser considerados responsáveis por isso, pois só produziriam um desvio irrelevante. Rutherford analisou os dados e mostrou que eles só poderiam ser compreendidos se se admitisse a presença, no centro de cada átomo, de um "núcleo" de carga positiva onde quase toda a massa se concentra. Obtinha-se assim o primeiro modelo satisfatório do átomo: um núcleo rodeado de elétrons. Ora, o núcleo exerce uma força elétrica atrativa sobre os elétrons, que se parece exatamente em sua forma, senão em sua grandeza, com uma força gravitacional. Tinha-se, assim, uma descrição do átomo em que o vácuo ocupava, de longe, o lugar principal, com os elétrons gravitando ao redor do núcleo e o todo parecendo perfeitamente acessível aos métodos conhecidos da mecânica.

Como é lindo! Como é simples! poder-se-ia dizer. Mas logo viria o desencanto. A história dos átomos compôs-se durante muito tempo de aparecimentos de novos problemas toda vez que um progresso parecia estar à vista. Assim, o modelo de Rutherford não jogava nenhuma luz nas propriedades químicas das moléculas, mas o pior não era isso. Com efeito, acontece que um elétron que gravita ao redor de um núcleo é acelerado. Ora, sabe-se desde Hertz que uma partícula carregada emite ondas eletromagnéticas quando é acelerada, e este deveria, pois, ser o caso do elétron no átomo. O efeito deveria até ser especialmente forte, pois as acelerações que sofre um elétron no átomo são enormes, uma vez que sua massa é muito pequena e as forças elétricas são consideráveis. O cálculo, fácil de se fazer, levava a uma verdadeira catástrofe, pois em uma fração de segundo o elétron deveria irradiar incrivelmente rápido, aproximando-se a toda velocidade do núcleo para compensar a energia perdida. O átomo, portanto, parecia dever desmoronar-se sobre si mesmo quase imediatamente. Os cientistas se interrogam. Onde está o erro? Nenhum rastro dele. A menos... a menos que se suponha que as leis da física que se conhece deixem de ser válidas à escala do átomo.

Esta não era uma hipótese inverossímil, pois algo de análogo já acontecera uma dúzia de anos antes. Tratava-se, então, de um problema completamente diferente: o espectro da radiação do corpo negro. O que é chamado de corpo negro é simplesmente um objeto qualquer de cor preta (que não tem nenhuma qualidade própria de emissão óptica) que se veja levado a uma certa temperatura. Verifica-se que ele emite uma radiação cuja cor, ou seja, o espectro, só depende da temperatura. Assim é que um metal ou um bloco de carvão se tornam avermelhados quando aquecidos a algumas centenas de graus e se tornam de um branco brilhante a alguns milhares de graus. O que se chama de espectro da radiação nada mais é do que a repartição da energia luminosa emitida em função da frequência (ou do comprimento de onda). Também neste caso, acreditava-se, em princípio, ser possível resolver teoricamente o problema e calcular o espectro apoiando-se nas leis conhecidas da termodinâmica. Mas percebeu-se que isso levava a uma aberração, ou seja, neste caso, a intensidade luminosa total emitida por um bloco de carvão deveria ser infinita!

Em 1990, Max Planck descobrira o que nos permitimos chamar irreverentemente de um "truque", ou uma "astúcia", para contornar a dificuldade. Ele supunha que os átomos do carbono não irradiam de maneira contínua, como se esperava de acordo com a eletrodinâmica, mas projetam "baforadas", quanta[2] de radiação, sendo a energia emitida em cada baforada proporcional à frequência. Supunha, mais precisamente, que a energia assim emitida era o produto da frequência por um número que é chamado de constante de Planck e é, evidentemente, muito pequeno à nossa escala. É um fato notável que essa hipótese muito simples, embora perfeitamente incompreensível à primeira vista, leva a um acordo excelente com tudo o que se pode observar e medir.

Como o precedente de Planck permitira superar uma dificuldade que estava ligada, também ela, à radiação, não era ilícito esperar que ideias análogas pudessem dar conta do embalo da radiação no átomo de Rutherford. Faltava descobrir por onde a constante de Planck iria poder introduzir-se no caso.

A física clássica de espartilho

A solução seria descoberta por Niels Bohr, um jovem dinamarquês que, na época, trabalhava com Rutherford. Ele foi capaz de fazer a aproximação entre os resultados deste último e os de Planck, e propôs em 1913 uma nova dinâmica do átomo destinada a se tornar célebre. É um

---

2 A palavra *quantum*, de origem latina, significa simplesmente "certa quantidade medida por um número inteiro".

modelo prudente, no sentido de que modifica o mínimo possível a física já conhecida – na realidade, ele preserva integralmente as suas leis, acrescentando apenas uma condição suplementar. Bohr concentra a sua reflexão no exemplo do átomo de hidrogênio, por causa de sua simplicidade: esse átomo só possui um único elétron, que deve, pois, "gravitar" ao redor do núcleo, como o predizem as leis de Kepler, percorrendo uma elipse. Para evitar o desmoronamento, Bohr supôs que só algumas das elipses podem ser realmente percorridas e que o elétron está na impossibilidade de irradiar quando aquela em que se encontra for a menor. Quando o elétron irradia, emite uma baforada, um *quantum* de energia luminosa.

Como selecionar as elipses permitidas? É muito simples, já que é preciso apenas introduzir uma condição em que só deveria aparecer como dado novo a constante de Planck. Digamos, sem escrever nenhuma fórmula, que há essencialmente apenas uma regra possível, e Bohr a postula. Em suma, ele acrescenta uma lei a mais à teoria puramente clássica do átomo, na qual figura a constante de Planck. O resultado que ele assim obtém é espetacular: cada trajetória elíptica permitida corresponde necessariamente a uma energia bem definida, na expressão da qual figuram a massa do elétron, sua carga e a constante de Planck, bem como um número inteiro, dito número quântico, que numera as elipses sucessivas, a partir da menor. Supõe Bohr, além disso, que o elétron, para irradiar, deve passar bruscamente de uma elipse a outra de energia mais baixa (são os famosos saltos quânticos) e que a energia assim liberada é vinculada pela relação de Planck à frequência da luz emitida. Assim, ele pode predizer quais frequências de radiação o átomo de hidrogênio pode emitir espontaneamente. Essas frequências constituem o que chamamos de espectro da radiação atômica, já observado e medido há muito tempo na época de Bohr. O acordo do modelo com as medidas é muito bom.

Muitos foram os que se maravilharam com esse belo resultado, e em primeiro lugar Einstein. A direção geral que assim parecia delinear-se era bem do seu agrado: preservavam-se as vantagens da física conhecida, acrescentando-lhes uma nova aquisição, uma condição capaz de selecionar os estados possíveis do átomo, conservando o essencial da imagem que podemos ter deles. Em suma, aumentava-se a lista das leis conhecidas sem modificar a imagem, a representação que se tinha das coisas. É essa ideia de uma física conhecida submetida a novas exigências que podemos qualificar, de maneira um pouco grosseira, de física clássica de espartilhos.

Seguiu-se, então, um período de pesquisa intensa, em que dominaram as contribuições de Bohr e de Arnold Sommerfeld. Esforçavam-se por estender a átomos mais complexos o que tivera um tal sucesso no caso do hidrogênio. Infelizmente, os resultados não se mostraram à altura das esperanças e, à medida que se refinava a teoria e que se acumulavam as experiências, constatavam-se mais recuos do que progressos. Assim, o efeito de um campo magnético sobre as frequências de um espectro atômico (efeito Zeeman) ou o de um campo elétrico (efeito Stark) levaram à pior situação possível, pois se obtinham resultados satisfatórios para certas raias de certos átomos e completamente falsos para outras, sem que se pudesse compreender a razão disso. Quanto à relação com a química, que se continuava a aguardar, ela permanecia evasiva e, se se conseguia, em parte, compreender a classificação dos átomos na tabela de Mendeleiev, continuava não havendo nenhuma indicação sobre o que controlava as propriedades químicas. Em suma, marcava-se passo.

Assassinam a física clássica

Pouco antes desses acontecimentos, Arthur Rimbaud via chegar "o tempo dos assassinos". Ei-los que agora avançam, esses jovens, às vezes rapazes muito jovens mesmo, que não vão hesitar em calcar com os pés a herança dos antepassados. Tanto pior para Newton, tanto pior para Maxwell, tanto pior, se preciso, para o senso comum acumulado por gerações sucessivas e por toda a espécie humana. É preciso que a física ou vá ou rache. É preciso uma teoria, seja ela clara ou não, simples ou não, mas que dê conta dos fatos, de todos os fatos.

Esses jovens bem educados não tinham, evidentemente, a atitude anarquista que parecemos lhes atribuir. Procuravam sinceramente uma solução, e não foi de modo algum por querer que aquela se revelou tão revolucionária como veremos.[3] Mas façamos, primeiro, as apresentações: aqui está, pois, Louis de Broglie, de uma família antiga, pouco preparado por estudos de história para o papel que desempenharia e pego pelo

---

[3] Observou-se que essa época, que se seguiu à Primeira Guerra Mundial, era testemunha de outros questionamentos, como o efetuado pelo surrealismo. Isso, no entanto, não poderia afetar o nosso assunto.

demônio da física no contato com seu irmão Maurice, especialista em raios X. Sua obra começa quando tem 31 anos. Eis aqui Werner Heisenberg, um apaixonado pela física formado por estudos à maneira alemã, onde o grego tinha a sua preferência. Começa sua obra maior com apenas 22 anos. Junto com ele, aparece seu amigo austríaco, Wolfgang Pauli, um gênio precoce que já escreveu um artigo de síntese magistral sobre a teoria da relatividade com menos de vinte anos. Eis também o inglês Paul Dirac. Tem a mesma idade que os demais e carrega as esperanças da velha universidade de Cambridge. Cumpre citar ainda seus colegas mais velhos em cerca de dez anos: o alemão Max Born, um físico universal que foi assistente de Hilbert em Göttingen no tempo em que este último se interessava pela física; o austríaco Erwin Schrödinger, um aluno de Sommerfeld que ainda não achou realmente o seu caminho, mas cujos sólidos conhecimentos matemáticos vão poder fazer-se valer. Ei-los que entram na arena, sob os olhares atentos de Einstein e de Bohr, prontos para encorajá-los ou para repreendê-los, se preciso for.

Heisenberg é quem começa, e vamos acompanhá-lo por um instante. Não hesita em questionar os fundamentos da física clássica, pondo em dúvida a maior parte de seus conceitos. Será certo, pergunta-se ele, que as noções de posição e de velocidade são aplicáveis no caso de um objeto como o elétron? Quando um elétron se encontra no interior de um átomo, é impossível saber onde ele se situa exatamente, pois para tanto seria preciso fazer uso de uma sonda qualquer, que só poderia destruir o átomo. Seria possível, então, que não só estejamos na impossibilidade de conhecer essa posição, como também que as leis da física proíbam conceber a sua ideia, que só tenhamos o direito empregar conceitos concretizáveis por uma experiência? Ao colocar esta última pergunta, ele julga inspirar-se nos caminhos abertos por Einstein em seu questionamento das concepções antigas do espaço e do tempo, quando só considerava válido o que podemos medir num laboratório, com réguas e relógios.

Mas se é preciso pôr em dúvida as concepções clássicas de posição e de velocidade, pelo que podemos substituí-las?, pergunta-se Heisenberg. Como tem de renunciar ao apoio da intuição visual, vai procurar amparo em conceitos formais e, em primeiro lugar, descobrir quais novos objetos matemáticos devem substituir as noções costumeiras. Entrega-se, então, a uma reflexão em que nos será difícil segui-lo sem todo um aparato técnico, mas que podemos esboçar assim: a aceleração de um elétron que vai gerar uma radiação só se manifesta no momento de um salto entre dois estados quânticos de um átomo. O objeto "aceleração" não é, pois, certamente um número, como se costuma pensar, mas depende do estado inicial e do estado final entre os quais o átomo transita no próprio instante em que ocorre o salto, e só tem realmente sentido nesse instante. Se, portanto, enumerarmos os estados possíveis do átomo, como o fazia Bohr com seus "números quânticos" que etiquetavam os níveis de energia, a aceleração será uma quantidade que dependerá dos números do estado inicial e do estado final. A aceleração é, assim, substituída por uma tabela de números de dupla entrada que indicam o estado inicial e o estado final. Heisenberg é, então, levado a considerações análogas quanto à posição e à velocidade, que a cada vez substitui por tabelas de números. E consegue reformular o essencial das leis da mecânica com a ajuda dessas tabelas. Em 1924, Max Born, a quem se abre sobre os seus achados e suas perplexidades, o encoraja a publicar seus resultados, depois de lhe revelar que suas tabelas são chamadas de matrizes pelos matemáticos. Com a ajuda de Pascual Jordan, um recruta precioso por seu conhecimento aprofundado desses objetos matemáticos ainda pouco praticados, desenvolve rapidamente uma versão quase completa de uma mecânica nova, enriquecida de um grande número de predições e de resultados, todos tão ricos quanto convincentes. Essa nova teoria é, então, chamada de mecânica matricial.

Pouco tempo antes, em 1923, Louis de Broglie publicara uma ideia completamente diferente. Só a citamos em segundo lugar, pois só iria dar seus primeiros frutos depois da publicação dos resultados de Heisenberg, e foi nesta ordem que as discussões da época as consideraram. Essa ideia se fundamentava em trabalhos anteriores de Einstein, que interpretara os *quanta* de energia luminosa de Planck, bem como as características do efeito fotoelétrico (em que elétrons são emitidos por um metal sob a ação da luz), como devidos à existência de grãos de luz: os fótons. Einstein, assim, trazia de volta à ordem do dia a velha ideia da natureza corpuscular da luz, e conseguia mostrar, ainda mal ou bem, que a existência dos fótons não contradizia a manifestação das interferências. A luz, que costuma manifestar-se como uma onda, é composta de partículas. Por que, pergunta-se, não inverter e generalizar essa ideia, supondo que todo objeto elementar, por exemplo, um elétron, que frequentemente se manifesta enquanto partícula, está associado a uma onda que ainda não percebemos, a uma *função de onda** que não imaginamos?

Seria preciso aguardar alguns anos antes que essa ideia fosse confirmada experimentalmente por efeitos de difração, ou seja, efeitos puramente ondulatórios análogos às interferências, produzidos por elétrons que atravessam um cristal. A ideia de Louis de Broglie chegara antes ao conhecimento de Einstein, que falou sobre ela com Sommerfeld, o qual colocou, então, a seu discípulo Schrödinger o seguinte problema: como calcular a onda de Louis de Broglie no caso de um elétron situado num átomo e como formular a dinâmica dessa onda, isto é, a maneira como ela varia ao longo do tempo?

Quase imediatamente, nesse ano de 1926, Schrödinger encontrou uma solução para o problema, e propôs uma equação para a dinâmica da onda que terá o seu nome. Pôde justificá-la recalculando, por sua vez, o espectro do átomo de hidrogênio, para reencontrar os resultados de Bohr e dar conta de bom número de fenômenos mais sutis, diante dos quais os métodos de Bohr e de Sommerfeld haviam permanecido impotentes. Reobteve, em particular, os resultados de Heisenberg.

Podemos exprimir com palavras o que encerra essa mágica *equação de Schrödinger**? Infelizmente, parece que não, e mais uma vez estamos mergulhados numa física formal. É impossível dizer, como Voltaire o dizia sobre a mecânica de Newton: aí está, a aceleração é a relação da força com a massa, e tudo o mais é só uma questão de cálculo. Podemos dizer somente que a equação de Schrödinger faz intervir a energia de interação elétrica entre o núcleo e os elétrons, bem como dos elétrons entre si. Vemos, evidentemente, nela figurar a massa do elétron e a do núcleo, a qual, aliás, desempenha um papel menor. Trata-se de uma equação bem pouco atraente, à primeira vista, embora rica em propriedades sutis, uma equação de derivadas parciais que não deixa de apresentar certa analogia longínqua com as equações de Maxwell. Que mais dizer sobre ela? Nada, sem dúvida, a não ser escrevê-la, o que não é o caso de se fazer aqui.

A nova mecânica iria imediatamente levar a uma abundante colheita de resultados, quase sempre em total acordo com as experiências e nunca em desacordo por muito tempo. A maldição que recaíra por tanto tempo sobre a infância da física nova estava enfim conjurada, e havia passado o tempo em que cada progresso realizado gerava novas dificuldades. Desta vez, cada dificuldade encontrada seria muito rapidamente a origem de um progresso na explicação de muitos outros fenômenos. Em toda parte, num mesmo passo, a mecânica ondulatória de Schrödinger e Louis de

Broglie e a mecânica das matrizes de Heisenberg limpavam o terreno, com resultados idênticos.

Tudo, porém, parecia separá-las, mesmo que fosse só o fato de que não havia matrizes em Schrödinger, nem ondas em Heisenberg. Qual delas iria, então, prevalecer? O espantoso é que nenhum dos dois teve de ceder o lugar, pois, ainda no ano de 1926, Dirac e Schrödinger conseguiram estabelecer que as duas mecânicas aparentemente tão alheias uma à outra são, na realidade, apenas uma única e mesma teoria, e que podemos passar de uma à outra através de meras manipulações matemáticas. Decidiu-se, então, não privilegiar nenhuma das duas formas e chamar de mecânica quântica a teoria sintética que fora obtida. Atualmente, prefere-se no mais das vezes basear-se numa versão mais abstrata, que devemos principalmente a Dirac e a von Neumann, mas não é necessário falar sobre ela agora, pois seu interesse é principalmente técnico e não comporta princípios essencialmente diferentes. Outra versão ainda da teoria deveria ser proposta no início da década de 1950 pelo americano Richard Feynman, versão esta também equivalente às anteriores e que apresenta, por sua vez, novas luzes. Mas os matizes dessas diferentes traduções da Bíblia da natureza só interessam realmente aos hebraístas da física.

A colheita dos resultados

Antes de explicitar os princípios da teoria quântica e suas repercussões na filosofia do conhecimento, pode ser útil dar uma ideia de sua extensão e de sua fertilidade, mesmo que seja só para justificar a importância que lhe atribuem. Vamos, pois, enumerar, rápida e muito superficialmente, a imensa massa desses resultados. Iremos fazê-lo sem preocupação de ordem nem de datas, pois todas as aplicações começaram a progredir paralelamente a partir do ano de 1927, em que a teoria acabava de chegar à maturidade, para permanecer praticamente intacta até hoje.

Comecemos pela química, que estivera, afinal de contas, na origem da história. Já que a equação de Schrödinger permite conhecer a função de onda dos elétrons em qualquer átomo ou qualquer molécula (na verdade, à custa de cálculos difíceis, que só deveriam assumir toda a sua amplitude na era dos computadores), podemos calcular os possíveis estados de energia de uma molécula e determinar quais deles podem existir quando dois ou mais átomos estão ligados. Podemos, também, descobrir quais posições esses átomos vão assumir na molécula e, desde que os computadores o permitem, podemos até, em muitos casos, calcular a natureza, a eficácia e a velocidade das reações químicas. Toda a química podia, pois, ser alcançada em primeiro lugar, evidentemente, pela justificação e pela compreensão íntima da tabela de Mendeleiev, mas também pelas das propriedades químicas e da estrutura das moléculas (por exemplo, a estrutura em hélice do ADN). Os fenômenos antes surpreendentes da mesomeria e as mudanças de forma de certas moléculas tornaram-se claras, mesmo que sua razão de ser permaneça mergulhada nas matas do formalismo e intraduzível em imagens simples. Chegamos hoje ao ponto de calcular as propriedades que esperamos de uma molécula nova antes de fabricá-la e de só verificar essas propriedades pela experiência, retrospectivamente. Se a química conheceu, assim, um novo desenvolvimento, sem nada perder de sua originalidade e de suas técnicas próprias, de qualquer forma as suas fundações estão agora completamente mescladas com as da física.

A física da matéria comum, e particularmente a dos corpos sólidos, também foram profundamente modificadas. A mecânica quântica permite finalmente compreender de onde vem a diferença entre os corpos condutores da eletricidade e os isolantes. O mesmo ocorre com as propriedades ligadas ao calor (capacidade calorífica, transição de fases, condução do calor), com as propriedades ópticas (transparência, cor, índice de refração), com as propriedades magnéticas (como as do ferro dos eletroímãs), com as propriedades mecânicas (dureza, plasticidade). Podemos marcar com a explicação dos fenômenos de supercondutividade, obtida em 1958, o fim da época heroica, em que, segundo a expressão de Pauli, o chumbo se transformava em ouro até entre dedos sujos. Essa indicação de um limite no tempo evidentemente não significa que progressos notáveis não continuem acontecendo todos os anos, mas agora eles se voltam mais para a exploração sistemática e para o refinamento dos resultados já obtidos, aos quais se soma o estudo de fenômenos mais complexos (cristais líquidos, fenômenos de superfície). Dentre os resultados práticos mais marcantes, podemos citar a invenção e o desenvolvimento dos transistores, que permitiu o *boom* dos computadores e a descoberta recente de materiais supercondutores de temperatura relativamente alta.

A óptica, por sua vez, ganhou muito com a invenção do *laser*, cujo princípio se baseia num fenômeno puramente quântico. Acontece, com efeito, que a presença prévia de fótons ao redor de um átomo pode estimular a emissão, por seu lado, de novos fótons. De um ponto de vista mais fundamental, a óptica também chegou muito cedo a reconciliar o caráter ondulatório da luz com a existência dos fótons, embora se tratasse, também nesse caso, de trabalhos que não podemos explicar por meio de palavras.

As repercussões da mecânica quântica ainda se fariam sentir quando do aparecimento de dois ramos inteiramente novos da física, que se interessam respectivamente pelos núcleos dos átomos (física nuclear) e pelas partículas elementares. Ambos tiveram um desenvolvimento fulminante, o primeiro a partir dos anos 30 e o segundo sobretudo a partir da década de 1950. Nada diremos sobre eles, porém, pois não se trata de tudo enumerar e de tudo desenvolver aqui. Digamos apenas que, a despeito dos esforços realizados para refutá-la, a mecânica quântica sempre saiu vitoriosa de todas as provas e que, hoje, podemos considerá-la perfeitamente válida quando sondamos a matéria até distâncias entre partículas de um bilionésimo de angström ou energias de vários milhares de vezes a energia de massa do próton. O ajuste entre a teoria e a experiência chega, em certos casos, até mais de dez algarismos significativos, o que continua sendo sem precedentes em todas as áreas da ciência.

Na realidade, os resultados que acabamos de indicar só podem dar uma pálida ideia da riqueza de contribuições dessa prodigiosa teoria. De fato, diretamente ou por via de consequência, é toda a física e toda a química que dela dependem e, em filigrana, tudo o que a natureza encerra. Trata-se de um verdadeiro tesouro de Aladim, e mais adiante veremos que gênio se esconde em sua lâmpada. Em todo caso, uma coisa é certa: a língua que ele fala é formal e não é a nossa.

CAPÍTULO 8
A EPISTEMOLOGIA DA FÍSICA

Como fizemos com as matemáticas, devemos dizer o que aconteceu com a filosofia da física depois da mutação dessa ciência na direção do formal. Se a tecnicidade da teoria relativista não opõe a um filósofo um obstáculo muito temível, a da física quântica é considerável, e é isto que explica, sem dúvida, certo mimetismo entre as visões que de sua epistemologia têm os físicos ou os filósofos. É bem verdade que os maiores nomes da física da década de 1930 participaram desse debate e, até ontem ainda, quase que só se podia comentar Bohr, Einstein, Schrödinger, Heisenberg, de Broglie e alguns outros.

Preferi permanecer fiel ao método que segui até aqui, não me empenhando em abranger todo o campo oferecido, para reter de preferência o exemplo mais significativo. Deixaremos, pois, de lado tudo o que se refere ao espaço e ao tempo – muitos autores, de resto, dedicam grande parte de seus textos a comentários das ideias de Einstein a este respeito.

É verdade que temos visto, de pouco tempo para cá, serem publicadas outras obras, mais próximas dos trabalhos atuais, coisa que seria excelente se nelas não aparecessem com demasiada frequência como especulações extremas. Essa tendência é perturbadora, tanto para o grande público quanto para os filósofos, que podem ter dificuldade para se orientar, tanto mais que físicos consideravelmente famosos se arriscam a esse exercício. Sem dúvida, eles fazem um trabalho útil quando mostram as pistas que a pesquisa segue hoje, mas a dificuldade começa quando não mais se indica suficientemente que se trata de pistas de final incerto. A relatividade geral tem, com efeito, a particularidade de permitir que o pesquisador jogue com modelos matemáticos surpreendentes, não raro fascinantes (bebês universo, *wormholes* ou universos comunicantes, universos sujeitos a uma expansão catastrófica, dita inflacionista, buracos brancos). Não é impossível que essas tentativas sugiram algo acerca da realidade, e o fato de que a matemática nelas seja praticada com esmero confere-lhes uma aparência de qualidade científica, por certo respeitável, mas muito insuficiente para os que só aceitam, em matéria de ciência, as demonstrações da experiência e da observação. Assim, o melhor desses livros está nas questões que eles levantam, mais do que nas respostas que tentam dar.[1]

Restringir-me-ei, portanto, mais uma vez, à física quântica e, mesmo assim, permanecerei sucinto, pois veremos na Terceira Parte como recentes progressos da teoria renovam algumas de suas consequências epistemológicas. Por enquanto, só reteremos o que é mais comumente aceito, ressaltando os pontos destacados da doutrina magistral de Niels Bohr. É bem verdade que o faremos numa óptica um pouco particular, pois eu gostaria de mostrar que Bohr não podia fazer outra coisa senão estabelecer esse quadro, no momento em que o fez, ou seja, nos primórdios da teoria, e que ele foi, assim, levado a impor regras de pensamento severas e muito restritivas. As temíveis interdições promulgadas por ele foram benéficas aos físicos, pois lhes deram os meios de pôr entre parênteses questões que, caso contrário, talvez os tivessem distraído (trabalha-se melhor sob regras estritas, como pode lhes dizer qualquer autor de sonetos). Elas também tiveram, desgraçadamente, como consequência provocar uma grande confusão filosófica.

Hoje se distingue melhor o que convém preservar na obra de Bohr e o que se pode revisar. Poucas coisas devem ser modificadas enquanto nos restringimos à prática do físico, mas, em compensação, muitas devem sê-lo do ponto de vista do filósofo. A obra de Bohr, porém, continua sendo uma referência demasiado conhecida para que não dediquemos um capítulo a dar uma volta por ela, mesmo que seja apenas para entender por que ela foi construída assim.

---

1 Citemos, sob este aspecto, o livro de Roger Penrose *The Emperor's New Mind*, em que a distinção entre ciência estabelecida e especulação é claramente mantida.

Por que a interpretação?

Consideremos um objeto qualquer, o mais banal, uma bola sobre uma mesa de bilhar, por exemplo. Comparemos, então, a maneira como o pensamos e a maneira como a física contemporânea o descreve. Nada mais simples, no que nos diz respeito: todo o mundo já viu esse tipo de objeto e, no momento em que você mesmo, leitor, lia a primeira frase, a imagem de uma bola se esboçou em sua imaginação. Há menos de um século, um físico não teria pensado muito diferente. Sem dúvida, ele teria sido mais preciso, associando, em particular, as coordenadas do centro da bola a números, para se valer das matemáticas. Se fosse um atomista, poderia ter-se representado um pacote cerrado de átomos que constituíssem a bola, sendo cada átomo imaginado como uma outra espécie de bola, muito pequena desta vez.

Nada de semelhante há na mecânica quântica. Nela, o físico parte realmente da ideia de que a bola é uma reunião de um número enorme de átomos, mas passa imediatamente daí a uma função de onda que depende de tantas variáveis quantos elétrons e núcleos de átomos houver na bola. Sua noção da posição do centro da bola não difere muito da de seu avô, o físico clássico. Mas se ele quiser falar da velocidade, então começa derivando a função de onda em relação a certas variáveis, divide-a pelo número complexo i (raiz quadrada de -1) e executa doutos cálculos para finalmente dizer: "Não posso afirmar qual é exatamente a velocidade da bola (a posição de seu centro tampouco, aliás), mas aqui está uma repartição de probabilidade que lhe dá as probabilidades de encontrá-la com este ou aquele valor". Não tem ele na cabeça nenhuma imagem precisa da bola e, na melhor das hipóteses, só lhe resta a impressão difusa de uma nuvem de probabilidades.

E, no entanto, a bola parece estar realmente ali; ela rola. Tudo parece incontestável: a natureza atômica da matéria e as leis quânticas que regem as partículas, confirmadas por todas as experiências físicas, a impossibilidade de alcançar ou de conceber pela teoria algo além de probabilidades e, igualmente incontestável, este seguinte fato: a bola que está ali, bem presente. Se ela fosse capaz de rir, ela o faria diante de nosso desapontamento. Não compreendemos, não compreendemos mais, o alfa do fato parece recusar o ômega da teoria.

A meta da *interpretação** é reconciliar esses extremos, mostrar, se possível, que eles são coerentes, estabelecer quais serão os modos de pensamento capazes de ligá-los sem deformá-los. Não poderíamos imaginar operação mais filosófica, pois se trata, em suma, de saber como pensar o mundo.

Há pelo menos duas maneiras de conceber a interpretação. A primeira toma como base o quinhão comum à humanidade, sua representação do mundo repleta de fatos, seu bom senso milenar. Nisso, ela separa o que é compatível com as descobertas da física, depura os conceitos, limita seu campo e fala, por fim, do mundo, com uma prudência de gato. Esse foi o caminho seguido por Bohr. Outra concepção da interpretação consistiria em considerá-la como um ramo particular da física teórica. Partir-se-ia dos princípios estabelecidos (existência das partículas, funções de onda etc.) e se mostraria como deles surgem, por demonstração matemática, todas as características da representação clássica e do senso comum, para os objetos suficientemente grandes para estarem na nossa escala. Este é o caminho mais recente, que veremos mais adiante.

É claro que o mal (se quisermos chamá-lo assim) a que a interpretação pretende remediar tem sua causa no caráter formal da ciência, no fato de que seus conceitos primeiros são irrepresentáveis para a imaginação. Poderíamos até acrescentar que, sendo toda a física mais ou menos formal, inclusive a chamada física clássica, ela sempre requer uma interpretação. Isso mal é perceptível no caso da física de Newton; com a eletrodinâmica de Maxwell, já há um leve constrangimento, sentido por alguns (os mais perspicazes); na relatividade, isso se torna certamente manifesto. Neste último domínio, dispomos, porém, de um método simples para interpretá-lo, que consiste em imaginar aqui e acolá, onde for preciso, observadores em movimento. O método é tão cômodo que muitas pessoas nem sequer se dão conta de que o objetivo e o propósito desses observadores imaginários consiste em fazer interpretação.

A interpretação torna-se essencial na mecânica quântica, por pelo menos três razões. Em primeiro lugar, porque o formalismo da teoria é o mais obscuro que existe. Segundo, porque a própria noção de um observador cessa de ser transparente, e aqueles que a empregaram a fundo sempre acabaram fazendo entrar em jogo a sua consciência, com o risco de negar o caráter objetivo da ciência.[2] Por fim, porque o caráter

---

2 Lembremo-nos de que, segundo Kant, uma ciência só se refere a objetos independentes do espírito.

probabilista da teoria tem de ser, afinal de contas, conciliado com a existência indubitável dos fatos, e com isso a interpretação deixa de ser um mero exercício de tradução para se tornar uma teoria em si.

O princípio de complementaridade

Os princípios da teoria associam as grandezas físicas a objetos matemáticos abstratos, *operadores** de que uma das propriedades principais consiste em não comutar entre si. Sem nos determos muito nisso, digamos que essa é a origem formal das *relações de incerteza** de Heisenberg, que nos impedem de poder atribuir ao mesmo tempo uma posição e uma velocidade bem definidas a uma partícula. De maneira similar, não podemos descrever simultaneamente a luz como uma onda eletromagnética e como composta de fótons.

Vem daí a primeira contribuição considerável de Bohr à interpretação. Posso falar, diz ele substancialmente, da posição de um átomo num momento dado, ou então de sua velocidade, mas tenho de fazer uma escolha. Essas maneiras de falar, essas descrições, são *complementares*, e quero dizer com isso que cada uma delas é em si mesma correta, sem contradição interna, mas que é impossível conjugá-las. Essa impossibilidade de combiná-las é um princípio, o primeiro da interpretação, o *princípio de complementaridade**. Bohr estava tão convencido da importância desse princípio que procurou mais tarde outros exemplos dele, tanto na filosofia quanto na biologia e na psicologia. No entanto, é curioso observar que ele não parece ter reconhecido nele a noção de universo de discurso, há tanto tempo discernida pela lógica.

O princípio de complementaridade traz consigo dois riscos imediatos. O primeiro é o dos paralogismos: quando e como é possível permanecer lógico e coerente quando o mesmo objeto pode ser apreendido de duas ou até de cem maneiras diferentes? O segundo perigo está na arbitrariedade: por que critérios devemos eleger uma descrição e não outra, senão pela minha livre escolha, de mim que penso e falo, com o risco de renunciar à objetividade? A resposta de Bohr é categórica: não falemos, diz ele, dos objetos atômicos, e só usemos o formalismo para o que ele nos pode dar – números, probabilidades. Não falemos sobre eles e façamos, até, da interdição de falar sobre eles uma regra imperativa.

Detenhamo-nos um instante nesta injunção, neste mandamento: "Não falarás do mundo atômico em si". Bohr formulou outros mandamentos, mas este é exemplar, típico do caminho pelo qual ele conduzia a interpretação. Conservamos a representação comum do mundo, mas restringimos consideravelmente o seu campo.[3] Há coisas interditas. Como não lembrar aqui de Kant e do "destino singular da razão, sempre perturbada por questões que não pode ignorar por sua própria natureza e que, no entanto, transcendem seus poderes"? Bohr, como Hume e por razões que não deixam de estar relacionadas, decreta um interdito e impõe a existência do inacessível, do impensável. Podemos, assim, considerar Hume, com sua renúncia a conhecer a origem da ordem do mundo, Kant, com suas antinomias insolúveis, e Bohr, enfim, como os grandes príncipes do interdito.

O que é, então, possível pensar positivamente, segundo Bohr? Ele o diz claramente: só falaremos do que vemos e tocamos, ou seja, no caso, dos aparelhos com que fazemos a física. Poremos entre parênteses a natureza atômica da matéria que constitui esses aparelhos, bem como as leis quânticas correspondentes. Reteremos apenas os fatos, sem nenhum trauma. Sim, as coisas que vejo são como as vejo: são clássicas, e proíbo que se fale delas de modo diferente. Saibam aqueles que violarem este interdito que se expõem aos piores reveses e ao estilhaçamento do pensamento.

Bohr também nos diz quais são as razões que o conduzem a isso. Na verdade não tem em mente, quando volta à física clássica, a dinâmica de Newton ou outras coisas eruditas. Ele se esteia, mais profundamente, no que é claro e perfeitamente representável, no único fundo em que acredita ser possível enunciar uma verdade, lembrar-se do passado para registrar os fatos, raciocinar com certeza. Suas razões pertencem ao domínio da lógica mais clássica, a mais certa a nosso ver. A via clássica é escolhida porque é a única – pelo menos ao que parece – que permite uma apreensão lógica do mundo.

Ele pode tirar daí um lucro imediato, pois a arbitrariedade própria do princípio de complementaridade é facilmente contornada: só se falará das quantidades atômicas que forem reveladas diretamente por aparelhos de medição. Como, por exemplo, vou falar de uma fraca radiação

---

3 É essa exatamente a via que Bohr já havia seguido quando formulou seu famoso modelo de 1913.

eletromagnética? Simplesmente evito fazê-lo explicitamente se ela não for detectada – interdição, não nos esqueçamos, de falar do mundo quântico em si. Se, em compensação, a radiação for detectada por uma antena, sem dúvida poderemos então falar de uma onda ou, se preferirem, de um campo elétrico, pois é isso o que uma antena mede. Se for detectado por um fotomultiplicador, um contador de fótons, então poderemos efetivamente falar de fótons.

A solução de Bohr tinha o mérito da eficácia, pois permitia que a física prosseguisse seu caminho para outras descobertas. Em contrapartida, ela levantava uma dificuldade enorme. Não se via a física, assim, dilacerada entre dois sistemas antagônicos de leis: o sistema clássico, determinista e lugar de certeza, e o quântico, atravessado por possibilidades complementares e puramente probabilista, incerto, aleatório? Como pode um mesmo homem servir a dois Césares, uma mesma ciência obedecer a duas categorias de leis? Agarrando-se à verdade dos fatos e proclamando-a a única verdade, Bohr não podia deixar de abrir na ciência uma brecha lógica particularmente ameaçadora, pois o que dizer, então, de sua coerência?

Muitos foram os que se recusaram a passar por cima da natureza quântica profunda da matéria dos aparelhos para só reterem sua aparência clássica. O gato de Schrödinger, que veremos mais adiante, faz-nos lembrar disso, e as tentativas de von Neumann de construir uma teoria quântica dos aparelhos de medida mostram aos físicos os mesmos sinais de alerta que esse gato aos não especialistas. Einstein nunca se decidiu a seguir Bohr, e sua desconfiança chegava ao ponto de pôr em dúvida o caráter irredutível do acaso quântico. Louis de Broglie e Bohm tentaram propor outras teorias que modificariam ou completariam a mecânica quântica. Einstein, Podolsky e Rosen, Bohm mais uma vez e depois Bell tentaram pôr à prova, de diversas maneiras, o princípio de complementaridade em circunstâncias sutis. Bohr, até o fim, permaneceu impávido diante de todas essas tentativas.

A redução da função de onda

Podemos nos perguntar de que ainda serve a função de onda, se os dados das experiências só se exprimem por sentenças clássicas onde ela não entra. Bohr, evidentemente, nada nega do formalismo quântico, embora faça questão de confiná-lo em seu papel de meio de cálculo, de previsor de probabilidades. Uma função de onda é isto: o alimento de uma máquina de fabricar probabilidades. A teoria quântica é verdadeira, não como um fato, mas sim como um conjunto de regras que coordenam os fatos, verificado perfeitamente na medida em que as probabilidades preditas se ajustam às frequências dos dados medidos. A noção de frequência é, aqui, a do cálculo comum das probabilidades, por exemplo a proporção dos casos em que o número 12 sai na roleta de um cassino. Em vez de roleta, temos átomos; em vez de cálculos combinatórios do tipo que Pascal fazia, temos outros, que se valem da função de onda.

Sim, mas não há um problema aí? Como podemos conhecer a função de onda de um átomo quando nos proibimos falar do mundo quântico em si e só admitimos conhecer os dados clássicos?

Bohr contorna essa dificuldade promulgando uma nova regra. Começa observando que é preciso não considerar apenas o aparelho que mede, mas também o que produz, tanto o acelerador de partículas quanto o contador que as detecta. O aparelho de produção muitas vezes se parece, a ponto de confundir, com um aparelho de medida, e este é o caso que Bohr julga mais interessante, até quase transformá-lo na regra geral. Confere, assim, um papel privilegiado à situação em que dois aparelhos de medida se sucedem. Se pudermos dizer o que é a função de onda do átomo medido ao sair do primeiro aparelho, poderemos, então, predizer as probabilidades dos resultados possíveis da segunda medição e, assim, submeter a teoria à verificação experimental.

Define Bohr essa função de onda com uma regra especial, a "redução" da função de onda. Trata-se de uma regra técnica que não explicitaremos, mas que, na prática, equivale a isto: diga-me qual é o resultado da primeira medição, e eu lhe darei a função de onda que vai permitir calcular as probabilidades que podemos esperar para a segunda medição.

Aqui se coloca uma questão semântica. Que significa essa prescrição? Poderia tratar-se apenas de uma simples regra prática, muito empírica, que fornecesse apenas o que chamamos de uma probabilidade condicional, ou seja, as probabilidades dos diversos resultados da segunda medição, sob a condição de um resultado adquirido pela primeira. É o que proporcionaria também uma tabela de dupla entrada, com tantas linhas quantos resultados possíveis da primeira medição, tantas colunas quantos resultados da segunda e onde a cada vez aparecesse o número dos casos em que esses dois resultados fossem obtidos um após o outro. A regra de Bohr nos diria, então, somente como calcular os números que aparecem na tabela. Se a regra de redução nada mais é do que isso, podemos conceber deduzi-la dos princípios fundamentais da teoria, e foi isso, aliás, que se fez recentemente. Bohr não imaginava, porém, que se conseguisse fazer isso, e enveredava por um caminho muito diferente. Quando a primeira medição ocorre, ele supõe que a função de onda do átomo perde subitamente quase toda memória, todo vestígio do que pudera ser antes, e se torna realmente, bruscamente, aqui e em toda parte, o que a regra enuncia. A regra constitui, então, uma lei da física, que, para Bohr, não tem nenhum análogo conhecido. Sem ela, com efeito, não conheceríamos a função de onda, não poderíamos calcular probabilidades, e a comparação da teoria com a experiência se tornaria impossível. A redução da função de onda é, portanto, um requisito indispensável da semântica experimental.

A falha profunda que Bohr já cavara no interior da física com suas duas categorias de leis, uma clássica e outra quântica, alargava-se, assim, ainda mais. De fato, se tentarmos entender o aparelho de medição como composto de átomos quânticos e supusermos que uma mesma equação de Schrödinger descreve ao mesmo tempo o aparelho e o átomo medido por ele, verificaremos que a redução, tal como Bohr a entende, é matematicamente incompatível com essa grande equação de Schrödinger. Portanto, ela faz mais do que pôr entre parênteses a natureza atômica dos aparelhos: desta vez, ela a nega. Estranha situação, tanto mais que inúmeras experiências, algumas das quais extremamente precisas e outras muito sutis, concordam todas num ponto comum: a regra de redução da função de onda, pelo menos no sentido que lhe confere uma tabela de dupla entrada, é perfeitamente verificada.

Eis aqui, portanto, o dilema: há efetivamente duas categorias de leis da física, ao mesmo tempo que um estranhíssimo fenômeno de redução, irredutível a qualquer dessas duas categorias? Ou há apenas uma única categoria de leis, necessariamente as mais universais (isto é, quânticas), e a regra de redução não passa de uma consequência direta dos outros princípios, sem fenômeno físico particular no final? A maioria dos comentários filosóficos consagrados à física quântica baseou-se no primeiro membro do dilema, aquele escolhido por Bohr e durante muito tempo considerado o único possível. É claro, porém, que as consequências filosóficas seriam muito diferentes se o segundo membro se revelasse o certo. Todavia, poder distinguir entre um e outro não é um trabalho que caiba à filosofia, mas sim à física, pois a segunda possibilidade apenas coloca um problema de física teórica, o qual tem ou não uma resposta positiva.

A ciência exige tempo, e a filosofia mais ainda, apesar da impaciência do espírito. As prescrições de Bohr teriam sido de uma sabedoria perfeita se se houvessem apresentado como o que são: regras práticas para o físico e regras necessárias de prudência para o pensamento, ainda que devessem ser apenas temporárias. É pena que ele não tenha ficado por aí, pois teria sido, para os séculos futuros, o paradigma do sábio, e não apenas, o que não é pouco, um grandíssimo físico.

TERCEIRA PARTE

RETORNO DO FORMAL AO VISUAL: O CASO QUÂNTICO

Acabamos de avaliar a invasão da ciência pelo formal. Trata-se de uma constatação decepcionante, pelo menos à primeira vista, e que só pode parecer nefasta, se nossa ambição for filosófica e, portanto, de compreensão. Quem, com efeito, ousaria dizer que compreende melhor e mais se só se propõe, na realidade, abandonar-se à linguagem dos signos, a uma lógica desencarnada sem nada que possamos *ver*, nada que se ilumine? Seríamos, antes, tentados a dizer que acabamos de tocar o fundo, o incompreensível, a base do mundo, onde reina o frio. Como nos espantar se espíritos por um momento curiosos perdem a coragem e se afastam das obscuridades da ciência?

A que ponto chegamos, na realidade? Tivemos de deixar pelo caminho grande parte de nossa intuição e de nossa linguagem familiar, hoje demasiado duvidosas. Nossa representação do mundo foi, em parte, objeto de interdito e deixa do lado de fora um mundo de átomos regidos por signos, como os matemáticos, que não são mais do que signos multivalentes. A perda que assim sofremos é pesadíssima, mas o lucro não é menor. A ciência permitiu-nos, com efeito, ter acesso às leis, a uma armação do universo que se tornou nossa propriedade e cujas formas puras, por repulsivas que pareçam, são fortes o bastante para gerarem uma outra esperança.

As leis, sua coerência. E se não houvéssemos perdido nada, mas apenas ganhado? Imaginem que pudéssemos tudo reconstruir, recuperar nossa visão primeira e nossa intuição feliz, em que o mundo nada tinha de estranho. Para tanto, bastaria ir só um pouco mais adiante na direção da coerência, para constatarmos que o mundo visível não é de modo nenhum o maia dos hindus, a ilusão universal. Bastaria mostrar que nossa visão mais simples e nossa humilde linguagem muito comum são os frutos naturais das leis, e que temos, pois, o direito de confiar nelas.

Convido vocês a esta reconstrução. O empreendimento é ousado, pois conduz a nada menos do que a uma reviravolta da marcha tradicional da filosofia. Em vez de partir da evidência do mundo, de saltar aos princípios com base em observações (apressadas) e generalidades (frágeis), trata-se de retomar o caminho por cima, partindo das leis duramente adquiridas, para tornar a descer até a evidência primeira, reconstruindo-a e justificando-a. Se uma tal visão coerente for possível, se o intuitivo e o formal se ajustarem verdadeiramente, pouco importa, então, que se parta de um ou de outro, pois a coerência é um círculo sem origem nem fim prescritos. Eu, o homem, penetro o mundo tanto pelo olhar quanto pelos signos, indiferentemente.

A essa tarefa empenharam-se alguns físicos, ainda recentemente, na parte que lhes cabia. Abordaram essa temível fortaleza do formal, a física quântica, onde a extrema abstração dos princípios parece tudo negar da claridade da evidência. Mostraram, porém, que essa claridade provém daí.[1] Seguiremos seus passos, agora. Sem dúvida, o caminho não é dos mais fáceis, pois passa por uma das regiões mais cheias de emboscadas da ciência. Ouso, porém, esperar que ele foi suficientemente aplainado.

Alguns talvez venham a suspirar: mais uma vez a mecânica quântica, dirão. Tenham a gentileza de ver aqui somente o que aqui pretendo pôr, nada mais do que um exemplo, sobre um caso preciso, importante, de um processo que parece abrir perspectivas desconhecidas até agora. As mesmas ideias transpostas para outros pontos, enriquecidas pela superação de obstáculos novos, tornar-se-ão talvez ainda mais férteis, mais convincentes. Esse trabalho continua por fazer.

---

1 Esses trabalhos, que devemos em particular aos físicos Murray Gell-Mann, Robert Griffiths, James Hartle, Wojciech Zurek e ao autor, são descritos em pormenor numa obra recente de R. Omnès, *The Interpretation of Quantum Mechanics* (Princeton: Princeton University Press, 1994). Pode-se também consultar um artigo de revista, mais breve, Consistent Interpretations of Quantum Mechanics, *Reviews of Modern Physics*, v.64, p.339-82, 1992.

Continua sendo verdade, também, que os trabalhos em que me apoio permanecem eventualmente vulneráveis, como toda obra humana, sempre à mercê de descobertas novas. Estou muito consciente disso, mas, seja qual for o resultado, o caminho traçado poderá ser refeito, a marcha poderá ser retomada, e é ela, esta nova via filosófica, que conta, em última análise.

CAPÍTULO 9
ENTRE LÓGICA E FÍSICA

O esboço de um programa

Nada é mais árido do que os princípios da mecânica quântica, nem mais formal. Os conceitos e as leis assumem ali uma forma matemática abrupta, inevitável, onde quase mais nada resta de intuitivo, mais nada da evidência das coisas que vemos. Contudo, quem negaria que essa teoria penetra nas profundezas da realidade, muito mais fundo do que nossos sentidos podem alcançar? Suas leis são universais, e são elas que ordenam o mundo dos objetos familiares. Nós mesmos, que estamos presos nesse mundo, e não exteriores a ele, não podemos fazer prevalecer nossa visão sobre essas leis altaneiras, de sorte que seus conceitos se impõem a nós como de uma ordem mais alta do que os que inspiram o que podemos tocar, ver e dizer com nossas palavras comuns.

Uma teoria tão vasta só pode virar de cabeça para baixo os dados tradicionais da filosofia do conhecimento. Sem dúvida, continuamos podendo admitir, com Hume, que a nossa representação intuitiva do mundo vem de sua percepção direta. Em compensação, o muro que fechava a nossa capacidade de compreender e que ele acreditava ser intransponível foi agora quase posto abaixo. Hume acreditava que era impossível que se soubesse por que o mundo é suficientemente ordenado para que possamos vê-lo e dizê-lo. O problema, hoje, é o inverso. Temos agora acesso à ordem oculta que governa as coisas e dá sua substância à linguagem. A via experimental defendida por Bacon levou-nos para muito mais perto do coração e da medula das coisas. Tampouco precisamos fechar-nos, com Kant, na prisão das ideias inatas; elas só podem limitar o pensamento, ao passo que a irrupção do formal, pelo contrário, nos projeta para um horizonte sem limites.

De qualquer forma, a oposição do formal em nosso pensamento e do concreto à nossa frente divide-nos interiormente. Nossa primeira tarefa deve ser operar a síntese disso, para verdadeiramente compreender. Para tanto, é preciso dominar a ciência formal, suspender os novos interditos – no caso, os de Bohr –, e o caso da física quântica é singularmente exemplar.

Não há nenhuma dúvida de que os princípios da mecânica quântica e o senso comum se chocam. Mais vale reconhecê-lo logo de saída e não procurar a todo custo uma conciliação enganosa. No entanto, não se deveria usar isso como pretexto para afirmar que o senso comum não tem valor. Longe disso, pelo contrário, pois não poderíamos dispensá-lo. Com efeito, a ciência é antes de tudo o fruto da experiência, e uma experiência é um ato, mesmo se o pensamento é seu guia. É um ato montar um laboratório banco de experiência, colocar ali uma fonte radioativa e um contador Geiger, mover o contador, e como eu diria todos esses atos, a não ser pela linguagem comum? Certamente, não seria falando da função de onda do laboratório, e a ninguém ocorreria dizer: "Arrume o laboratório de maneira tal que ele tenha a função de onda indicada por mim". Isso seria agir como um instrutor de autoescola que dissesse o que devemos fazer com a função de onda do freio quando a função de onda dos fótons de um semáforo tem certa forma; ninguém mais poderia sair na rua sem correr risco de vida. Dar instruções de uso, refletir sobre seus próprios atos, comunicar o que se constatou... em suma, tudo o que pertence à *prática* pertence também ao senso comum. E ainda só falamos aqui de ciência, quando, de modo bem mais amplo, a própria vida é feita de inúmeras ações que a representação comum é a única capaz de conduzir.

O senso comum, em compensação, não é capaz de incluir em sua lógica o que se passa no nível dos átomos. A física que reina nessa escala é completamente diferente da que podemos "ver", e é também muito mais geral e mais vasta. Na realidade, ela é universal, e a física clássica familiar à nossa intuição nada mais é do que uma forma limite que a física quântica assume ao entrar na nossa escala.

Nestas condições, o procedimento mais seguro para realmente compreender consiste, sem dúvida nenhuma, em apoiar-se no que se sabe ser universal e fundado nos fatos, mais do que no que já se revelou falível. Em matéria de física, isto significa que devemos partir do quântico, e não do clássico, para *deduzirmos* este último com todas as suas aparências. Essa dedução do clássico a partir do quântico não pode, com efeito, contentar-se em recuperar algumas migalhas dos princípios da dinâmica clássica, mas deve também poder estabelecer como e por que o senso comum (ou seja, em suma, a lógica comum) pode dar conta deles. Esta é toda a originalidade da marcha que vamos empreender agora, que consiste em *deduzir o senso comum de premissas quânticas, inclusive para estabelecer seus limites, ou seja, mostrar sob que condições ele é válido e qual é a sua margem de erro*. Não devemos ocultar que, assim agindo, invertemos ao mesmo tempo todo o processo da explicação, que, porém, remontava aos gregos: não mais explicamos a realidade a partir de nossa representação mental, admitida sem discussão, mas é essa representação, com a intuição e o senso comum que a acompanham, que queremos *explicar* a partir do conhecimento das leis do universo a que a ciência nos levou.

A lógica do senso comum

Poderíamos, como Alice no país das maravilhas, sentir-nos perdidos entre as esquisitices do mundo quântico, sem discernir que caminho seguir e em que magia confiar. Mas o pai de Alice, Lewis Carroll, era um lógico sutil, que a guiava em segredo. A lógica, afinal, não é o melhor guia para os perdidos? E por que não pedir o seu socorro para pôr um pouco de ordem numa tal confusão? Voltando um pouco atrás, vimos que a lógica se aplica a qualquer tema de pensamento, desde que saibamos definir claramente três elementos essenciais. O primeiro especifica aquilo de que se fala: é um campo de proposições, um universo de discurso ou, em outras palavras, um domínio de pensamento (*Denkbereich*). O segundo traz consigo os meios de raciocinar: usa as operações sobre as proposições (não, e, ou), bem como as relações de equivalência lógica e de implicação (se..., então...) que podemos estabelecer entre elas. O terceiro e último constituinte da lógica é um critério de verdade que permita decidir se uma proposição é verdadeira.

Antes de aplicar essas ferramentas universais à elucidação do mundo quântico, sem dúvida será bom despojá-las, pelo menos em parte, de sua abstração e dar-lhes um pouco mais de carne. Para tanto, o melhor será aplicá-las à mecânica clássica de Newton, na medida em que ela ainda está bastante próxima do senso comum, e pode, pois, esclarecer a sua natureza. Na realidade, vamos percorrer a metade do caminho que separa o formal quântico do senso comum, dando a este último um matiz já um pouco formal.

Para começar, só consideraremos proposições que só envolvam a posição e a velocidade de certo objeto físico em certo instante determinado. Elas constituem o domínio da cinemática, isto é, um ramo restrito da mecânica clássica que precede a dinâmica na ordem natural, falando do movimento sem tratar de sua causa.

Tomemos o exemplo de um pêndulo que oscila num plano vertical. Sua posição é determinada por um único número que podemos tomar como o ângulo x do fio do pêndulo com a vertical, sendo a velocidade do pêndulo designada por v. A proposição mais simples que podemos formular nessas condições consiste em dar pura e simplesmente os valores (x, v) da posição e da velocidade, dizendo que "a coordenada de posição é o número x e a velocidade é o número v". Observe-se, porém, que isso supõe que os dois números (x, v) possam ser perfeitamente conhecidos, com uma infinidade de decimais, se preciso for. Mesmo que fosse só por causa dessa precisão extrema, uma tal proposição não pode, evidentemente, traduzir um dado empírico, o qual sempre comporta algum erro. Além disso, ela é *a priori* inconciliável com a mecânica quântica, por causa das relações de incerteza de Heisenberg. Assim, por qualquer lado que abordemos a questão, temos de recorrer a outras proposições, mais próximas da realidade experimental e compatíveis com as leis quânticas, que sabemos serem as mais fundamentais.

Que podemos, então, dizer se, por exemplo, medirmos efetivamente a posição inicial do pêndulo com um aparelho que fornece o segundo de arco? Com isso, encontramos para o valor do ângulo x certo número, por exemplo 1.123 segundos, mas não podemos dizer mais, dada a espessura do fio e a precisão do aparelho. Só estamos certos do fato de que esse número é maior que 1.122 e menor do que 1.124. Diremos, então, que x é igual a 1.123 com um limite superior de erro x igual a 1.

Da mesma maneira, mesmo que fosse só pelas vibrações e pela agitação do ar, pelo tremor de nossas mãos no momento de soltar o pêndulo ou qualquer outra coisa, seremos levados a dizer que a velocidade inicial v é igual a 0, com um limite de erro v, igual por exemplo a 0,01 mm/s. A proposição empírica que podemos, então, enunciar é que "a posição está entre 1.122 e 1.124 e a velocidade está entre – 0,01 e + 0,01".

Pode ser cômodo representar isso graficamente, desenhando num plano dois eixos de coordenadas sobre os quais inscrevemos respectivamente os valores de x e de v. Os que verificarem a proposição representarão, então, os pontos interiores de um retângulo, o qual se situa no encontro de duas faixas paralelas aos eixos, tais que x esteja compreendido entre 1.122 e 1.124 e v entre – 0,01 e + 0,01. Assim, uma proposição elementar de cinemática é associada, sem ambiguidade, a certo retângulo. O interesse de utilizar uma representação gráfica está ligado ao fato de que as operações lógicas são particularmente fáceis de descrever quando as aplicamos a regiões do plano ou do espaço. Começamos generalizando as proposições, considerando domínios mais ou menos quaisquer do plano, em vez de simples retângulos. A um dado domínio D do plano, associamos uma proposição que pode ser enunciada sob a forma: "As coordenadas (x, v) são as de um ponto que pertence ao domínio D", o que simbolizaremos pela notação D. Podemos, então, dizer que a proposição não-D corresponde ao domínio D complementar de D, ou seja, exterior ao domínio D; a proposição "D e D' " corresponde à intersecção dos dois domínios D e D'; e a proposição "D ou D'", à união deles.

Podemos também apresentar uma tradução gráfica muito simples das relações lógicas de equivalência e de implicação. Diremos que duas proposições D e D' são equivalentes quando os dois domínios correspondentes D e D' coincidem; a implicação entre as proposições $D \to D'$ corresponde ao caso em que o domínio D está contido no domínio D'. O ponto essencial destas considerações é que as convenções assim introduzidas satisfazem aos axiomas fundamentais da lógica, como sabemos desde Boole. Assim, todas as manipulações da lógica se reduzem a questões de geometria dos conjuntos, e toda a cinemática, inclusive a maneira de falar sobre ela (isto é, a sua lógica), é totalmente reduzida a uma forma matemática simples.

Podemos igualmente precisar o critério de verdade que se aplica no presente caso, de sorte que a cinemática nos terá fornecido um exemplo completo de aplicação da lógica a um ramo específico da ciência. Quando ela se refere à realidade, a noção de verdade reduz-se pura e simplesmente a constatar que a proposição enunciada descreve bem a realidade presente. É o que Tarski resumia com bonitas fórmulas, como "A rosa é vermelha" quando a rosa é vermelha. Isso significa que a proposição "A rosa é vermelha" é verdadeira quando podemos constatar que a rosa em questão, de que falamos, é efetivamente de cor vermelha. No caso da cinemática, é por meio de uma medida concreta da posição e da velocidade do pêndulo que podemos assegurar-nos da verdade de uma proposição do tipo das que apresentamos.

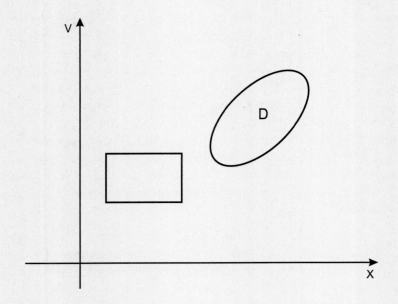

FIGURA 1 – A configuração de um objeto (no caso, um pêndulo) é definida na física clássica por uma coordenada de posição x e uma velocidade v. Quando essas quantidades são dadas com erros prescritos, o ponto correspondente está no interior de um retângulo. De um modo mais geral, ele pode se achar num certo domínio D tal como o aqui indicado.

A dinâmica clássica e o determinismo

Podemos aprofundar notavelmente a lógica do senso comum, passando da cinemática à dinâmica clássica. Esta nova etapa não é uma mera repetição da primeira, e vai permitir lançar certa luz sobre o que seja o determinismo e sobre os pressupostos da noção de verdade tal como comumente a concebemos.

Vejamos, em primeiro lugar, a parte puramente formal que generaliza diretamente o que acabamos de ver. Uma proposição elementar de dinâmica é simplesmente uma proposição cinemática em que o tempo é explicitamente mencionado, por exemplo: "As coordenadas de posição e de velocidade estão em certo domínio D no instante t". Podemos dar-lhe de novo uma tradução geométrica, considerando, desta vez, um gráfico de três dimensões, com as três coordenadas (x, v, t), mas não é necessário estendermo-nos sobre isso.

A introdução do tempo traz consigo mais do que uma dimensão suplementar, pois as equações clássicas do movimento permitem ligar entre si situações que ocorrem em instantes diferentes. Se as coordenadas cinemáticas x, v do pêndulo são supostamente conhecidas no instante t, a dinâmica clássica permite conhecer as coordenadas x', v', num outro instante (t'), resolvendo as equações de Newton. Essa relação vai nos dois sentidos do tempo (se não levarmos em conta o atrito), podendo o tempo t seguir-se a ou preceder t'.

No caso, realista, em que não consideramos uma precisão infinita das coordenadas, podemos considerar uma proposição a segundo a qual as coordenadas x, v estão num certo domínio D no instante t. Cada ponto x, v é transformado pelo movimento num outro ponto x', v', no instante t'. Designaremos por D' o domínio gerado pelos pontos de coordenadas x', v' quando o ponto de coordenadas x, v percorre D, e por b a proposição que enuncia que as coordenadas cinemáticas estão no domínio D' no instante t'. Fica, então, evidente que as duas proposições a e b são logicamente equivalentes.

Descobrimos, assim, um aspecto puramente lógico do determinismo: *o determinismo clássico é uma equivalência lógica entre duas proposições da dinâmica newtoniana relativas a tempos diferentes*. Esta observação pode, à primeira vista, parecer bastante trivial, mas, em todo caso, ela exprime bem a ideia do determinismo, segundo a qual o passado determina perfeitamente o presente; reciprocamente, o presente determina o passado (na ausência de atrito). É isso o que entendia e defendia Laplace quando falava do determinismo.

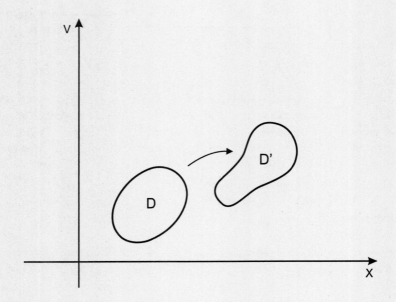

FIGURA 2 – A natureza lógica do determinismo: é logicamente equivalente dizer que as coordenadas de posição e de velocidade estão em certo domínio D num instante dado ou dizer que elas estão num outro domínio D' num outro instante, sendo D' transformado de D pelas leis clássicas (newtonianas) do movimento.

A noção de verdade também se mostra claramente mais rica quando levamos em conta o tempo. Podemos, por exemplo, constatar um fato que ocorre no instante t, e isso, enquanto fato, é certamente verdadeiro. Assim, verifico que a rosa é vermelha ao meio-dia de hoje, 7 de setembro. Direi que a consequência determinista dessa proposição verdadeira é também verdadeira, por necessidade lógica, e que a proposição que só será verificável mais tarde: "A rosa está murcha no dia 15 de outubro, ao meio-dia" é também verdadeira? Isso supõe duas condições. A primeira, e de longe a mais importante, é poder afirmar que existe uma lei universal da natureza, teórica ou empírica, segundo a qual todas as rosas murcham em menos de um mês. É esse papel de lei que desempenham os princípios de Newton no caso da dinâmica, mas é claro também que o senso comum faz uso de inúmeras outras regras que não analisa no pormenor. O rapaz apaixonado não precisa ser cientista para evitar colher um buquê para o dia dos namorados com antecedência de um mês, e seu bom senso cuida disso. A outra condição necessária para a verdade da proposição inferida é trivial e puramente lógica, ela exige que a proposição inicial "a rosa é vermelha ao meio-dia de 7 de setembro" implique efetivamente, segundo a lei universal, a proposição segundo a qual "a rosa está murcha ao meio-dia de 15 de outubro".

Estas considerações podem parecer um tanto simplistas, mas apenas se destinam a nos aproximar aos poucos de uma visão do mundo em que o formalismo está intimamente ligado à realidade das coisas.

Com o auxílio de um anjo

As verdadeiras dificuldades começam, evidentemente, quando passamos realmente ao mundo quântico. Para seguirmos, com efeito, até o fim o programa que esboçamos no início, seria preciso que pudéssemos libertar-nos de quase todos nossos hábitos de pensamento, mas o senso comum está tão fortemente implantado em nós que é muito difícil esquecê-lo, mesmo por um instante. Contudo, é preciso admitir de saída apenas os princípios formais da física mais segura e mais profunda, se quisermos ver o senso comum reaparecer ao termo de uma demonstração. É o exercício a que devemos entregar-nos se quisermos convencer-nos desta maravilha: a completa coerência do pensamento e do mundo.

Embora os homens que somos estejam armados de hábitos inveterados que nos prejudicam neste caminho, nada nos impede de imaginar um ser novo que não tivesse o nosso peso terrestre. Seria capaz de respirar no éter da teoria pura, dela tirar toda a sua inspiração, e seria, pois, por assim dizer, um anjo. Por que nos privar disso e não recorrer à ajuda de um tal anjo? Trata-se apenas, evidentemente, de uma espécie de procedimento retórico, como o que Voltaire empregava com mais talento quando tornava presente a verdadeira simplicidade de espírito atribuindo-a a seu Huron ingênuo. Para nós, também seria cômodo recorrermos de quando em quando a um tal personagem, a quem confiaremos o cuidado de estar, em nosso lugar, instruído do formal e particularmente desconfiado das enganosas ilusões da evidência corrente.

Imaginemos um anjo que acaba de nascer e vive fora de todo mundo material, onde só há pensamento e onde vai receber toda a sua educação. Está destinado a ir para a Terra, e é preciso ensinar-lhe como é o mundo terrestre, sem, porém, mostrá-lo de uma vez, pois o choque poderia ser rude demais. É preciso, pois, fazê-lo compreender aos poucos, como os homens representam esse mundo. Nosso anjo tem a vantagem de um sólido conhecimento da lógica e das matemáticas, fácil de adquirir em seu empíreo. É preciso, então, revelar-lhe em primeiro lugar em que consiste a matéria, com muita doçura e clareza.

Começa ele, pois, aprendendo as leis fundamentais da natureza, e particularmente as da física quântica: o mundo é composto de partículas descritas por funções de onda que evoluem segundo a equação de Schrödinger. O anjo também aprende todo o arsenal teórico que isso supõe, e é preciso, então, fazê-lo percorrer um caminho inverso do que levou a história humana do senso comum até o formalismo lógico da física clássica, passando desta vez do puro formalismo matemático a proposições que os homens possam compreender e formular, enquanto permanecem perfeitamente claras e legítimas para o anjo, puro teórico.

Não sabemos que proposição referente à física poderia ser mais simples do que dizer qual é o valor de certa quantidade física num dado instante. No entanto, ela não é tão elementar como parece, pois a noção de quantidade física (por exemplo, uma coordenada de posição ou de velocidade, ou uma energia) é espantosamente abstrata na mecânica quântica. Não podemos, porém, demorar-nos neste ponto, e bastará mencionar que uma quantidade física (também chamada de *observável**) é expressa matematicamente por um operador, ou seja, por assim dizer, por um moinho de funções, a quem podemos dar uma função na entrada para que ele produza uma outra na saída. O caráter formal dessa noção é particularmente manifesta quando a quantidade física é uma componente da velocidade, pois então o operador correspondente forma a derivada da função de onda e a divide pelo número imaginário puro i. Mais vale, portanto, não insistir, notando, porém, que o anjo não vê nenhuma dificuldade nisso, já que não tem nenhuma ideia do que seja um aparelho de medida que dê um significado concreto ao valor de uma tal quantidade. Tudo é claro para ele, pois tudo é puramente abstrato, matemático.

Para ele, o importante é que a proposição segundo a qual "o valor da quantidade física A está num intervalo D no instante t" seja perfeitamente clara. É o que chamaremos de uma *propriedade*, que exprime, por exemplo, que o ângulo x do pêndulo que nos serve de exemplo está entre 1.123 e 1.124 segundos num certo instante. Mas que significa ela para o anjo? Ele mal concebe o que possa ser um pêndulo (para ele, é uma coleção de átomos), nem sequer o que significa intuitivamente uma posição (para ele, é um certo operador). Como ainda nada sabe da realidade, não podemos falar-lhe de medições feitas com um aparelho qualquer, que nos dariam um sentido concreto à propriedade enunciada, pois o concreto não pertence à teoria pura e os aparelhos só seriam, para o anjo, grandes sistemas quânticos, sem interesse particular. Nada de tudo isso conta para ele, mas apenas isto, que pertence ao domínio do formal, o único que ele compreende: o enunciado da propriedade determina unicamente certo objeto matemático que a caracteriza perfeitamente.

Em suma, permanecemos no formal, e o que é, para nós, uma propriedade já bastante próxima do que podemos compreender só tem sentido para o anjo porque o dicionário matemático da teoria lhe oferece um equivalente perfeito. Essa tradução matemática da propriedade é o que chamamos de um *projetor**. Sobre ele, diremos pouca coisa de maneira geral: trata-se também de um operador e podemos, pois, nos perguntar quais são seus valores possíveis. Acontece que eles só podem ser exatamente 0 ou exatamente 1.

Daremos apenas um exemplo, para o caso simples de uma propriedade que enuncia que a coordenada X de posição de uma partícula está compreendida no intervalo entre os números 2 e 3 (com certa unidade de comprimento, que não é preciso especificar). O operador de projeção correspondente, que só tem sentido agindo sobre uma função de onda $\Psi(x)$, seja ela qual for, é uma operação que, por assim dizer, corta as asas dessa função de onda: a função permanece intacta para os valores de x superiores a 2 e inferiores a 3, ao passo que a ação do operador o leva ao valor 0 fora desse intervalo.

Entendemos, também, neste caso, em que sentido esse operador pode assumir os valores 0 ou 1. Se, com efeito, a função de que partimos só for diferente de 0 no intervalo compreendido entre 2 e 3, a operação que consiste em lhe roer as asas deixa-a intacta: ela é multiplicada por 1. Se a função inicial, em compensação, já for nula nesse intervalo, ela o será em toda parte depois disso: é multiplicada por 0. Ir além deste exemplo particularmente simples nos levaria inevitavelmente longe demais, mas talvez ele dê ao leitor uma impressão do essencial: toda propriedade é associada a um operador e este último só pode exibir como seu próprio valor ou 0 ou 1.

Só zero ou um! Lembremo-nos de nossas incursões pelas matemáticas formais, em que os símbolos 0 e 1 nos serviam para designar o falso e o verdadeiro. Eis aqui quantidades matemáticas, os projetores, que traduzem as propriedades e só podem assumir os valores 0 ou 1. Não dá isso a entender que as propriedades só podem ser ou verdadeiras ou falsas, o que corresponde muito bem à opinião ingênua que temos delas, bem como ao princípio do terceiro excluído? Acrescentemos imediatamente que isso é apenas uma indicação grosseira, um olhar lançado através de um espaço claro num céu nublado, e que teremos de penar ainda mais antes de sair do matagal. A direção, porém, está correta e o anjo começa a falar uma linguagem que se parece um pouco com a nossa.

Os rudimentos da língua quântica

No ponto a que chegou, o anjo ainda não é muito loquaz. Só sabe repetir frases do tipo: "O valor da quantidade física A está no domínio D no instante t", mudando somente os ingredientes A, D e t. Não parece nem mesmo capaz de um pouquinho de lógica, por mais pobre que seja, para dizer que "o valor da quantidade física A está no domínio D no instante t e o valor da quantidade física B está no domínio Δ no instante t". Ele realmente ainda não tem uma conversa brilhante.

De fato, existe uma diferença essencial entre a sua língua e a nossa, ligada à noção de comutatividade. Aliás, é antes a não comutatividade dos operadores que desempenha um papel importante na mecânica quântica, e eis em que consiste ela: o produto de duas quantidades físicas quânticas A e B não é, em geral, comutativo, isto é, o produto AB não é igual ao produto BA. Com efeito, a quantidade física A é um operador, comparável a um programa de computador que, a partir de uma função de onda Ψ, gera uma outra função $A\Psi$. A quantidade física B é associada a um outro programa que, agindo sobre essa função $A\Psi$, produz uma nova função BAΨ. Em contrapartida, se tivéssemos feito passar primeiro o programa A, teríamos obtido uma função ABΨ que não tem nenhuma razão de ser idêntica a BAΨ.

Também podemos dizer isso em termos menos abstratos. Já que uma função de onda está associada ao estado de um sistema físico, tomemos como este último as partículas atômicas que constituem uma batata e um pouco d'água. Em vez de operadores associados a quantidades físicas A e B, tomaremos o que é chamado de operadores de evolução dinâmica, sobre os quais admitiremos, sem entrar em pormenores, que têm a mesma ausência de comutatividade que os anteriores. Tomemos, pois, como A o operador de evolução que faz passar da função de onda Ψ de uma batata crua à de uma batata cozida, e como B o que faz passar de uma batata inteira a uma batata cortada. Se efetuarmos, na ordem, as operações A e depois B, produzir-se-á BAΨ, ou seja, a função de onda de um excelente purê, cuja água de cozimento pode ser jogada na pia. Em compensação, quando seguimos a ordem AB, cortando a batata crua antes de cozinhá-la, obtemos uma comida pouco apetitosa. Todos os cozinheiros são, pois, unânimes em dizer, com os anjos e os matemáticos, que duas operações não são necessariamente comutáveis.

Acontece, porém, que quantidades físicas são comutáveis. É o caso da coordenada X da posição de uma partícula ao longo do primeiro eixo de coordenadas e de sua componente Y sobre o segundo eixo. Neste caso, é possível combinar as propriedades correspondentes por "não, e, ou" de maneira perfeitamente coerente e dizer, por exemplo, acerca de um átomo de hidrogênio, que "o valor da coordenada X da posição do elétron está compreendido entre 0,7 e 0,8 Å e o de sua coordenada Y entre -1,1 e -1,2", pois existe um projetor que confere um significado a essa propriedade. Tomando tais frases como elementos e combinando-as, por sua vez, com "e, ou, não", podemos descrever todas as possíveis geometrias da posição. As propriedades elementares em X e Y descrevem, com efeito, retângulos num plano, e sabemos que, graficamente, podemos desenhar qualquer figura com uma trama de retângulos suficientemente pequenos.

As coisas ficam muito diferentes se tentarmos combinar uma coordenada de posição, por exemplo X, e a componente U da velocidade na mesma direção. De fato, acontece, desta vez, que os projetores correspondentes não comutam, e uma proposição que afirme que "o valor de X está num intervalo D *e* o de U está num intervalo Δ" não tem nenhum significado para o anjo, pois é impossível associar-lhe um projetor. *Há, pois, na mecânica quântica proposições que as palavras comuns pareceriam poder dizer mas não têm nenhum significado, em razão do formalismo subjacente.*

John von Neumann, que colocou os primeiros marcos de referência da lógica quântica, ficara particularmente impressionado com essa interdição, e procurara, com George Birkhoff, descobrir como descrever conjuntamente, apesar de tudo, proposições que envolvam ao mesmo tempo quantidades não comutáveis. Tiveram um êxito parcial, inventando um projetor que tinha uma vaga relação com a proposição litigiosa: "O valor de X está em D *e* o de U está em Δ". Infelizmente, o vínculo entre o sentido comum da frase e o projetor tornava-se muito longínquo, pois embora a proposição definisse bem o projetor, este em compensação, não permitia mais que se reencontrasse a proposição. Não havia mais um bom dicionário, e já não se tratava de uma linguagem, mas sim de um balbucio e, o que é pior, de um balbucio insensato, pois não obedecia mais à totalidade das regras da lógica. Birkhoff e von Neumann propuseram, então, seriamente a questão de saber se, porventura, a lógica própria do mundo quântico poderia não obedecer às regras sagradas da lógica aristotélica, para se conformar a regras diferentes e menos forçosas.

Não parece que possamos reter essa ideia ousada. Acabamos de ver uma primeira razão: a tradução matemática da linguagem comum deixa de ser fiel. A segunda razão é uma questão de coerência: o formalismo da teoria é matemático e, portanto, aristotélico; ora, queriam enxertar sobre ele uma construção não aristotélica para interpretar a teoria, ou seja, afinal, para voltar a encontrar a física empírica e o senso comum, o qual é ele próprio extremamente aristotélico. O não aristotélico quântico teria, pois, sido controlado pelo aristotélico das matemáticas, para chegar ao aristotélico do empirismo. Um tal "sanduíche" lógico é, evidentemente, um tanto indigesto, o que nos leva à última razão de não reter esse procedimento: depois de mais de cinquenta anos, ele não avançou muito mais do que no primeiro dia. Deixá-lo-emos de lado, pois, para ressaltarmos, pelo contrário, o interesse que existe em nos apegarmos a formas lógicas mais convencionais, mais racionais, em suma.

As histórias

Uma ideia nova, simples e fecunda foi apresentada em 1984 pelo físico americano Robert Griffiths. Em vez de se limitar a propriedades isoladas que ocorrem num único instante, Griffiths propôs que se considerassem verdadeiras histórias de um sistema físico, ou seja, uma sequência de propriedades que ocorrem em instantes sucessivos. À primeira vista, isso pode parecer trivial, mas a ideia não fora explorada até então, em razão de sua aparente incompatibilidade com a não comutatividade dos operadores. Ela se chocava, com efeito, com a mesma dificuldade que se opusera a von Neumann, e não parecia possível dizer acerca de um elétron fechado no museu do Louvre: "Às 9h 12, ele está na sala das antiguidades; às 11h 30, tem uma velocidade compreendida entre 2,3 e 4,5 km/h; e às 12h 47, está na sala dos Corots."

Pois uma história nada mais é do que isto: uma sequência de propriedades mais ou menos fortuitas que ocorrem em instantes diferentes. Cada uma delas sempre exprime que uma certa quantidade física está num certo domínio de valores num certo instante, e a história apenas as articula, sendo a escolha dessas quantidades físicas, dos domínios de valores e dos instantes mais ou menos arbitrária.

A capacidade que uma história tem de descrever o que é e de contar o que acontece ultrapassa de muito longe a de uma propriedade única, e poderíamos dizer que, ao passar desta para aquela, passamos de uma foto a um filme. Na realidade, acontece que as histórias assim concebidas podem servir de linguagem universal para descrever toda a física, sem que seja preciso acrescentar-lhes alguma coisa. O que Griffiths descobriu é, portanto, por assim dizer, a linguagem universal que permite falar de todos os eventos da física, sem nenhuma exceção.

As histórias nada têm de misterioso para nós, pois é por meio de uma história que descrevemos uma experiência de física ou uma situação com que nos deparamos na física. Vale a pena dar um exemplo deste ponto importante, que, aliás, seria fácil multiplicar indefinidamente. Um físico diz a outro qual é a sua experiência: "Um nêutron sai de um reator nuclear atravessando uma abertura feita na blindagem. Atravessa, então, um cristal de silício; sai dali (depois de uma difração) com uma velocidade que depende de sua direção; a velocidade é, então, selecionada, fazendo o nêutron passar por uma janela estreita; em seguida, ele vem chocar-se com um núcleo num bloco de urânio; o choque provoca uma fissão do núcleo, que se parte em vários fragmentos; um deles é um núcleo de xenônio, que, por fim, penetra na zona de detecção de um contador".

Isso é uma história, que o teórico tem apenas de reformular, de reescrever com projetores para lhe dar a forma estandardizada de Griffiths, depois de ter precisado os instantes em que os diversos episódios ocorreram. Sob esta forma, o anjo a compreende tão claramente quanto nós, nem mais, nem menos.

O papel das probabilidades

O leitor há de ter notado que as probabilidades quânticas ainda não apareceram na iniciação ao mundo a que o anjo é submetido. Isso pode surpreender, quando conhecemos seu papel primordial. Vamos agora vê-las aparecer de maneira bastante inesperada, não como a expressão e a medida do acaso, mas sim como o instrumento que permite completar a lógica e lhe dar uma significação coerente. Com efeito, é graças às probabilidades que podemos ter certeza de que certas histórias têm sentido e que outras devem ser rejeitadas como carentes de sentido e definir, enfim, a equivalência lógica e a implicação no mundo quântico. As probabilidades mergulham, pois, no mais profundo dos arcanos da teoria, e seu papel não se reduz de modo nenhum a uma mera descrição do acaso.

Isso se deve à estrutura matemática formal delas, que o anjo conhece e aceita, e que devemos encarar, portanto, como o faria um matemático, sem nenhuma preocupação de aplicação concreta. As probabilidades são para ele simplesmente números que atribuímos a eventos (os quais são, em nosso caso, propriedades ou histórias). Esses eventos formam uma família completa (eles se excluem uns aos outros e abrangem juntos todas as possibilidades); as probabilidades só estão sujeitas a três condições: são números positivos, elas se acrescentam no caso de dois eventos mutuamente excludentes (condição de aditividade) e sua soma total é igual a 1.

Assim é que, para dar mais substância às histórias que introduzira, Griffiths supôs que cada uma delas tinha uma certa probabilidade. Isso parece muito natural no caso da experiência que descrevemos mais acima:

poderia ter acontecido, com efeito, que o nêutron não saísse do reator, que errasse a janela ou não atravessasse o bloco de urânio, ou ainda que o fizesse sem provocar uma reação. Griffiths propôs uma fórmula matemática explícita para a probabilidade de cada história, fórmula esta sobre a qual se constatou mais tarde que ela decorre unicamente de algumas considerações simples de natureza lógica.

Griffiths observou, então, que a condição de aditividade das probabilidades restringe consideravelmente a classe das histórias concebíveis. Com efeito, ela se traduz por uma equação matemática onde aparecem os projetores das diversas propriedades que figuram na história, perfeitamente explícita e verificável pelo cálculo. Griffiths chamou de histórias coerentes as famílias que satisfazem a essas condições de aditividade. Assim, a história que apresentamos anteriormente para descrever uma experiência de neutrônica pertence a uma família coerente, e tem uma probabilidade bem definida, perfeitamente satisfatória do ponto de vista matemático.

A noção de história coerente talvez possa ser melhor compreendida considerando um contraexemplo em que as probabilidades não são aditivas. O mais impressionante é-nos fornecido pelas experiências de interferometria, e eis como ele se apresenta: um fóton dirige-se inicialmente para a entrada de um interferômetro. Na saída, ele vem chocar-se contra uma tela. Podemos descrever essa chegada recortando mentalmente a tela em pequenas regiões (podemos até imaginar que cada uma delas é concretizada por um grão de emulsão fotográfica). Isso define tantas histórias diferentes quantas forem as regiões de chegada. Tudo vai bem se ficarmos por aí, e constatamos que nada se opõe a que atribuamos uma probabilidade a cada uma dessas histórias, sendo essas probabilidades aditivas e perfeitamente admissíveis. Seus valores calculados pela teoria mostram claramente a presença de franjas de interferência.

As coisas tornam-se ao mesmo tempo mais delicadas e mais interessantes se tentarmos precisar por que caminho o fóton passou antes de se chocar com a tela. Para isso, podemos escolher um instante em que a onda deduzida da equação de Schrödinger consiste em duas partes, cada uma das quais localizada num dos dois braços do interferômetro. Precisamos mais, então, as histórias anteriores, especificando que o fóton está ou num ou noutro dos dois braços do interferômetro nesse instante. É então que se revela todo o interesse realmente dramático das condições de aditividade de Griffiths, pois é impossível satisfazê-las. Sem aditividade, nada de probabilidade, nada de significação. Assim, pretender ser possível afirmar que o fóton passou por um caminho de preferência a outro é totalmente carente de significado, apesar de todos nossos hábitos de pensamento, que têm tanta dificuldade em admiti-lo.

Esse resultado é absolutamente notável, pois sugere que certas histórias têm uma significação e outras não, se, pelo menos, supusermos que o fato de se ver atribuir uma probabilidade conveniente for o critério de uma significação particular. Mas, de fato, que significação? É o que veremos.

A lógica do mundo quântico

Vamos agora constatar que a maior virtude da construção de Griffiths é dotar a física quântica de uma estrutura lógica que lhe é própria, como pude mostrar. É isso que permite passar de uma teoria puramente formal a algo de que podemos falar com palavras quase comuns e, sobretudo, acerca das quais podemos raciocinar com todo rigor, ou seja, pensar bem. Sabemos que, para tanto, é preciso uma lógica sólida e completa, a qual exige apenas que se defina um campo de proposições onde se possa dizer "não, e, ou", "se..., então...".

Um campo de proposições conveniente que permita descrever um sistema quântico envolve uma família de histórias coerentes, isto é, que preencham as condições de aditividade de Griffiths, permitindo atribuir probabilidades às histórias. As operações lógicas "não, e, ou" são, então, praticamente evidentes, como quando se diz: "*Não*, o nêutron não estava lá nesse instante", "Ele pode ter passado por aqui *ou* por ali", "Ele atravessou um canal na parede do reator *e* depois a janela". Teremos, pois, todos os ingredientes de uma lógica correta se pudermos satisfazer uma última condição, encontrando uma definição satisfatória para a implicação lógica, esse fatídico "se..., então...", sem o qual não há raciocínio possível e que constitui a pedra de toque da lógica.

Eis como podemos introduzi-lo: na família coerente de histórias que retivemos, as probabilidades são perfeitamente legítimas do ponto de vista matemático, e, em especial, elas são aditivas. Podemos, pois, utilizar uma noção importante do cálculo de probabilidades: a probabilidade condicional. Trata-se, por definição, da probabilidade de que um evento *b* ocorra no caso hipotético de que um evento *a* aconteça. Assim, Don Juan se perguntava: qual é a probabilidade de que a primeira mulher que eu encontrar seja loura, com a condição, é óbvio, de que seja bonita? Essa probabilidade condicional, denotada por $p\,(b\mid a)$ é definida matematicamente como o quociente da probabilidade de que *a* e *b* ocorram juntos (de que a primeira mulher encontrada seja ao mesmo tempo loira e bonita) pela probabilidade de *a* (de que ela seja bonita, seja qual for a cor de seus cabelos). Diremos, na lógica quântica, que *a* implica *b* quando a probabilidade condicional $p\,(b\mid a)$ for igual a 1. Correndo o risco de nos repetir, sublinhemos mais uma vez que a introdução das probabilidades permite inferir e, portanto, *raciocinar*.

A equivalência lógica de duas proposições *a* e *b* decorre imediatamente daí, pois ela equivale a colocar que *a* implica *b* e que *b* implica *a*. Podemos dar um exemplo de uma tal equivalência lógica, que não é uma equivalência banal, antecipando a teoria da medida que apresentaremos mais adiante: se um detector de fótons for colocado atrás de um polarizador de luz circular, demonstraremos que a proposição que exprime que o detector registrou (que é uma proposição empírica relativa unicamente ao detector) vem a ser logicamente equivalente a outra proposição que exprime diretamente o valor de uma componente do *spin** do fóton (poder-se-ia dizer, também, de maneira figurada: que indica como o fóton gira sobre si mesmo), ou seja, uma propriedade que só pertence ao mundo microscópico dos fótons.

Estas convenções lógicas nada têm de gratuito, com a condição de que só retenhamos histórias coerentes (com boas probabilidades ou, o que é o mesmo, que satisfaçam as condições de Griffiths). Os axiomas da lógica, à maneira de Aristóteles e de Crisipo e tais como foram formalizados por Boole e por Frege, são, então, perfeitamente satisfatórios. Assim, o principal obstáculo com que Birkhoff e von Neumann se haviam chocado em suas pesquisas lógicas é contornado, e Aristóteles está de volta. O senso comum deveria segui-lo de perto.

A complementaridade

Esse retorno de uma lógica sadia não quer dizer, infelizmente, que o senso comum se veja automaticamente recuperado, pois o mundo quântico continua cheio de sutilezas. Acontece, com efeito, que muitas famílias de histórias diferentes permitem descrever um mesmo sistema quântico. Assim, na já mencionada experiência de física nuclear, podemos especificar a posição do nêutron num determinado instante, mas poderíamos igualmente decidir especificar a sua velocidade nesse mesmo instante. Essas duas escolhas definem dois campos de proposições (ou de histórias) diferentes, duas lógicas diferentes que são até estranhas uma à outra, pois, com efeito, é impossível englobá-las a ambas numa outra lógica mais ampla que também fosse coerente.

Essa particularidade fora notada há muito tempo por Bohr, e ele dela fazia, como vimos, um dos pilares da mecânica quântica, o princípio de complementaridade. Na verdade, ele se referia, então, ao que podemos conhecer usando dois dispositivos experimentais diferentes. Assim, um cristal de silício que difrate um nêutron obrigaria, segundo Bohr, a falar deste último como de uma onda, ao passo que a sua detecção por um contador obriga, pelo contrário, a considerá-lo uma partícula. A lógica quântica mostra que essa multiplicidade de representações não é somente ditada pelos aparelhos exteriores; ela é realmente intrínseca ao mundo quântico, ainda quando ele permanece inobservado. Além disso, não se trata de modo nenhum de um novo princípio, mas sim de uma consequência direta da lógica, ela própria vinda diretamente das outras leis.

Não é coisa nova que existam diversos quadros lógicos que permitem falar de um mesmo objeto, e já vimos exemplos disso no caso da lógica dos casamentos monogâmicos e poligâmicos. É precisamente isso que levou os lógicos a apresentar campos de proposições no começo de uma lógica. A novidade que aparece aqui é que esse tipo de sutileza habitualmente secundária agora se revela indispensável para se falar do mundo material, em razão do caráter quântico das leis.

Poderíamos temer, então, que a existência de mil maneiras possíveis de falar de um mesmo objeto, todas mutuamente excludentes, pudesse levar a contradições internas ou a paradoxos: em que situação nos encontraríamos se, por exemplo, um raciocínio estabelecido no quadro de uma certa lógica mostrasse que certa hipótese a implica uma conclusão b, ao passo que, numa outra lógica, tão admissível quanto a primeira, mas estranha a ela, se constatasse que a implica a conclusão contrária a b? Só restaria ir embora de fininho e amaldiçoar a lógica. Felizmente, podemos demonstrar que esse tipo de desgraça não poderá jamais acontecer na física quântica e que a implica b em todas as lógicas em que essas duas proposições têm um sentido: *não pode haver paradoxo ou contradição interna na mecânica quântica*. Este resultado pode surpreender, numa área em que por muito tempo se acreditou que havia paradoxos à espreita em todas as esquinas, mas "se o Senhor é sutil, ele não é maldoso".

Uma lei lógica da física

Embora ainda não tenhamos saído do domínio do abstrato, já podemos perceber algumas luzes que nos aproximam da realidade. A linguagem das histórias permite descrever o mundo quântico e *raciocinar* a seu respeito, em termos tão claros para nós quanto para o anjo. Essa linguagem, além disso, está muito próxima da que um físico emprega muito naturalmente quando raciocina sobre uma experiência em termos inspirados pelo mais ingênuo empirismo e fundados numa representação visual. Assim, ainda a respeito da mesma experiência, um físico pode dizer: "Um xenônio chegou no detector, *portanto* houve fissão, *portanto* o nêutron encontrou o urânio, *portanto* ele passou pela segunda janela, *portanto* podemos precisar a sua velocidade, o que permite reconstituir todos os dados da experiência e investigá-la em pormenor".

Por elementar que seja, esse raciocínio se baseia numa implicação lógica que agora é perfeitamente demonstrável a cada vez que a palavra "portanto" é pronunciada, e ele mostra muito bem o que é necessário para compreender a física. Esse raciocínio é intuitivo de nosso ponto de vista, ao passo que é também perfeitamente rigoroso para o anjo ou para o matemático. Tudo o que é afirmado nele com base numa única hipótese ("Um núcleo de xenônio chegou no detector") se apoia num cálculo diretamente ancorado nos primeiros princípios: basta verificar as condições de Griffiths e calcular as probabilidades condicionais que justificam as implicações lógicas. Assim, de maneira talvez surpreendente, o cúmulo da abstração, que fora preciso consentir para garantir uma coerência lógica perfeita, leva a uma visão do mundo quântico extremamente próxima da intuição do físico. Podemos notar, de passagem, que não era este o caso da interpretação tradicional de Bohr, a qual está incomparavelmente mais distante da intuição.

Podemos, enfim, dar a tudo isso uma forma precisa, que completará os princípios primeiros da teoria com um novo princípio, um só, de natureza lógica, permitindo pensar o mundo e não mais apenas calculá-lo: *toda descrição de um sistema físico deve basear-se em proposições pertencentes a uma lógica quântica coerente única. Todo raciocínio afirmado a seu respeito deve basear-se em implicações lógicas demonstráveis.* É claro que um tal princípio mergulha suas raízes no mais profundo da física e que ele nada tem a ver com a presença de algum observador, o qual é totalmente contingente, e até inútil, ao contrário do que por muito tempo se pôde acreditar.

Este princípio novo permite que o anjo pense como nós e até melhor do que nós, já que sabe claramente o que é, afinal de contas, permitido pensar. Quanto a nós, essa regra nos permite pensar de modo totalmente objetivo, sem sonhar que a lógica é apenas um produto de nosso cérebro. Com efeito, se houvesse apenas duas ideias a reter em tudo isso, seriam elas: primeiro, que a lógica tem sua fonte diretamente nas leis da natureza; segundo, que essa lógica das coisas é indissociável da existência de probabilidades e, portanto, afinal de contas, da presença necessária do acaso. É sobre esta base, feita inteiramente do material dos primeiros princípios, que vamos agora poder erigir de novo o senso comum e a representação intuitiva do mundo.

CAPÍTULO 10
AS PAZES COM O SENSO COMUM

A tarefa que agora nos aguarda consiste em nada menos do que recuperar a visão do mundo mais comum, tal como nos é oferecida pelo senso comum e pela intuição visual, mas baseando-nos, desta vez, em leis fundamentais da natureza, que são, em última análise, quânticas e, portanto, formais. Esta marcha só pode ter como guia a coerência lógica, e é, portanto, inteiramente dedutiva. Tem como únicos princípios os da mecânica quântica, e, em especial, o princípio lógico proposto no final do capítulo anterior que nela desempenha um papel determinante. Os resultados que assim obtemos não são, evidentemente, uma pura e simples reconciliação simplista com o senso comum, mas algo de mais fino e de mais instrutivo, em que aprenderemos a que domínio exato o senso comum se aplica e quais são os erros que ele inevitavelmente acarreta, por menores que sejam.

O mundo em grande escala

Na medida em que só queremos ter como certos os princípios da teoria quântica, será cômodo recorrer de novo à ajuda de nosso anjo familiar, que ainda espera compreender como os homens representam o mundo.

Esse mundo dos homens está numa escala muito grande em relação ao das partículas, e os átomos nele aparecem como extremamente pequenos – na realidade, não os vemos. Portanto, vai ser preciso considerar objetos visíveis, acessíveis a nossos sentidos, macroscópicos, ou seja, sistemas físicos constituídos por um imenso número de partículas. Tudo o que o homem pode ver ou tocar para forjar a sua intuição pertence, com efeito, a essa categoria: poeiras, árvores, pedras ou máquinas, até o Sol e para além dele, numa palavra, todo o domínio habitual da física clássica.

Podemos, inicialmente, notar que a noção de objeto, que parece, porém, um dado primeiro do senso comum, não é de modo nenhum evidente do ponto de vista da física quântica e que ela é, portanto, inesperada para o anjo. Um sistema físico, com efeito, é para ele apenas um certo conjunto de partículas, cujas interações mútuas são conhecidas: no mais das vezes, núcleos e elétrons. Se considerarmos sob este ângulo um objeto perfeitamente trivial, por exemplo uma garrafa vazia, os princípios quânticos, que só levam em conta as partículas que constituem a garrafa, põem em pé de igualdade um sem-número de objetos diferentes. Com efeito, os átomos da garrafa poderiam, sem nada mudar em suas interações, agrupar-se de mil maneiras, para formarem mil objetos diferentes: duas garrafas menores, seis copos de licor ou um bloco de vidro fundido. Podemos, igualmente, separar os átomos segundo sua natureza, para obtermos um pouco de areia e de sal. Redistribuindo os prótons e os nêutrons para transmutar os núcleos dos átomos sem nada mudar na natureza de suas interações, poderíamos obter também uma rosa numa taça de ouro. Tudo isso pertence ao mundo dos possíveis, da multidão de formas que podem assumir as múltiplas funções de onda possíveis de um mesmo sistema de partículas.

A mecânica quântica também é capaz, evidentemente, de definir os objetos, e, na realidade, cada objeto corresponde a uma certa classe de funções de onda, que um calculador infatigável poderia especificar completamente. Nosso anjo pode, pois, por sua vez, adquirir essa noção de objeto, e talvez distinga melhor do que nós a margem de imprecisão que ela comporta (uma garrafa que contém dois átomos ainda é uma garrafa vazia?). No entanto, ele ainda está muito longe da descrição puramente clássica, pois, para ele, a posição do centro de um pêndulo ou de um ponteiro de relógio continua sendo, neste estádio, um operador matemático. A natureza quântica das quantidades físicas não mudou em nada, e acontece simplesmente que algumas delas, de vocação por assim dizer clássica, foram identificadas em meio à multidão das que descrevem os átomos, as entranhas da matéria no interior dos objetos. No jargão dos físicos, as primeiras observáveis que poderão tornar-se clássicas depois de uma análise são chamadas de quantidades físicas coletivas, e as outras são chamadas de microscópicas. Assim, as posições do pêndulo ou do ponteiro são variáveis coletivas, como todas as de que faz uso a física clássica. Da mesma maneira, é possível definir observáveis coletivas de velocidade, que, porém, não comutam com as coordenadas de posição. Assim, ainda estamos muito longe da representação tangível das coisas de Newton ou de um engenheiro. Para dar o passo que leva à visão "cândida" do mundo que eles tinham, o anjo ainda tem de aprender mais alguma coisa.

A lógica do senso comum

O arcanjo que instrui o jovem anjo para prepará-lo ao mundo terrestre começa, pois, definindo um objeto como uma classe de funções de onda, e mostra como obter as observáveis coletivas que o descrevem, a partir dos primeiros princípios da teoria (isto, aliás, é um pouco mais do que nós próprios sabemos fazer, mas as pesquisas neste campo estão progredindo). Assim, um pêndulo se torna para o anjo uma bola de metal (ele conhece a teoria quântica dos metais) presa a um fio também de metal. A função de onda é que indica que os átomos formam uma bola de um determinado raio, e temos algo de análogo para descrever a forma do fio.

O arcanjo explica, então, que os homens preferem apegar-se aos aspectos mais grosseiros dos objetos, em vez de levar em conta todas as suas sutilezas internas, por causa da imprecisão de seus sentidos. "Isso é sábio da parte deles, retorque o anjo, e eu estou igualmente pronto a só reter, na função de onda do pêndulo, a sua dependência em função das coordenadas do centro da bola, deixando de lado tudo o mais."

É então que o arcanjo o leva a dar o passo decisivo, do quântico ao clássico. Tudo parece separar essas duas visões do mundo: de um lado, temos funções de onda, quantidades físicas que são operadores, uma dinâmica fornecida pela equação de Schrödinger; do outro, temos variáveis de posição e de velocidade que são meros números, e a dinâmica, neste caso, é newtoniana. Como passar de uma a outra? Isso pode ser feito, mas temos de reconhecer que exige recursos matemáticos poderosos. Assim é que os matemáticos desenvolveram, a partir do fim da década de 1960, todo um ramo da análise (chamada de análise microlocal ou cálculo pseudodiferencial) graças ao qual um operador que atue sobre as funções de onda do pêndulo pode ser associado a uma função das variáveis clássicas de posição e de velocidade, função que chamamos de símbolo do operador. Assim, podemos escrever um dicionário que permite traduzir grande número de palavras quânticas numa linguagem clássica, linguagem que logo se torna familiar ao anjo, depois de algumas lições de casa.

O arcanjo pode, então, explicar-lhe o que é uma proposição de cinemática clássica, como nós mesmos o fizemos no capítulo anterior (o que equivale, essencialmente, a considerar uma célula no espaço das coordenadas clássicas de posição e de velocidade). "Consinto em falar nisso para nos divertir, observa o anjo, mas isso não quer dizer nada, no fundo, pois você me disse que as propriedades autorizadas pelos primeiros princípios são as que podemos associar a um projetor quântico, e o que você me diz agora é muito diferente." É então que o arcanjo lhe pode revelar um teorema que mostra como associar um projetor quântico a uma região clássica como a que indicávamos, com a condição de que ela seja grande o bastante (em comparação com a constante de Planck) e que sua fronteira seja suficientemente regular.

"Isso é extraordinário, exclama então o nosso anjo, depois de ter brincado com esse resultado e suas consequências, e mostra bem que o que você me dizia sobre as proposições clássicas é perfeitamente assimilável a uma proposição quântica. Basta não fazer afirmações sutis demais, que estariam fora do alcance dos conceitos clássicos, e podemos falar duas línguas, a quântica e a clássica, traduzindo exatamente a segunda na linguagem da primeira. É assim, então, que os homens pensam?

– Na verdade, responde o arcanjo, sua linguagem normalmente é mais grosseira, mas é essencialmente assim que eles veem o mundo e falam sobre ele."

Resta ao anjo entender como se ajustam a dinâmica quântica de Schrödinger e a dinâmica clássica de Newton. Também aí, ele precisa do auxílio das matemáticas para fazer as traduções indispensáveis, e constata, em particular, que essa relação é só aproximativa: ela se deve ao fato de que só nos interessamos por objetos grandes, sem prestarmos muita atenção neles. Sem entrar nos pormenores, podemos notar que as regiões do espaço das coordenadas clássicas de posição e de velocidade se deformam durante o movimento clássico à maneira de Newton, ao passo que os projetores quânticos que exprimem a propriedade correspondente evoluem paralelamente, de maneira conforme à equação de Schrödinger. A correspondência entre a região e a propriedade quântica associada fica, porém, quase preservada (os erros que acontecem são perfeitamente conhecidos). "Mas então, exclama o anjo, podemos contar a história de um objeto macroscópico falando a língua clássica, sem deixar de respeitar os princípios quânticos fundamentais! Tenho de treinar isso, para não dizer uma coisa por outra quando falar com um homem."

O anjo é, então, convencido da existência de uma "correspondência" entre as propriedades clássicas e quânticas, a qual é efetivamente preservada ao longo do tempo na maior parte dos casos interessantes na prática, graças ao acordo harmonioso das evoluções que seguem respectivamente as dinâmicas clássica ou quântica. Essa correspondência é uma relação de analogia profunda, mas não uma identidade; está sujeita a condições e permanece inseparável de um inevitável erro. O primeiro resultado desse tipo foi obtido pelo físico holandês Paul Ehrenfest em 1927, e Bohr apresentara antes o que chamava de "princípio de correspondência", que exprime de maneira ainda um pouco vaga esse acordo esperado entre as duas dinâmicas. Como acontece com frequência na história da mecânica quântica, o princípio antecedera um teorema, e o de Ehrenfest hoje se estende ao nosso quadro lógico, graças a métodos mais modernos.

Para bem compreender que se trata de uma correspondência e não de um acordo perfeito, é bom marcar os seus limites. Assim, não basta que um objeto seja de grande tamanho para que tenha *ipso facto* um comportamento clássico, e existem em particular objetos cujo movimento é caótico (é o caso dos movimentos turbulentos da atmosfera), para os quais a correspondência se vê seriamente restrita. O movimento clássico de um tal movimento deforma profundamente as células clássicas, e isto tem como consequência que a correspondência entre a física clássica e a física quântica só dura, para eles, um tempo limitado. No entanto, a enorme maioria dos objetos presentes na Terra e no céu oferecem uma boa correspondência entre as leis fundamentais do mundo quântico e as leis clássicas aparentes do mundo em grande escala que é o nosso.

Devolvamos a palavra ao anjo uma última vez:

"Sinto, diz ele, crescer a minha felicidade, pois não só compreendo como os homens descrevem o mundo, mas também como o veem evoluir. Que prazer eles teriam se não se contentassem em ver, mas também em compreender o que veem.

– Mas eles compreendem!

– O que você está me dizendo? Pois você me afirmou que a única maneira sábia de descrever o mundo passa pelas histórias de uma lógica quântica coerente. Você transformou isso num princípio e me convenceu de que a única maneira conveniente de raciocinar passa, então, por implicações lógicas demonstráveis. Ora, por enquanto, você só me mostrou como os homens descrevem o mundo, mas não vejo em que isso se coloca numa lógica quântica de histórias coerentes e, portanto, como isso poderia permitir que se raciocinasse de maneira sensata, em conformidade com os primeiros princípios.

– Mas os homens têm para tanto o que chamam de senso comum. É uma forma de lógica bem adaptada ao mundo que os rodeia. Embora a maneira como descrevem o mundo por meio da linguagem e como o representam no cérebro seja menos sutil e menos rigorosa do que a da teoria, ela não deixa de ser a mesma, ou antes, ela é uma consequência direta, *demonstrável*, dessa teoria, válida onde os homens a aplicam. A representação oferecida pela teoria é puramente formal, ao passo que a dos homens é gerada diretamente pela experiência empírica, pelo hábito, em suma.

Quando os homens veem os objetos que os rodeiam, avaliam pelos sentidos sua posição e sua velocidade. Como os sentidos não lhes permitem refinar essa percepção até alcançarem uma precisão em que os efeitos quânticos apareceriam, o que percebem é quase perfeitamente expresso pelas proposições clássicas. Podemos, pois, dizer, em suma, que a derivação matemática das proposições da física clássica a partir dos princípios quânticos apresenta uma imagem fiel da maneira como os homens percebem o mundo comum e o representam."

Prossegue o arcanjo:

"Quando o senso comum do entendimento humano raciocina dizendo 'se..., então...', as coisas se passam na realidade assim: os homens consideram mentalmente uma célula no espaço de coordenadas posição e velocidade tal como seu cérebro a adivinha, embora grosseiramente. Representa-se, também instintivamente (pela força do hábito), uma outra célula que se deduz da primeira por um movimento à maneira de Newton. Dizem, então, que se ocorre a situação inicial que corresponde à primeira célula, então a situação que corresponde à segunda célula ocorrerá depois de certo tempo: dizem que se uma maçã se solta de um galho, então ela cairá diretamente para baixo. Raciocinam, evidentemente, também sobre muitas outras questões, mas essas de que falamos estão na origem de sua visão do mundo físico.

– Pelo que você diz, diz então o anjo, vejo bem como os homens raciocinam com seu senso comum e como o precisam com a física newtoniana. Mas isso não me convence da correção de seus raciocínios. As verdadeiras leis do mundo são quânticas, e você me disse que só podemos descrever um tal mundo e raciocinar bem a seu respeito empregando uma lógica quântica coerente. Ora, a lógica humana do senso comum não é desse tipo, e acho, pois, que os homens só podem raciocinar mal.

– De modo nenhum! Eles raciocinam corretamente. Eu disse a você como a apreciação que eles fazem de uma situação pode ser traduzida por um projetor quântico e como a evolução temporal desses projetores segue de perto a evolução clássica da situação. Podemos utilizar esses resultados, essa correspondência, para demonstrarmos que a lógica do senso comum é, na realidade, também uma lógica de histórias quânticas coerentes e que os raciocínios do senso comum são apenas, em última instância, a expressão verbal de implicações demonstráveis por meio da lógica quântica. Essa identificação da lógica do senso comum com uma lógica quântica particular com certeza não é perfeita; tem suas exceções, e suas implicações continuam sendo aproximadas. A aproximação é, porém, excelente na maior parte dos casos. Ou seja, a probabilidade de que o senso comum se engane é praticamente sempre irrelevante, desde que ele continue a falar de objetos macroscópicos e não se aventure imprudentemente no infinitamente pequeno.

– Muito obrigado, mestre. Graças a você, entendi como os homens veem e como pensam seu mundo à sua maneira, bem adaptada ao que percebem diretamente. Você me convenceu de que a representação que eles têm desse mundo e que seu senso comum são perfeitamente legítimos, ou pelo menos o são quase sempre em escala suficientemente grande, apesar do fato de que as leis últimas da realidade sejam quânticas e formais. Agora estou pronto para descer à Terra e travar conhecimento com esses homens que você me ensinou a respeitar. Você não me disse que eles descobriram os princípios que você me ensinou? Também eles compreendem agora, portanto, que sua maneira de pensar ancestral é o fruto dessas leis."

O determinismo

Um bom exemplo do processo que acabamos de descrever é a maneira como ele esclarece a relação entre o determinismo clássico e o probabilismo quântico. Já assinalamos aqui que o determinismo consiste numa equivalência lógica entre proposições clássicas relativas a dois instantes diferentes. Na ausência de forças de atrito, essa equivalência ocorre nos dois sentidos do tempo: vai do presente para o futuro, o que é o determinismo no sentido comum do termo, e também do presente para o passado, o que implica a possibilidade de reconstituir o passado e funda em definitivo a possibilidade e a existência da memória. As coisas são um pouco mais complexas na presença do atrito, mas vamos deixar isso de lado.

O ponto essencial, que só há pouco foi compreendido, é que o determinismo clássico é a consequência direta das leis quânticas, e isto apesar do caráter probabilista dessas leis. A conciliação de pontos de vista aparentemente tão irredutíveis só é possível porque o determinismo clássico já não é entendido como um absoluto e cessa também de ser universal. Cada um desses dois aspectos é importante, e convém precisá-los.

O determinismo clássico é apenas aproximativo, como o vemos facilmente pelos exemplos. Tomemos, inicialmente, um caso extremo, que envolve o movimento da Terra; o que há de mais determinista do que o fato de o Sol nascer a cada dia? Sabemos que a Terra gira ao redor do Sol segundo as leis de Kepler, o que decorre com certeza dos princípios da dinâmica de Newton e com uma excelente aproximação dos princípios da mecânica quântica. É esta noção de boa aproximação que queremos precisar.

Sabemos que a mecânica quântica permite a existência de "efeitos túnel" em que é possível que um objeto passe bruscamente de um estado a outro, por um salto quântico, ao passo que isso teria sido impossível por uma transição clássica contínua. Conhecemos múltiplos exemplos de um tal efeito na física dos átomos e dos núcleos: é através de um efeito túnel que os núcleos de urânio se desintegram espontaneamente e os prótons conseguem entrar em reação no centro do Sol. Mesmo um objeto tão grande quanto a Terra está ao abrigo de um efeito túnel, pelo menos em princípio. Embora a atração gravitacional do Sol impeça a Terra de se afastar por um movimento contínuo, de qualquer forma ela poderia eventualmente fazê-lo de maneira súbita, para se ver novamente gravitando, por exemplo, ao redor de Sírius. Efetivamente, isso seria um rude golpe contra o determinismo. Aquela noite, teríamos ido para a cama deixando nossas preocupações para o dia seguinte, pois o Sol logo nasceria num outro dia, e eis que vemos nascer no horizonte uma estrela mais brilhante do que o nosso Sol, que dá lugar, quando vem a noite, a constelações desconhecidas.

Uma teoria que deixa entrever tais eventualidades pode legitimamente causar certo mal-estar, e é bom constatar que, embora o determinismo não seja absoluto, a probabilidade de que ele seja violado é extremamente pequena. Assim, no caso limite que discutimos aqui, a probabilidade de que a Terra deixe o Sol é tão pequena que, tudo bem calculado, seria preciso para escrevê-la um número decimal com uma quantidade fabulosa de zeros depois da vírgula: 10 à potência 10 à potência 200. Esse número é tão pequeno que desafia a imaginação e nenhum computador sequer tem a capacidade de escrevê-lo sob forma decimal, o que significa que essa louca eventualidade jamais acontecerá.

À medida que nos aproximamos dos objetos menores, as probabilidades de um efeito túnel aumentam. A probabilidade de que um carro passe de uma garagem para a do vizinho através de um efeito túnel é tão ridiculamente pequena quanto a de uma fuga da Terra na direção de Sírius, mas já comporta menos zeros. Quando meu carro quebra, sei o bastante de mecânica quântica para nem pensar em torná-la responsável por meus problemas; a probabilidade ainda é demasiado pequena, e procuro uma causa determinista, que um mecânico sabe diagnosticar rapidamente. No entanto, à medida que nos vamos aproximando da escala dos átomos, o risco vai aumentando e, pouco a pouco, a indeterminação quântica acaba prevalecendo sobre o determinismo clássico. Em suma, tudo é questão de dimensão, e há uma passagem contínua e quantitativa de probabilidades extraordinariamente pequenas a outras que, primeiro, se tornam dignas de séria consideração, antes de acabar impondo-se.

Podemos mencionar um outro aspecto desses efeitos teoricamente possíveis mas muito pouco prováveis, dessas "flutuações quânticas" em que o determinismo seria violado: elas não são reproduzíveis. Provavelmente nunca ocorreu uma flutuação quântica visível em nossa escala desde o nascimento da Terra, mas imaginemos que uma delas ocorra e que um ou vários homens a constatem: veem um rochedo mudar subitamente de lugar. Eles efetivamente o viram, mas por mais que essas testemunhas tentem convencer os outros homens, jamais poderão colocá-los diante do fato consumado, mostrando que o fenômeno pode reproduzir-se. Só poderão dizer: "Eu juro, o rochedo estava lá, à minha esquerda, e de repente ele ficou à minha direita". Abuso de genebra ou de conhaque, dirão uns, loucura, dirão outros, e a testemunha, ela própria incrédula, acabará admitindo que foi vítima de uma alucinação.

Assim, o determinismo não é absoluto. Dissemos também que ele cessa de ser universal, o que ainda temos de precisar. Já vimos que nem todos os sistemas físicos em grande escala se conformam necessariamente ao determinismo. É o que verificamos, em particular, com os sistemas caóticos, e as relações melindrosas entre o determinismo e o acaso, no caso dos sistemas caóticos clássicos, hoje são bem conhecidas. Em si mesmas, elas constituiriam um vasto assunto que ultrapassaria o âmbito deste livro. Contentar-nos-emos, pois, em mencionar que a mecânica quântica está perfeitamente de acordo com a mecânica clássica ao reconhecer a importância do aparecimento do caos clássico, que marca o limite intransponível de uma correspondência correta entre a descrição clássica e a descrição quântica.

Existe, por fim, uma outra condição para que possamos confiar no determinismo e no senso comum, que desta vez está ligada ao estado inicial do sistema. Com efeito, é importante que esse estado possa ser bem descrito como uma propriedade puramente clássica em que poderá ancorar-se a dinâmica clássica. Ora, existem casos, longe de ser raros, em que isso não se aplica. Podemos mostrá-lo com um exemplo: eis aqui um contador Geiger, que supomos isolado no vácuo. É um sistema em grande escala, e perfeitamente descrito pela física clássica. O determinismo é particularmente simples neste caso, pois prevê que nada se passa. Suponhamos agora que coloquemos um núcleo radioativo no interior do contador. Desta vez, o dado puramente clássico da situação inicial do contador não basta para descrever o estado inicial de todo o sistema contador + núcleo radioativo, e é preciso levar em conta explicitamente a função de onda do núcleo. Como as leis fundamentais da física são quânticas, podemos retomar todos os cálculos que permitam concluir pelo determinismo no primeiro caso, e constatamos que essa conclusão não mais se aplica agora. Toda a função de onda do sistema contador + núcleo evolui de acordo com a equação de Schrödinger, e o fato de que o contador seja ele próprio um objeto por natureza metaestável, sensível a pequenos efeitos elétricos, faz que seja impossível estabelecer, neste caso, que o comportamento vá ser determinista.

Em outras palavras, os métodos que permitem demonstrar o determinismo mostram também que existem casos notáveis em que este último não se aplica. O mais frequente deles é o que acabamos de indicar. Corresponde a uma situação em que são feitas medições sobre um objeto microscópico. Este caso está no centro da interpretação da física quântica, e, por esta razão, o veremos no próximo capítulo.

Assim, podemos dizer que a física clássica e o senso comum permitem compreender bem o mundo em grande escala, com a condição, porém, de que aquilo de que tratemos não contenha um aparelho que esteja realizando medições sobre um objeto quântico ou outros dispositivos ainda mais sutis, ou seja, só para as situações de que a humanidade tinha consciência antes da descoberta da radioatividade, no limiar do século XX.

Um primeiro balanço filosófico

Se há um resultado essencial em tudo isso, ele já foi amplamente sublinhado: o senso comum é conforme à natureza quântica das leis do mundo material, pelo menos nas condições normais que nos cercam e para os objetos à nossa escala (com frequência, até, muito abaixo dessa escala), sendo tudo isso verdade, com raríssimas exceções. Evidentemente, é impossível para o senso comum determinar por si mesmo quais são as exceções que o limitam, e é por isso que a descoberta da mecânica quântica pôde perturbá-lo profundamente. Podemos esperar que isso tenha sido apenas transitório.

É, no entanto, difícil apreciar plenamente todas as consequências filosóficas de um tal resultado. De fato, imaginar que o senso comum não passa do ponto de chegada das leis da natureza e que estas últimas têm suas próprias formas de lógica é uma verdadeira reviravolta nas normas habituais do pensamento. É difícil acostumar-se com uma tal mudança de ponto de vista, e nem todas as suas consequências são fáceis de captar. Podemos, porém, ressaltar algumas lições bastante simples, que apresentam um interesse direto para a teoria do conhecimento.

É claro que esta maneira de abordar o conhecimento da realidade, fundamentando-o nas leis primeiras alcançadas pelos esforços da ciência, inverte a marcha normal da epistemologia. Não pensamos mais, como Bohr, em elevar a física clássica à condição de referência única, como o único domínio em que a lógica se exerce e o único em que possamos falar logicamente. Muito pelo contrário, é o mundo quântico que tem suas próprias regras de descrição e de raciocínio, de onde emanam as do mundo clássico.

O método seguido por John Bell e Bernard d'Espagnat, que tentavam compreender a física quântica abordando-a pelo senso comum, dispostos a elevar alguns de seus aspectos à categoria de princípios filosóficos, sob diversos nomes ("localidade", "separabilidade", "causalidade" etc.), é profundamente questionado, e a que se mostra fecunda é uma via perfeitamente oposta. Ela se fundamenta na rocha dos princípios da física, alcançada a muito custo por gerações de pesquisadores, para deles deduzir, inversamente, a forma correta, o grau de aproximação legítimo e o domínio de aplicação do senso comum. Este último, então, ressurge purificado e fortalecido por não ser mais uma evidência inquestionada e, por isso mesmo, sempre misteriosa. Ele se mostra, em seu domínio próprio, como uma forma legítima das leis da realidade, embora obrigado a não sair desse domínio.

Podemos até dizer que esse resultado põe em questão as regras do processo filosófico, pois sugere que podemos, enfim, cessar de fundá-lo nas generalidades imediatas e incontroladas que Bacon criticava, já que o esforço paciente da pesquisa agora nos fornece princípios mais profundos, que a natureza reconhece como seus, próximos do coração e da medula das coisas. O senso comum, assim reavaliado e circunscrito, cessa de se estender à universalidade do mundo. Em particular, cessa de ser válido no infinitamente pequeno, à escala dos átomos, e seria vão de sua parte pretender impor nesse campo "princípios" filosóficos que não passam da adoração abusiva e da hipóstase ilegítima de nossos hábitos de pensamento e de nossos tiques de linguagem.

CAPÍTULO 11
DAS MEDIDAS AO EXCESSO

A reconciliação do senso comum com a mecânica quântica não esgota as lições desta última em matéria de teoria do conhecimento. Com efeito, vimos que ela excluía do domínio concedido ao senso comum os fenômenos do mundo dos átomos, e há aí matéria para outras revelações. Isso vai da estranheza da *redução da função de onda** durante uma medição a uma revisão profunda da noção de verdade, que vem responder às angústias de uma mente tão brilhante quanto a de Einstein. Outro problema maior delineia-se por trás desses: é a relação do formal com o real, da teoria com a natureza, que se mostrará plenamente, afinal.

O método que propomos para tratar essas questões fundamenta-se unicamente nos princípios da física quântica, e especialmente nos que estão ligados à lógica. Ele procede de maneira puramente dedutiva, o que garante a sua coerência, mas não nos impedirá de descobrir certos pontos de vista que haviam escapado aos físicos e aos filósofos.

O lancinante problema das interferências

Já nos havíamos deparado com um exemplo de medição quântica, com o contador Geiger do capítulo anterior, que detectava se um núcleo radioativo emitira ou não um elétron. Se resolvermos a equação de

Schrödinger do sistema físico complexo formado pelo contador e o núcleo radioativo, supondo o núcleo inicialmente intacto, podemos calcular o que acontece com a função de onda total, por exemplo, depois de dez minutos. Verificamos que ela se apresenta, então, como a soma de dois termos, dos quais o primeiro representa um núcleo ainda intacto, enquanto o contador continua no 0, e o segundo representa um núcleo desintegrado e um contador que mostra o número 1 para indicar que foi detectada uma desintegração.

Ora, sabemos que uma função de onda que se apresenta como uma soma de dois termos permite, em princípio, interferências quânticas entre os dois estados que eles representam. O que dizer sobre o presente caso? Na verdade, é difícil imaginar o que poderia acontecer com interferências entre dois estados diferentes de um mesmo contador Geiger em que o mostrador indicasse números diferentes. Nossa imaginação se recusa a isso, pois a realidade nunca nos pôs diante de uma situação dessas. Além disso, um tal desacordo entre a teoria e a experiência sugere, evidentemente, que o problema com que parecemos nos deparar é enganoso ou que a própria teoria é duvidosa. A segunda eventualidade obriga-nos a ir mais além: se as interferências existissem, se pareceriam com algo como a sobreposição de duas fotografias ou com esses estados que a febre pode provocar, quando visões antagônicas se superpõem? A teoria teima em prever a possibilidade de tais oscilações do Real, e, portanto, é absolutamente necessário tirar isso a limpo.

Esse problema fez correr muita tinta e muitas vezes é apresentado sob uma forma especialmente impressionante, introduzida por Schrödinger, e que, embora muito conhecida e já evocada, vale a pena ser lembrada. Um gato é trancado numa caixa que contém um dispositivo diabólico: uma fonte radioativa, cuja desintegração pode provocar a ruptura de um frasco de veneno. A teoria, sob sua forma mais direta, prevê que, ao final de certo tempo, a função de onda do gato é uma sobreposição de duas funções, cada uma das quais representando respectivamente a possibilidade de que a fonte esteja intacta e o gato, vivo, ou que a fonte provocou uma desintegração e o gato está morto. A questão, então, cinde-se em várias: em primeiro lugar, pode-se dizer que esses dois eventos (o gato está morto ou vivo) estão bem separados e sem interferências, sem "oscilação"? Pode-se, em seguida, afirmar, sem sombra de dúvida, que um só dos dois eventos realmente ocorreu, mesmo que não se possa saber qual sem antes abrir a caixa?

Podemos dar um outro exemplo, talvez ainda mais explícito, da natureza das dificuldades subjacentes. Imaginemos um homem de nome Pepino que vivia na época de Carlos Magno. Havia nas paredes de sua casa um terrível núcleo radioativo. Suponhamos, para simplificar, que só dois eventos tivessem podido acontecer: no primeiro caso, o núcleo se desintegrou quando Pepino tinha três anos, e ele morreu; no segundo, o núcleo ainda estava intacto quando Pepino morreu, bem velhinho, depois de ter tido filhos. Esses filhos, por sua vez, tiveram descendentes, dentre os quais Napoleão Bonaparte e o professor Falastrão, hoje especialista em mecânica quântica. Este último mede os rastros do famoso núcleo, e nele descobre interferências. Que deduzir daí? As interferências constatadas atestam a sobrevivência do pedaço de função de onda que corresponde à situação em que Pepino morreu aos três anos, e há, portanto, ainda hoje uma probabilidade não nula de que Pepino tenha morrido com essa idade. O curso seguinte do professor Falastrão só pode, então, começar assim: "Estabeleci que, no estado atual do mundo, há uma probabilidade não nula de que Pepino tenha morrido ainda menino. Temos, pois, de nos resignar a admitir que Napoleão tem uma probabilidade não nula de nunca ter existido e de que eu mesmo, que ora vos falo, não existo".

Vemos muito bem qual o ponto fraco, se assim tivesse de ser: nenhum fato poderia jamais ser definitivamente verificado. A própria noção de fato, embora esteja na base de toda ciência, estaria em manifesta e aberta oposição à teoria. O aberrante discurso do professor Falastrão não força muito a nota em sua imitação dos que gostariam de fazer da física quântica o pretexto para uma dúvida universal ou para os sonhos mais loucos. Alguns falam de universos paralelos e proclamam como tão verdadeiro quanto o nosso o mundo em que Júlio César nasceu filho de Marius. Outros supõem que a intervenção da consciência humana é a única coisa que pode quebrar as somas de funções de onda. Outros vão ainda mais longe, invertendo o processo: se é a consciência que separa as realidades possíveis, então o espírito pode agir sobre a matéria, e a parapsicologia fica teoricamente demonstrada. Para outros ainda, a ciência nada mais é do que um conjunto vago em que tudo é possível, e a água tem uma memória a que só o vinho traz o esquecimento. Alguns se pretendem mais prudentes, e se entrincheiram atrás de posições que julgam sábias: a física seria apenas uma convenção entre os homens e jamais alcança a realidade; função de onda é apenas a expressão do que calha de eu conhecer. Será preciso citar também outros comentadores que constroem sobre esses galimatias não apenas filosofias, mas também uma psicologia e até, segundo dizem, teologias em que Deus contempla todos os universos simultâneos que são sua obra indecisa?

Bohr sempre tentou manter, contra ventos e marés, o caráter objetivo da ciência que contribuíra a fundar e, como veremos, tinha razão em fazê-lo. Quanto ao resto, tudo não passa de futilidades, besteiras, tolices e bobagens (tenho também em reserva algumas palavras mais fortes). A sabedoria consistiria em dizer, pelo menos, com a honestidade de um Feynman ou a dúvida de um Einstein: "Há alguma coisa que não compreendemos". Mas então, dirão vocês, como compreender?

A decoerência

Foi preciso tempo para encontrar a resposta para o problema das interferências macroscópicas, e a solução só apareceu com toda clareza no início dos anos 80. Ela é bastante fácil de se dizer, mas muito difícil de se provar, e é por isso que não tentaremos indicar como é estabelecida. Mencionemos apenas que as etapas dessa análise foram marcadas por trabalhos de Feynman e Vernon, em 1963, de Hepp e Lieb, em 1974, de Zurek, em 1982, de Caldeira e Leggett, em 1983, de Joos e Zeh, em 1985. O tempo que separa todas essas contribuições mostra bem a dificuldade do problema, e é, sem dúvida, a Wojciech Zurek que devemos a resposta mais clara.

O resultado de um cálculo teórico aprofundado, que vai além das considerações elementares que fazíamos no início, é simples de se descrever: quando um sistema é suficientemente grande (quando é composto de um grande número de partículas), todas as interferências entre dois estados macroscopicamente distintos desaparecem muito rapidamente, mesmo supondo que elas tenham existido por um instante. Esse efeito tem o nome de *decoerência*.[1]

---

1 É difícil explicar com palavras em que consiste exatamente esse efeito de decoerência. Podemos imaginá-lo quando sabemos que as funções de onda internas de um objeto macroscópico são numerosíssimas e cada uma delas é extremamente sensível à menor perturbação, que vem aqui do movimento coletivo. As funções de onda de bilhões de átomos são incapazes, nessas condições, de conservar o vestígio de sua fase inicial, a única que permitia que se manifestassem interferências.

Acontece que são os mesmos termos da energia que são responsáveis ao mesmo tempo pela decoerência e pela dissipação térmica. Essa comunidade de origem se traduz pelo fato de que o tempo necessário para que a decoerência ocorra é proporcional ao que controla a dissipação (ou tempo de amortecimento), embora muito mais curto. Na realidade, os efeitos de interferência diminuem exponencialmente ao longo do tempo, ou seja, de maneira radical e, além disso, num ritmo muito rápido.

Podemos dar uma ideia dos tempos envolvidos tomando o exemplo de um pêndulo com 1 grama de massa, de período de 1 segundo e cuja amplitude se amortece pela metade em um minuto. Se supusermos que o pêndulo pode ser colocado inicialmente numa sobreposição de dois estados com posições vizinhas distantes apenas 1 mícron (um milésimo de milímetro), veremos que os efeitos de interferência diminuíram pela metade depois de 10^{-16} segundo, ou seja, um décimo milionésimo de bilionésimo de segundo, no caso em que o pêndulo está inicialmente no vácuo e no zero absoluto – se estiver em temperatura normal ou mergulhado no ar, chegamos a tempos ainda mais breves. É inútil dizer o que aconteceu com os efeitos de interferência ao cabo de um tempo realmente controlável por meio dos recursos da eletrônica mais moderna, pois o número de zeros depois da vírgula é, então, enorme, por causa do efeito avassalador dos exponenciais.

Assim, as interferências quânticas em grande escala são inacessíveis experimentalmente, na imensa maioria dos casos. Podemos até dizer que o efeito de decoerência é o mais eficiente e o mais rápido que conhecemos em toda a física – aliás, essa eficiência exemplar tem como consequência paradoxal o fato de que é quase impossível surpreender o efeito enquanto ele está acontecendo. Só muito recentemente se teve êxito nisso, graças a experiências propostas por Anthony Leggett e realizadas no fim da década de 80[2] em dispositivos especiais (os Squids, ou "dispositivos supercondutores de interferência quântica"). O efeito miraculoso existe, pois, realmente.

Convém, no entanto, precisar que as interferências que assim desaparecem são as que poderiam ter-se manifestado macroscopicamente e, portanto, as que teriam sido visíveis na prática. No caso de um contador

---

2 Vide o artigo de J. Clarke, A. Cleland, M. Devoret, D. Estève e J. Martinis, na revista *Science*, v.239, p.992, 1988.

Geiger, pode ser o mostrador, a corrente elétrica na área ou a voltagem nos limites, todas elas quantidades bem visíveis, mas isso não chega ao estado sutil da matéria no interior do contador, que ainda poderia, "em princípio", conter possibilidades de interferência. Esta última eventualidade ainda oferecia, pois, matéria para crítica, e John Bell assinalou, em 1975 (em resposta aos trabalhos premonitórios de Klaus Hepp), que sempre existem, pelo menos em princípio, observáveis que o teórico sabe escrever explicitamente, ainda que o experimentador tenha de renunciar a atingi-las, e cuja eventual medição permitiria mostrar que nem todas as interferências desapareceram. Assim, a decoerência traria, segundo Bell, uma resposta satisfatória para todas as necessidades da prática, mas a mecânica quântica nem por isso seria curada das interferências em nível puramente conceitual.

Podemos contornar essa objeção. Para tanto, é preciso, em primeiro lugar, calcular qual deveria ser o tamanho do aparelho que permitiria realizar as medições a que Bell se referia. Se, por exemplo, o objeto em que queremos revelar a persistência das interferências pesa 1 grama, vemos que o aparelho de medida que poderia testá-lo deveria pesar, por seu turno, 10 à potência 10 à potência 16 gramas. Este número é fantástico: toda a matéria presente no universo conhecido é só uma ínfima poeira comparada a um tal aparelho. E o que é mais, um tal monstro jamais poderia realmente fazer uma medição, pois é preciso que esta aconteça num instante suficientemente bem-definido, e a luz levaria tempo demais para atravessar o aparelho, se ele fosse feito de matéria comum: um tempo sem medida comum com a idade do universo. A menos que se admita, diria um irredutível, que esse aparelho seja feito de uma matéria suficientemente densa. Pois bem, seja! Constatamos, então, que ele é tão pesado para tão pouco espaço que deve imediatamente desmoronar sobre si mesmo, para deixar um buraco negro: nada se pode tirar de um buraco negro e, portanto, tampouco um resultado de medição. Em suma, esse tipo de experiência é não só impossível na prática, como também estritamente inconcebível, pois viola coisas demais: a finitude de nosso universo e, sobretudo, os princípios da relatividade, que sabemos controlarem o mundo, ao lado dos da mecânica quântica.

Portanto, só pode haver interferências quânticas em objetos suficientemente pequenos. Vimo-las em partículas elementares (fótons, elétrons, nêutrons etc.) e em átomos; deveríamos podê-las observar também em pequenas moléculas. Para além disso, muito rapidamente (pois tudo é controlado por exponenciais), a decoerência deve suprimi-las, exceto quando se recorre a sistemas muito sutis e muito particulares, que podem conter muitas partículas, mas de que uma condição essencial (não suficiente) é não sofrer dissipação. Logo se chega a enumerá-los: só pode tratar-se de um supercondutor (os Squids de Leggett), de um superfluido ou, adivinhem!, simplesmente da luz, ou seja, das boas e velhas interferências de Young e de Fresnel.

A teoria da medida

Dissemos que a teoria da medida procede de maneira dedutiva a partir dos primeiros princípios. Alguns resultados de que já falamos aparecem de maneira essencial nessa dedução. Assim é que os dados da experiência mostrados por um aparelho de medida podem ser descritos de maneira puramente clássica – vimos por que isso é permitido quando reencontramos o senso comum. É igualmente necessário que esses diferentes dados estejam isentos de qualquer interferência, o que resulta da decoerência. A decoerência também desempenha um papel capital no fato de que esses dados pertençam a histórias coerentes no sentido de Griffiths (se o leitor fizer a gentileza de perdoar essa cacofonia, em que a decoerência provoca a coerência, mas as palavras foram feitas assim. A língua inglesa utiliza duas palavras diferentes: no caso que nos ocupa, ondas podem ser *coherent* e a decoerência é a perda dessa qualidade, ao passo que um campo lógico ou um sistema de histórias é *consistent*, o que sublinha uma coerência no sentido lógico do termo).

Para bem entender o que é uma medida, vale distinguir previamente duas noções muitas vezes confundidas: refiro-me ao dado (concreto) de uma experiência e a seu resultado (significativo). O dado é, para nós, um fato macroscópico, clássico: assim, quando vemos o número 1 no mostrador do contador Geiger, trata-se de um *dado*. O *resultado* é diferente, pois é uma propriedade estritamente quântica, que só está ligada, no mais das vezes, ao mundo microscópico: ele diz, por exemplo, que um núcleo radioativo se desintegrou, ou fornece uma componente do spin de uma partícula. O dado é uma propriedade clássica que só diz respeito ao aparelho, e é a expressão de um fato. O resultado diz respeito diretamente a uma propriedade do mundo quântico. O dado é um intermediário indispensável para se alcançar um resultado.

Uma teoria rigorosa deve começar precisando que virtudes fazem de um determinado dispositivo experimental um aparelho de medida. Deixá-las-emos de lado, porém, para evitarmos entrar na técnica. O importante é que, a partir desses critérios, podemos estabelecer a chave do edifício: *o dado e o resultado são logicamente equivalentes*. Isto pode servir de desculpa a todos os que jamais fizeram a distinção entre os dois, embora este teorema envolva toda a potência dos formalismos lógico e dinâmico da teoria. É também um exemplo do poder espantoso da lógica quântica e de seu potencial de clareza. Sublinhemos que esse teorema se baseia apenas nas seguintes hipóteses: trata-se realmente de um aparelho de medida, que supomos seja perfeito (as imperfeições podem ser discutidas retrospectivamente); esse aparelho sofre o efeito da decoerência; as outras hipóteses são os próprios princípios da teoria.

Um outro resultado importante diz respeito às probabilidades. Podemos exprimi-lo, *grosso modo*, da seguinte maneira: se efetuarmos um grande número de vezes a mesma medição, obteremos dados cuja estatística poderemos fazer; esta última estará, então, necessariamente de acordo com as probabilidades elementares da teoria, tais como eram postulados desde a origem. É preciso ressaltar que, na nova construção, essas probabilidades só apareciam como uma ferramenta da lógica, da linguagem, e é no presente estágio que elas finalmente adquirem a significação empírica que lhes faltava, e que o acaso faz a sua entrada na construção teórica. Chegamos, assim, ao ponto em que a teoria pode ser, enfim, comparada à experiência, e o caminho que vai do formal ao concreto finalmente termina.

A redução da função de onda revisitada

Sabemos que uma das mais importantes regras promulgadas por Bohr diz respeito a duas medições feitas sucessivamente. Sob sua forma mais fraca, essa regra afirma que as probabilidades dos resultados da segunda medição podem ser calculados "como se" o resultado da primeira medição determinasse a função de onda na saída do aparelho que a efetuou. A forma exata que é preciso dar a essa função de onda não nos diz diretamente respeito aqui (para o teórico, é uma "função própria" da primeira medida observável). A grande questão é saber se o "como se" que acabamos de empregar encerra uma receita prática ou uma realidade física. A própria regra foi, em todo caso, amplamente verificada em inúmeras experiências, e sua validez não é objeto de nenhuma dúvida.

Vimos que Bohr não considerava a regra de redução como uma mera prescrição empírica, mas sim como uma das leis mais fundamentais da mecânica quântica – uma verdadeira lei da natureza. Considerava-a, até, uma lei diferente de todas as outras, pois só ela permitiu aplicar a teoria e, portanto, verificá-la. Julgava impossível submetê-la também a uma verificação experimental, pois era ela a condição prévia de toda previsão. Sua ascendência deveria até prevalecer sobre a da dinâmica de Schrödinger, pois esta última supostamente não mais se aplicava quando ocorria uma medição.

A resposta trazida pelos novos métodos é muito mais trivial. A redução da função de onda nelas não aparece como um verdadeiro efeito físico, e não é sequer necessário utilizá-la, ou até mencioná-la, para desenvolver uma teoria completa da medida. Com efeito, se permanecermos no âmbito da teoria das histórias, levando em conta tanto toda a história dos aparelhos de medida quanto a dos objetos medidos, não encontraremos em parte alguma nada que se assemelhe a uma redução da função de onda, e tudo permanece em perfeito acordo com a equação de Schrödinger. Constata-se apenas um resultado puramente matemático: a probabilidade de uma história em que se sucedem duas medidas *pode* ser escrita sob uma forma que se assemelha exatamente à regra de redução e que, aliás, a generaliza, quando esta última está mal definida.

A redução da função de onda seria apenas, neste sentido, uma receita cômoda, mas não indispensável, uma fórmula simplificadora que permite economizar um cálculo de lógica. Ela aparece quando fazemos abstração da história minuciosa do primeiro aparelho de medida, para só retermos o dado que ele forneceu; continuamos, então, a seguir a história ulterior do átomo medido, quando ele penetra no segundo aparelho de medida, e isso leva ao resultado dado pela regra.

Podemos constatar uma analogia impressionante entre esse resultado e outras formas de simplificação lógica mais familiares. Vimos, por exemplo, acerca da lógica e das matemáticas, que podemos permitir-nos esquecer como um teorema foi demonstrado para só retermos sua conclusão, e a partir daí fazermos outras demonstrações. É o que chamamos de *modus ponens*. A redução da função de onda é, por assim dizer, uma outra forma de *modus ponens*, uma outra abreviação lógica. Aqui, são partes inteiras da história dos aparelhos de medida que são apagadas. O único verdadeiro efeito físico que condiciona o resultado é a decoerência, que efetivamente ocorre no aparelho de medida, e não no objeto medido, como por muito tempo se acreditou.

A questão da verdade

Outra questão importante diz respeito ao que se deve entender pela noção de verdade na mecânica quântica. Sob uma aparência um pouco acadêmica, ela abre caminho para outras questões, que estão diretamente ligadas à filosofia do conhecimento: podemos conhecer certas propriedades do mundo quântico com toda a certeza que atribuímos à verdade? Leva a teoria quântica a se ver o universo como um todo inseparável ou permite analisar as suas partes, como o exige o método científico? Por trás destas questões, se delineia também a questão do realismo, isto é, do grau de acesso à realidade a que pode pretender o conhecimento.

Estas questões exigem, infelizmente, que entremos um pouco na técnica. De fato, sentimos certa dificuldade em razão da complementaridade, ou seja, da existência de múltiplas famílias de histórias coerentes diferentes que permitem descrever igualmente bem um certo objeto quântico de maneira lógica. Se podemos adotar tantos pontos de vista inconciliáveis para descrever um mesmo objeto, podemos legitimamente nos perguntar se algum dia será possível alcançar alguma forma de verdade. Com efeito, podemos dizer que uma certa proposição a, que decorre logicamente dos fatos observados, é verdadeira, quando uma outra proposição b decorre igualmente bem desses fatos, se nos colocarmos num quadro lógico complementar e quando é impossível enunciar a e b simultaneamente? Sempre se considerou, de fato, como uma necessidade que, se a é verdadeiro e b é verdadeiro, então a proposição "a e b" é verdadeira. Ora, conhecemos muitos exemplos em que a proposição "a e b" é totalmente carente de qualquer significação, especialmente quando faz intervirem duas componentes diferentes do spin de uma partícula.[3]

Se tivermos alguma queda pela filosofia do conhecimento, não poderemos permanecer indiferentes a uma tal situação, em que vacila a noção de verdade. Vimos que a verdade de uma proposição acerca da realidade se baseia na constatação de um fato: a proposição "A rosa é vermelha" é verdadeira quando a rosa em questão é vermelha. Vimos também que as leis da natureza permitem estender isso a outras proposições que não são fatos, ou ainda não são, como o resultado de acontecimentos futuros, quando nos podemos apoiar numa forma de determinismo.

Para estender isso ao caso quântico, é preciso restringir as lógicas coerentes que permitem descrever a física, para só reter as que levam explicitamente em conta todos os fatos da realidade observável. Note-se que esta é uma condição objetiva, pois se trata, em princípio, de todos os fatos que realmente ocorreram, e não apenas dos que chegaram ao conhecimento de um observador. Essas lógicas quânticas coerentes, que incluem entre duas proposições o enunciado de todos os fatos, serão chamadas de *sensatas*.

Diremos, então, que uma certa proposição é verdadeira em dois casos distintos. O primeiro é aquele em que ela é pura e simplesmente o enunciado de um fato. No segundo caso, a proposição em questão deve obedecer a dois critérios, que são, em princípio, verificáveis por meio de um cálculo lógico: podemos acrescentar a proposição ao campo de proposições de toda lógica sensata sem modificar a coerência desta última (o que significa, na prática, que as condições de Griffiths que acompanham a sua introdução são automaticamente satisfeitas); ela é, além disso, logicamente equivalente a um fato, qualquer que seja a lógica sensata em que foi introduzida.

Podemos, então, estabelecer que as condições impostas pela axiomática dos lógicos ao que entendem por "verdade" são satisfeitas, e, portanto, conseguimos superar a ambiguidade vinda da complementaridade, ao mesmo tempo que conservamos a possibilidade de falar do

---

3 Esta questão foi levantada por Bernard d'Espagnat, *Journal of Statistical Physics*, v.56, p.747, 1989, e a resposta dada aqui é a do autor, no mesmo jornal, v.62, p.841, 1991, a qual foi endossada por d'Espagnat, *Foundations of Physics*, v.20, p.1147, 1990.

próprio mundo quântico. Na realidade, quando enumeramos as proposições que podem ser assim qualificadas de verdadeiras, constatamos que elas pertencem a duas categorias. A primeira é a dos próprios fatos e das propriedades clássicas que podemos deduzir deles pelo determinismo, quando ele é válido (ele vai, então, tanto para o passado quanto para o futuro). Encontramos aí, portanto, as propriedades que ocorreram no passado e cujo rastro os fatos presentes conservaram, como é o caso quando reconstituímos uma cena antiga a partir de uma fotografia, e temos aí, em suma, a justificação teórica da memória como testemunha da verdade. A segunda categoria de verdades é puramente específica ao mundo quântico, e se reduz essencialmente aos resultados das medições.

Também podemos mencionar uma outra categoria de proposições, cuja possibilidade provocou no passado grandes perplexidades. São proposições notáveis, que, por certos aspectos, se assemelham a proposições verdadeiras, sem, porém, possuírem todas as suas qualidades. Ao contrário das proposições verdadeiras, elas só figuram em algumas lógicas sensatas particulares e não podem entrar em todas (pois violariam, então, as condições de Griffiths). Compartilham, porém, com as proposições verdadeiras a virtude de ser a consequência lógica de um fato experimental verificado, no interior, evidentemente, das lógicas particulares em que são permitidas. Não podem ser consideradas verdadeiras, pois são arbitrárias, uma vez que é, para nós, impossível escolhermos à vontade uma lógica em que elas são enunciáveis ou outra onde elas não têm sentido nenhum. De qualquer forma, elas têm algo de *crível* no quadro lógico em que entram, no sentido de que o fato de admiti-las nunca leva a nenhuma contradição, mas só nesse quadro.

A existência dessas proposições críveis constitui uma armadilha lógica diabólica, em que o próprio Einstein se deixou pegar. Com efeito, é só pela distinção clara do crível e do verdadeiro que podemos esclarecer certas dificuldades persistentes, pois só ela, graças a uma lógica quântica inatacável, permite evitar as armadilhas das palavras e das imagens mentais enganosas. O exemplo mais célebre encontra-se num problema colocado em 1935 por Einstein, Podolsky e Rosen. Ele se apresenta assim, sob a forma que lhe deu David Bohm: uma partícula desintegra-se em duas partículas P e P' de spin $1/2$, cujo spin total é 0. Medimos a componente do spin da partícula P ao longo de uma certa direção n num instante t e achamos certo resultado, por exemplo $+1/2$. Num momento ulterior t', medimos a componente do spin da partícula P' ao longo de uma outra direção, n', diferente da primeira, e achamos também, por exemplo, + 1/2. A questão que se coloca é saber o que se pode dizer do spin da partícula P' no primeiro instante t em que medimos o spin da outra, P.

Apoiando-se na forma explícita da função de onda total e na hipótese de uma redução real, física, da função de onda no momento da primeira medida, Einstein, Podolsky e Rosen julgavam poder afirmar que a componente do spin da partícula P' ao longo da direção n no instante t é − 1/2. Chegavam até a qualificar como elemento de realidade essa propriedade da partícula P' que podemos conhecer sem tocá-la nem perturbá-la de modo nenhum. Como a partícula P' pode achar-se muito distante de P quando medimos esta última, o conhecimento assim adquirido sem nenhuma ação direta dá a entender que o mundo quântico é muito fortemente interligado a distância, "não local" ou ainda "holístico", ou seja, constituindo um todo indissociável, onde nada pode tornar-se independente do que se passa num outro ponto distante. Isso dava, evidentemente, ao mundo quântico um aspecto estranho e perturbador, origem, em seguida, de imensos comentários.

O interesse dos "elementos de realidade" está mais do que diminuído, no contexto atual, e seu nome se revela até particularmente enganoso tão logo façamos a seguinte observação: existe efetivamente uma lógica sensata que inclui os dois dados experimentais, bem como a proposição que exprime o elemento de realidade (o qual decorre, nessa lógica, do primeiro dado experimental). O elemento de realidade é, portanto, crível, no sentido que demos a este termo (ao admiti-lo, jamais seremos levados a uma contradição). No entanto, ele não chega a ser verdadeiro, pois existe uma outra lógica, tão sensata quanto a primeira, em que a propriedade do spin de P' no instante t antecipa, por assim dizer, o resultado futuro da segunda medida: a componente do spin de P' ao longo de n' já é igual a + 1/2 no instante t. Essa outra lógica é igualmente coerente, e a proposição nova (que dá a componente de spin de P' ao longo de n') não tem estritamente nada a ver com o elemento de realidade, ao passo que ela decorre, porém, do segundo dado experimental. Ela é, pois, igualmente crível e igualmente pouco verdadeira, como o elemento de realidade, e essas duas proposições incompatíveis são apenas o fruto de uma decisão arbitrária que não pode satisfazer aos critérios da verdade.

A situação pode ganhar um pouco de vida e se tornar, sem dúvida, mais clara se a personalizarmos: suponhamos que dois físicos, Coelho e

Doninha, fizeram cada um duas medições. Cada um deles pode sustentar veementemente que sabe perfeitamente qual era o estado de spin da partícula P' no momento da primeira medição: "Conheço sua componente x. – E eu, a sua componente z". Cada um pode demonstrar ao outro que não há o mínimo erro em seu próprio raciocínio e que a lógica lhe dá razão: "Eu sei raciocinar, meu senhor, todo o mundo sabe disso no meu clube". Mas não pode admitir a lógica do outro, que é incompatível com a sua: "Mas, enfim, já que está claro que tenho razão, você não pode ter razão também". O juiz Raminagrobis há de enviar ambos para o círculo exclusivo do Hades, onde atualmente se encontra Crisipo, demonstrando-lhes que não tinham o direito de considerar verdadeiro o que afirmavam. Pois existem propriedades de um sistema quântico que podemos conceber, mas nunca podem ser decididas em conformidade com a verdade por nenhum meio lógico concebível.

Outra consequência notável disso é que a aparência holística e altamente não local do mundo quântico, de que tanto e tanto nos falaram, se revela como o fruto de uma inconsequência lógica e que ela se esvai ao mesmo tempo que os elementos de realidade. Vemos, com isso, tudo o que ganhamos em bem compreender as consequências de uma ciência formal, pois o formal é o único que permite cingir plenamente a natureza demasiado sutil do mundo quântico, junto ao qual o senso comum vem inevitavelmente se quebrar.

A escâncara

Pelo que acabamos de dizer, pareceria que os princípios primeiros da física quântica geram perfeitamente sua própria interpretação e levam naturalmente, sem que nada lhes acrescentemos, a uma imagem do mundo comum em perfeito acordo com o que ele oferece de mais familiar. Podemos, assim, descansar e dizer que tudo é simples, afinal? Não, infelizmente (ou felizmente?), pois aqui se enxerta uma questão imensa, a de uma realidade que parece querer romper o tecido de pensamento com que a havíamos coberto. Qualifico sua enormidade de escâncara, pois ela é, por assim dizer, a boca escancarada do Abismo, não a que fala, como em Victor Hugo, mas a que rosna.

Escâncara, de onde vens? Einstein estremecia ao te ver e te recusava: não, "Deus não joga dados!". Aproximemo-nos de ti, a terrível, lentamente.

Falemos como físico e voltemos um pouco atrás. Quando pudemos tirar a redução da função de onda da lista dos princípios da teoria, não levamos em conta o fato de que ela dissimulava também uma questão ainda presente. Uma experiência de medida desemboca, na realidade, num dado único, num fato tangível, indubitável. Ora, que temos a propor diante disso? Uma teoria mais do que nunca composta de probabilidades, um jogo de possíveis. Nada, nessa teoria, oferece um mecanismo, uma causa de onde saia o virgem dia de hoje, a inalterável e pura unicidade do Real.

As maiores questões cegam, e muitos físicos preferem tapar os olhos aqui. Eles se escondem no antro tranquilizador da teoria, de onde se recusam a sair. A teoria, dizem alguns deles, contém todos os possíveis, e conceberemos, pois, uma vasta função de onda do universo, nascida junto com ele, que se desenrola desde então em conformidade com as leis quânticas. Cada vez que se abre um ramo de alternativa, a função de onda do universo se divide em forquilhas para adotar todas as saídas possíveis. Basta um nada, que um núcleo, num planeta desconhecido, se desintegre ou não e deixe ou não um rastro numa rocha inacessível, e a majestosa função de onda de todo o universo se desdobra. Se um físico mede em seu laboratório um efeito quântico, o mesmo acontece. Que uma pedrinha vire para a direita e não para a esquerda no leito turbulento de uma torrente, e acontece outra bifurcação. Alguns desses eventos podem ser grandiosos, e talvez baste que nos primeiros tempos do universo tenha havido um pouco mais de matéria ou de radiação aqui do que ali, justo ao lado, para que se delineasse ao longe a eventualidade de duas galáxias de formas diferentes. Milhares de estrelas dependem disso. A maior parte deles, pelo contrário, são mínimos, indignos, diante do que eles afetam.

Certamente, mas isso é próprio de um mundo em que o acaso tem seu papel. A teoria é perfeita ao levar em conta isso; ela só encara o possível. Contudo, devemos mencionar, mesmo sem admiti-la, uma ideia estranha, aventada por Everett em 1956. Tudo o que hoje encerra a função de onda do universo oriunda dos primeiros tempos não é, diz ele, um cemitério de possibilidades antigas anuladas pela história, de onde surge, única sobrevivente, a do mundo que vivemos. É uma função que se ajusta a outras tantas realidades paralelas que prosseguem seu curso separadas. O Real não é único.

Ideia louca, dirão, e eu, de minha parte, estou pronto para compartilhar essa opinião, que sugiro ser mais o delírio de um espírito intoxicado de teoria do que uma concepção sensata. E, no entanto, posso reduzi-la a nada? Pois bem, não! Tudo o que sabemos, com efeito, do fenômeno de decoerência mostra que jamais algum ser pertencente a um dos ramos da realidade multiforme poderá ter acesso a outros ramos. Nenhuma experiência que ele pudesse fazer lhe permitiria estabelecer que outros ramos continuem a existir ou que o seu é o único. Os universos paralelos, incomensuravelmente inúmeros, ignoram-se perfeitamente.

Perfeito, poderá dizer o empirista, isso é o bastante para que a ideia não tenha mais nenhum interesse. A ciência só trata do que é constatável, e essas teorias não podem sê-lo. Portanto, elas nada têm a ver com a ciência. Deixemo-las para a filosofia, se concordar em tratar delas.

É justamente isso que eu queria provar. Pelo simples fato de que a teoria de Everett existe e não pode ser refutada, mesmo em princípio, resulta que a questão da unicidade do Real não pertence ao domínio da ciência, do verificável, mas sim ao da filosofia, das opções metafísicas.[4]

Muito bem, seja! E por que recusarmos penetrar ali? Examinemos, ao contrário de Everett, uma outra eventualidade, que devemos chamar de metafísica, apesar de tudo o que nela nos atrai: o Real é único. "As coisas são o que são: isto é profundo, profundo. Diante daquele que se prosterna, nos prosternaremos" (O.V. Lubicz-Milosz).

Profundo é isso, com efeito, mas digamo-lo inicialmente de maneira mais ponderada. Poderíamos formular esse ponto de vista à maneira de uma regra da física, que teria uma fórmula tal como esta: "A realidade é única. Evolui ao longo do tempo de tal maneira que fatos diferentes que

---

4 O argumento só vale, na verdade, se tudo, absolutamente tudo, obedecer a leis quânticas. Aparentemente, só um objeto de natureza física poderia eventualmente escapar a elas: o próprio espaço. A questão técnica subjacente é saber se é preciso ou não, se podemos ou não "quantificar" a teoria da relatividade geral. Se o espaço nada tiver de quântico, é preciso supor, ao que parece, a existência de uma interação entre ele e seu conteúdo, a matéria, de que não se pode excluir existirem consequências verificáveis. Ofereci em outro texto um tal modelo, mas não acredito muito nele, apesar de alguns atrativos matemáticos. Sem dúvida, será preciso abrir melhor ou fechar de vez essa porta.

tenham origem em condições idênticas têm frequências de aparecimento conformes às probabilidades teóricas".

Assim formulada, a ideia não é completamente nova, e encontramos, por assim dizer, a sua antecipação em Niels Bohr. Lembramo-nos, com efeito, da singularidade por ele atribuída à redução da função de onda. Ele as separava das outras regras da física, e ela era para ele o fundamento de toda possibilidade de comparação entre a teoria e a experiência, de sorte que, neste sentido, ela escapava à verificação experimental. Sem dúvida, vimos depois que a regra prática de redução da função de onda não é a expressão de um efeito físico, mas sim uma mera comodidade lógica. De qualquer forma, ela tinha para Bohr duas significações bem distintas. A primeira era justamente a de uma regra prática que permite calcular as probabilidades dos resultados de duas medidas quânticas sucessivas: ela é que se tornou, em seguida, um simples teorema. A segunda era poder dar conta do aparecimento de um fato único entre todos os resultados possíveis de uma medida, e é assim que ela era uma regra diferente de todas as outras. Hoje, a interpretação evoluiu o suficiente para que fique claro que a regra que acabamos de enunciar encerra a essência das ideias de Bohr, embora difira profundamente delas pela forma.

E eis agora a escâncara. Que diz essa regra tão particular, metafísica como vimos, senão que a teoria deixa escapar o que talvez seja a essência da realidade? Todas as características da realidade reapareceram na reconstrução que dela fez o modelo teórico, com uma única exceção, que é precisamente a unicidade dos fatos. A teoria e a realidade concordam em todos os pontos, exceto nesse único hiato. Neste ponto, porém, o conflito entre elas é absoluto (e não emprego esta palavra levianamente), pois tem lugar em seu contato último e não contrapõe algumas de suas qualidades acessórias, mas sim a própria essência delas. Pois a teoria, por ser puramente matemática, só pode englobar os possíveis, e seu caráter probabilista é irredutível. A realidade, por seu lado, é antes de tudo única, pois é o que é totalmente definido quando apontamos o dedo e dizemos: "isto".

Parece realmente que nos deparamos com algo de fundamental, de irredutível, de insuperável, com uma advertência que nos diz de maneira solene que a realidade não cabe inteira nas formas que as matemáticas e seu Logos podem exprimir. Que significa isso, senão que atingimos os limites do "programa cartesiano", amaldiçoado apenas por Heidegger e até agora triunfante em toda parte?

Muitos filósofos não cessaram de recriminar a física quântica, há mais de meio século, por não *explicar* a existência de um estado de fato único. É verdade que ela não oferece nenhum mecanismo, nem sequer nenhuma sugestão que vá nessa direção. Trata-se, dizem muitas vezes, da marca indelével de um vício da teoria, que deverá ceder seu lugar, no futuro, a uma outra melhor. Essa atitude se baseia, a meu ver, numa idolatria da explicação teórica. Na realidade, esses críticos querem a todo custo que o universo se dobre a uma lei matemática, até os mínimos detalhes, e é verdade que encontram aí uma contradição flagrante a seu desejo. Durante muito tempo, tudo pareceu encorajá-los, mas eis que a escâncara rosna. Ousai, mortais, ante o Real, ante o que é, ante o que passa num rio em que nada nunca está no mesmo lugar, ante o que sem cessar gera e se transforma, ousai transformá-lo num mero encarte no Logos de vossas matemáticas, fechado ao tempo e morada do eterno imóvel ?!

Defendo, e neste caso quase se poderia falar de prosternação, a tese contrária, que pretende que é um prodígio, um prodígio que os imensos esforços realizados pelos homens para compreenderem a realidade cheguem a uma teoria que a cinja de tão perto que só as distinguimos em sua fronteira extrema. Elas se separam, porém, pois senão o Real perderia sua própria natureza e se identificaria com as formas intemporais do reino dos signos, com a sua própria representação fixada para sempre. Não, a incapacidade da ciência em dar conta da unicidade dos fatos não é um defeito de uma teoria transitória, mas, pelo contrário, a marca flagrante de um triunfo sem precedentes. Nunca antes a humanidade fora tão longe na conquista dos princípios que alcançam o coração e a medula das coisas, *mas não são as coisas.*

QUARTA PARTE

INVENTÁRIO E PERSPECTIVAS

CAPÍTULO 12
UM NOVO COMEÇO

Um primeiro inventário

Foi uma longa caminhada, ainda que queimássemos as etapas, mas ela ainda não acabou e tudo nos convida a ir ainda mais longe. Não podemos ignorar, com efeito, todos os sinais encontrados de passagem, que sugeriam a pregnância, a presença quase imediata de uma nova filosofia do conhecimento.

Comecemos por nos situar. Partimos de um estado dos conhecimentos que todos dominam e cujas grandes linhas podemos contar. Em primeiro lugar, uma situação existencial em que a humanidade mergulha de toda parte no tempo e no espaço, e também na matéria. Sabe a extensão do universo, ausculta seu nascimento e reconstrói sua história. Conhece a unidade que transcende a diversidade da vida. Situa-se a si mesma. É também uma situação intelectual, onde nos vemos de posse de uma ciência sem dúvida inacabada, mas quão reveladora! Reveladora, em primeiro lugar, da existência de leis muito profundas no coração das coisas, leis que nada têm de disparatado, mas se conjugam num feixe serrado. Reveladora, assim, de uma coerência do pensável e do existente, do Logos e do Real, ou seja, dos termos maiores da filosofia de antigamente e da de hoje.

Essa ciência, porém, parecia obscura, impenetrável à visão e com o coração fechado nos grossos espinhos de seu formalismo. Foi aí que, em vez de bater em retirada, indo adiante, vimos a cena mudar. Uma ciência singular, a mecânica quântica, socorreu-nos, sem dúvida porque é a que vai mais adiante no feixe das leis, até o ponto de partida delas, talvez.

O que ali aprendemos parece extraordinário, ainda que devamos ter cuidado, porque nem tudo apresenta uma igual certeza. Para o filósofo, o mais importante é ver inverter-se um procedimento milenar do pensamento, que agora tomamos às avessas. Sem dúvida, admitimos, com Hume, que individualmente, de homem para homem e entre eles todos pela linguagem, é o mundo que nos cerca que forja, através de nossos sentidos, as estruturas de nosso pensamento. A evolução de nossa espécie e das que a precederam deu-se nesse mundo, adaptando-se à sua ordem subterrânea, dissimulada mas muito persistente, que afinava nossa percepção. Mas rejeitamos a Hume quando ele diz ser inacessível a fonte da ordem, e a Kant, que só a vê em nós mesmos. Ela está aí, nas leis que agora conhecemos bem, ou pelo menos já suficientemente. Sabemos o bastante da ordem do mundo para nos apoiarmos nela.

Assim, já não se trata de partir apenas do bom funcionamento de nosso espírito, do senso comum. Era nele, e meditando sobre sua natureza, que a filosofia elegia seus princípios, declarando-os inexpugnáveis e estabelecendo a lista deles. Dali, pensava ela, poderia partir e penetrar em todo o pensável. Que derrota, então, para ela esse mundo do "infinitamente pequeno", que derrubava um após outro esses princípios: inteligibilidade (ou o fato de poder representar-se o existente), localidade (ou o fato de que toda coisa tenha um lugar próprio), causalidade (todo efeito tem uma causa eficiente), discernibilidade (duas coisas que não são uma só coisa podem ser distinguidas pelo espírito), cognoscibilidade (se uma ideia relativa ao mundo for pensável, é decidível, pelo menos em princípio, como verdadeira ou falsa). Seu sonho de explicar o mundo era vão, se pelo menos retivermos o que a explicação era para ela: ter da coisa explicada uma ideia clara na mente, figurável ou pelo menos definida por palavras, e transmitir essa ideia a outra pessoa com essas mesmas palavras. Agora, deve-se recorrer a símbolos.

Mas esses símbolos encerram os conceitos e exprimem as leis como princípios de uma nova espécie, e já vimos como se dá a reviravolta. Uma vez alcançados esses princípios, depois de muito esforço, de muito pensar, eles podem restituir o mundo. É neles, impregnada de matéria, que reside a origem da lógica e, portanto, da razão, e não em nosso espírito. Nossa visão do mundo, com todas as suas aparências, tem suas raízes ali, e ressurge como uma de suas manifestações. Não conseguimos mais atingir os princípios do mundo pela linguagem comum da razão, mas, em compensação, encontramos uma coerência incomparavelmente mais firme deduzindo a razão dos princípios.

Outra descoberta deve ser retida, ou pelo menos considerada atentamente, se ainda tivermos dúvidas a seu respeito. É o que chamamos de escâncara, a incomensurabilidade, o desvio intransponível entre a teoria e a realidade, o pensamento e o existente ou, para retomarmos termos já empregados, o Logos e o Real.

Esta é a nova situação que agora temos de levar em conta.

Uma filosofia que se inicia

Lembramo-nos das palavras de Bacon, que talvez levássemos além das intenções de seu autor, para lhes dar a forma de uma espécie de predição: os axiomas mais gerais da ciência só serão alcançados no fim, mas quando o fizermos, veremos que essas noções não são enganosas, mas bem definidas e tais que a natureza as reconhecerá como seus primeiros princípios, presentes no coração e na medula das coisas. Será possível que possamos hoje dizer isso no presente e que a ciência esteja pronta para gerar uma filosofia nova?

Há aí bem mais do que uma sugestão, e o que há pouco recordávamos das consequências da física quântica o transforma, por assim dizer, numa obrigação, e também numa promessa. Essa ciência tão particular que nos serviu de revelador tinha em seus princípios os meios de sua própria interpretação, de sua epistemia. Não será possível que, a seu exemplo, a ciência inteira esteja perto o bastante do coração e da medula das coisas para dar lugar à sua própria filosofia? Evidentemente, esperamos daí apenas uma filosofia do conhecimento, mas não concordamos em pensar que é esse o pré-requisito de todo empreendimento filosófico – além da dúvida, evidentemente?

A ciência percorreu um caminho imenso. Tendo partido da razão, ela encontrou os símbolos absolutos das matemáticas; tendo partido dos objetos comuns, encontrou as leis. Tudo, no momento em que partiu, mergulhava no incompreendido, no opaco, quer a própria linguagem, instrumento da razão, quer os objetos que eram tomados como tema. É bem verdade que esses objetos ocultavam seu mistério e pareciam, inicialmente, evidentes, primeiros. Atualmente os vemos melhor, e as fontes da razão, também elas, começam a aparecer: num mundo embebido de ordem, uma vida que nasce num processo químico e evolui, cada vez mais complexa, poderosa, até o cérebro humano, o órgão de percepção da ordem. Faltam-nos ainda muitos elos da cadeia, e o coroamento do processo, o cérebro, mal começa a se desvelar, mas algumas grandes linhas já se revelam.

Assim vemos a ciência, que partiu do incompreendido, assumindo-o plenamente, alcançar o ponto de onde se esclarece o que tivera de aceitar sem questionamentos, no começo. Ela volta a se fechar no seu começo, como um círculo destinado, talvez, à perfeição. Mas esse círculo, mesmo que se fechasse, não passaria sempre de um círculo, sem origem que se possa apreender, ou seja, sem princípio de si, assim como sem abertura, ou seja, sem filosofia. É por isso que é preciso quebrá-lo para que ele possa dar sementes.

Quebrar o círculo é encontrar o que ele não pode conhecer de si mesmo só por si mesmo. É achar um princípio fundador da ciência que a ciência não possa oferecer. Ela só pode fazê-lo ser ouvido. Assim chega, talvez, o tempo em que se poderia começar a metafísica.

Construiu-se a ciência por oposição à metafísica, e isso era preciso. Houve até um tempo (muitos acreditam que ele ainda é o nosso) em que se podia acreditar que a metafísica estava morta, aniquilada para sempre. Hume ridicularizou-a, pisou-a, mas tinha, para tanto, de pronunciar uma interdição ela própria metafísica: a impossibilidade absoluta de alcançar em sua fonte a ordem inerente às coisas. Hoje sabemos que, neste ponto, ele estava enganado. Absolutamente.

Que entender, aqui, por metafísica? Conhecemos a etimologia: "o que vem depois da física". Ensinam-nos os eruditos que esse nome não teria a significação profunda que parece oferecer e viria de um catálogo. Os livros de Aristóteles não tinham título (ou pelo menos nem todos, ao que creio). Um deles foi chamado de *Física*, o mesmo nome, em suma ("Da natureza"), que os de tantos outros autores anteriores. O livro classificado depois dele teria recebido o título de *Metafísica*, "Depois da física", seguindo-se a ela. Aceitarei, porém, o sentido que a palavra parece ter: o conteúdo das reflexões que podem ter origem num certo conhecimento da *physis*, da natureza. Acrescentarei a ele, também, o sentido do prefixo *meta*, que encontramos na lógica em "metalinguagem": o meio de melhor penetrar o que não se pode explorar suficientemente em sua própria linguagem. Em suma, trata-se de tentar conhecer, alcançar, o que a ciência traz em si e não pode dizer.

Assim, proponho a ideia de que a ciência está atualmente madura o bastante para que a metafísica renasça. Isto, evidentemente, não pode ser fruto de uma prova, mas, na melhor das hipóteses, de uma convicção. É também uma afirmação de esperança, um encorajamento para filósofos futuros que verão com compaixão o abandono dos de hoje. De bom grado empregaria, para falar deste novo empreendimento, as mesmas palavras que Bacon empregava acerca da ciência: essa instauração de modo nenhum se esquece da condição mortal do homem, pois não supõe que a obra possa ser realizada inteiramente por uma só geração, mas exige ser retomada pelas seguintes.

Isto era tudo, talvez, que me restava dizer, pois, a partir daí, se abrem tantos possíveis e tantas surpresas, sem dúvida, que não podemos antecipá-los. Mesmo assim, irei em frente, sem que ninguém queira ver nisto algo mais do que esboços, inícios de pistas.

Será bom completar também o inventário, porque creio que ele se tornou mais confuso do que claro com os trabalhos de alguns autores de epistemologia contemporânea, às vezes dos mais ouvidos. Isto não visa, evidentemente, às obras necessárias e ricas dos historiadores, nem livros mais antigos, ainda dignos de uma séria atenção, ainda que o estado da ciência a que se referem os torne, no todo ou em parte, caducos. Assim é que Bachelard sobrevive, nos livros em que se faz ouvir uma nota que tanto gostaríamos de reencontrar em outros livros, que eu havia sonhado introduzir aqui sem consegui-lo, a nota do poeta, a única que permanece, com a dos visionários, num saber que passa.

A tentação religiosa e o sagrado

Gostaria de terminar este capítulo com uma questão que alguns leitores não deixarão de evocar por si mesmos, a de saber que relação a religião poderia manter com um tal empreendimento. Lemos, nestes últimos tempos, muitas obras cujos autores creem reencontrar na ciência os sinais da existência de Deus. Certos cristãos (e, sem dúvida, certos judeus) creem reler o "Gênesis" na teoria do *big-bang*. Outros, ou os mesmos, assimilam a Lei do "Antigo Testamento", a "Torá", às leis encontradas na natureza. Alhures, recorre-se a uma religião oriental, por exemplo a do Tao-tö-king. É bem verdade, e este último exemplo bem o mostra, que esses textos são muito poéticos e, por isso mesmo, têm uma ampla margem de imprecisão. A leitura que deles fazem nossos autores modernos não é, aliás, puramente analógica? A questão que devemos colocar, porém, é se se trata de algo mais do que um jogo sobre as cintilações das palavras, quando, pelo contrário, nossos autores se pretendem muito sérios. Mas será que o são?

Quando temos de nos aventurar sobre um tal assunto e por mais reduzido que seja o lugar que a ele consagramos, precisamos dizer quem somos. Assim, eu, esta pessoa, me digo cristão referentemente à lei de amor do "Evangelho" e por uma filiação sempre aceita a uma Igreja. É verdade que minhas inclinações em matéria de crenças se aproximam mais da *Douta Ignorância* do que da *Suma* ou da *Dogmática*. Este incidente pessoal, necessário, evidentemente tinha apenas um objetivo: dizer a meus amigos cristãos que eles não podem sentir-se visados se minha crítica se dirige a alguns prosélitos imprudentes.

De resto, só mencionarei um único argumento, demasiadas vezes ouvido. É o que pretende transformar um espantoso resultado da ciência – a existência provável, senão certa, de um começo do universo – numa prova da criação do mundo e, com isso, da existência de um Deus criador. É faltar excessivamente com a lógica. De que se trata? No âmbito de uma teoria, a relatividade geral, estendida até seu extremo, constatamos que uma solução particular das equações de Einstein parece ser, de longe, a mais verossímil. É a de um universo dito homogêneo e isotrópico, que bem corresponde ao que observamos da repartição das galáxias e, sobretudo, da radiação térmica que atualmente preenche o universo. A solução especial que assim obtemos oferece um modelo matemático do universo e de sua história, que comporta o que chamamos de uma singularidade, um limite que as leis da física não permitem ultrapassar, situado no passado e para além do qual nem sequer podemos prolongar o tempo. Investigando o modelo graças ao que sabemos das leis da física, dele tiramos diversas consequências: a abundância presente de hélio e de alguns núcleos leves, todas as características da radiação térmica de que falamos e a lei de Hubble sobre a recessão das galáxias. Essas consequências estão bem ajustadas ao que se observa, e dão, assim, ao modelo um alto grau de verossimilhança. Podemos, pois, logicamente, crer nesse modelo, e deve haver muito de verdade nisso tudo. Admitamo-lo.

Que se estabeleceu assim? Algo de essencial para o físico: o fato de que as leis aqui e agora descobertas estendem seu império por todo o universo. Mas e depois, o que vem fazer Deus aí? Pretendem-no criador? É imaginar o tempo sem limite onde se situasse em algum lugar o instante em que o mundo é criado. Que um autor judeu o tenha escrito no tempo de Esdras ou antes, ainda passa, mas hoje? A ciência em que se pretende apoiar, a relatividade geral, é, porém, formal a este respeito: nenhum físico pode dar um significado pensável ao tempo para além da singularidade, do "começo". Santo Agostinho chegava, aliás, às mesmas conclusões em suas *Confissões*, quando respondia aos que se interrogavam sobre "o que fazia Deus antes de fazer o mundo", ao responder que, "antes que o mundo existisse, não existia o tempo".

Temos todos presentes à mente imagens ou quadros de imagens, essas famosas formas da intuição sensível de que falava Kant. Não podemos "imaginar" uma realidade sem que ela seja um conteúdo num continente ou que ela vá ao infinito, e isto vale tanto para o tempo quanto para tudo o mais. Um limite exige para a nossa imaginação um outro lado do limite, um exterior, e o universo limitado no passado recebe, como seu exterior, a imagem mais vaga que existe, a do Deus criador. Mais tarde, aos que assim creem vê-lo, restará identificá-lo ao que sentem no fundo de si mesmos, e fala-se, então, de mistério. Sem dúvida, é um mistério a identidade do perfeito exterior com o perfeito interior, mas isso também é chamado de paralogismo.

A incoerência de pensamento vai mais longe. Colocando Deus como criador, buscamos uma causa; situando-o antes do universo, procuramos ver no limite do tempo apenas um certo estádio de uma história mais vasta. Não se esqueça, então, que as leis da física em que os fatos invocados se coordenam nos ensinaram coisa muito diferente. A noção de causa não é absoluta. O espaço e o tempo devem ser concebidos em si sem exterior: este é um dos pontos de partida da teoria que serviu para construir o modelo. Assim, é por demais fácil colar sobre o que sabemos conceitos que se opõem ao que lhes serve de base. Este é outro paralogismo.

A ideia de Deus criador, por fim, ao reanimar uma imagem ancestral, escamoteia o verdadeiro mistério: o da imanência das leis. Elas é que criam este universo, ou pelo menos o estruturam até sua extremidade no tempo. Quer isso dizer que Deus pode contentar-se em criar as leis? Mas o que acrescenta, então, na ordem dos conceitos, o conceito de Deus ao das leis? Uma causa? Ora vamos, isso é realmente fazer concessões demais a tiques de pensamento! As leis, por sua própria universalidade, são perfeitamente opacas ao que poderia estar além delas. É sobre elas que é preciso meditar primeiramente, pois elas são pensáveis em ligação direta com tudo aquilo a que podemos ter acesso. O domínio da religião não está na criação.

Contudo, objetarão alguns, não dizia Einstein: "Ao domínio da religião pertence a convicção de que o mundo é regido por regras racionais e que ele pode ser apreendido pela razão. Não posso conceber um cientista autêntico sem essa convicção profunda. A situação pode ser expressa por uma imagem: a ciência sem a religião é manca, a religião sem a ciência é cega"?

Acho que, sobre este ponto, convém introduzir uma distinção entre as palavras, e que o que confere toda a sua significação a esse pensamento de Einstein não é palavra "religião", mas antes a palavra "sagrado". Ela abarca um conceito que Mircea Eliade assim apresenta no Prólogo de sua *História das crenças e das ideias religiosas*: "É difícil imaginar como poderia o espírito humano funcionar sem a convicção de que há algo de irredutivelmente *real*[1] no mundo; e é impossível imaginar como poderia a consciência aparecer sem conferir uma *significação* aos impulsos e às experiências do homem. A consciência de um mundo real e significativo está intimamente ligada à descoberta do sagrado. Pela experiência do sagrado, o espírito humano captou a diferença entre o que se revela como real, poderoso, rico e significativo, e o que é carente dessas qualidades, ou seja, o fluxo caótico e perigoso das coisas, seus aparecimentos e desaparecimentos fortuitos e vazios de sentido ... Em suma, o 'sagrado' é um elemento na estrutura da consciência, e não uma fase da história dessa consciência".

Se compararmos essa concepção do sagrado com as definições de um dicionário (no caso, o Robert), verificamos que ela está próxima de uma delas: é sagrado o que é "digno de um respeito absoluto, que tem um caráter de valor absoluto". Em compensação, ela é muito diferente de um outro significado admitido: é sagrado o que "pertence a um

---

1 Os itálicos são de Mircea Eliade.

domínio separado, interdito e inviolável (ao contrário do que é profano) e é objeto de um sentimento de reverência religiosa", remetendo esta segunda acepção a verbetes tais como "santo" e "tabu". Mais vale excluir este segundo emprego, que opõe sagrado a profano e instaura, assim, um dualismo evidentemente estranho à ideia de Einstein.

Mircea Eliade definiu, na realidade, por duas vezes o sagrado no texto citado, e a cada vez de forma diferente: em primeiro lugar, ele o considera como o que é poderoso, rico e significativo enquanto tal, depois como uma maneira de sentir essa potência por meio de uma disposição particular da consciência, que ele não hesita em considerar como uma estrutura desta última. Não nos cabe resolver a questão de saber se o sagrado é uma estrutura da consciência ou uma disposição cultural, e basta reconhecer que se trata de um estado da consciência que muitos de nós conhecemos, senão todos, de alguma maneira. O importante é que se trata de uma disposição sentida pelo indivíduo e que, portanto, estabelece uma relação entre o mundo e o comportamento do homem ou – por que não? – entre uma filosofia do conhecimento e o humano.

Assim, o primeiro caráter atribuído por Eliade ao sagrado é, para nós, o mais importante: é sagrado o que é poderoso, rico e significativo. Podemos, até, acrescentar que certas reservas que ele introduz são inúteis. Assim, quando Eliade considera "o fluxo caótico e perigoso das coisas, seus aparecimentos e desaparecimentos fortuitos e vazios de sentido", ele parece admitir que isso que serve de contraste ao sagrado pode pertencer a realidades primeiras independentes de qualquer forma de ordem, quando sabemos que de desordem elas só têm a aparência: um acaso nefasto ou um acidente doloroso que podem, sem dúvida, mostrar-se temíveis, mortais, mas nem por isso menos conformes a uma ordem mais alta, mais próxima das leis. O fluxo das coisas permanece perigoso, cheio de riscos para o indivíduo, para o grupo ou mesmo para a espécie, mas não é em nada caótico em seus mecanismos, embora permaneça complexo e imprevisível. Fortuitos parecem-nos os aparecimentos e os desaparecimentos, mas nunca vazios de sentido. Em suma, da maneira como o entendemos, o sagrado está presente em toda parte no universo e nada é inteiramente profano. O profano não passa da ilusão de nossa ignorância, o sono do espírito ou a loucura de nossas ideias falsas.

CAPÍTULO 13
QUE É A CIÊNCIA?

Prosseguindo o nosso inventário, prévio a qualquer empreendimento, vamos agora tentar cingir melhor, em seu conjunto, a natureza da ciência.[1]

A ciência como representação

Todo pensamento se baseia numa representação. É assim que a nossa percepção traduz o mundo, e a memória que dele temos reside provavelmente em circuitos oferecidos aos sinais dos neurônios, que se desenvolvem sob a incitação de percepções repetidas ou violentas, e depois se fixam. Lá onde pensamos ver uma paisagem como um todo vasto e imóvel, nosso olho só capta a cada instante uma ínfima porção, e é em

---
[1] Empregaremos aqui e no que se segue uma convenção de vocabulário destinada a evitar as ambiguidades. Consiste em reservar o nome de "ciência" ao que comumente chamamos de ciências da natureza: as da matéria, dos astros (inclusive a Terra) e do vivente. A lógica e as matemáticas serão simplesmente chamadas por seu nome, o que marca sua distância, irredutível, à realidade concreta. Isto tem o inconveniente de deixar indeciso o lugar das ciências humanas, mas não nos cabe tratar do assunto.

nossa memória que contemplamos um quadro que surge dessas mil impressões fugidias: representação. Nossas próprias palavras representam.

Por isso, à questão: "Que é a ciência?", responderemos que é também uma representação da realidade. Não é mais a representação primeira que Locke e Hume imaginavam, diretamente fabricada com pedaços de realidade, mas antes um quadro abstrato e codificado, mas fiel.

Têm os homens uma profusão de representações do Real, sejam elas mágicas, poéticas, ideológicas ou outras; elas residem num sistema filosófico, numa religião ou numa cultura, às vezes simplesmente numa atitude do espírito. Cada uma tem a sua linguagem, e, inversamente, nossa linguagem é uma poeira de representações estilhaçadas e remisturadas, disponíveis imediatamente e prontas para gerarem outras representações móveis. Que, então, distingue a ciência em tudo isso? Diremos que é o fato de empregar conceitos que lhe são próprios, inspirados na experiência, ou que ela é única pelo rigor de seu raciocínio e de sua lógica? Mas o primeiro critério se aplicaria igualmente bem ao hermetismo de Pico della Mirandola e o segundo à teologia escolástica. Aproximar-nos-emos mais da resposta falando das leis? Mas que visão do mundo não tem as suas próprias leis?

Insistiremos na coerência lógica? Encontramos também o gosto pela coerência na teologia, e é de lá que ele inicialmente nos vem, ou antes do "Que são os deuses?" das primeiras filosofias. A ciência não a possuía ao nascer, quando ainda era completamente empírica e colecionadora, e ele só lhe veio com a maturidade, à medida que as suas partes se aproximavam e se interpenetravam. Podemos dizer, contudo, sem muito excesso, que a coerência se tornou um caráter maior da ciência, a tal ponto que ela pretende uma coerência integral e aceita um desafio a que nenhuma teologia consentiria: está pronta para tudo sacrificar pela coerência, a fim de recuperá-la inteiramente, sem ter cessado de questioná-la.

Trata-se, com efeito, de uma coerência perpetuamente reinterrogada. Os pesquisadores envidam um esforço incessante para caçar eventuais contradições, e põem constantemente à prova os limites de seus conhecimentos. Ao contrário do que creem alguns, quando falam da arrogância da "ciência oficial", a coletividade científica atribui um grande valor à revelação de uma incoerência, às vezes mais do que a uma descoberta nova. Não gostaria, porém, de traçar um quadro idílico, e conheço os exemplos que me contraporão, em que a teimosia dos cientistas é equivalente à de outros – pense-se em Wegener e na negação violenta da deriva dos continentes. Assim, apresso-me em admitir que o que acaba de ser dito vale sobretudo a longo prazo, muito mais do que para o imediato.

A ciência também exige, atualmente, que a sua coerência seja integral, e nisto ela se distingue de muitas outras representações que teriam podido ser suas paralelas ou suas rivais. Basta aparecer uma única incoerência suficientemente peremptória num ramo da ciência, para que devamos considerar esta última como maculada e suspeita. Se a incoerência persistir por muito tempo e for grande o bastante para que a gangrena possa estender-se à ciência inteira: a coerência que nos acostumamos a esperar dela é agora tão total que, para conservá-la, a ciência deve estar pronta a se oferecer em sacrifício expiatório.

Vimos muitos exemplos disso ao longo da história: quando se revelava uma incoerência entre a força de gravitação instantânea e a impossibilidade de uma ação mais rápida do que a luz; outra vez, com o esboroamento do átomo clássico de Rutherford, o que deveria ser pago com um sacrifício exemplar, o abandono aceito da intuição e do senso comum no altar da coerência lógica.

É bem verdade que os sacrifícios não foram inúteis e que depois de cada alerta a ciência recuperava a sua bela coerência, mais segura do que nunca. Tais catástrofes, sempre seguidas de uma brilhante operação de salvamento, fazem perder o medo, a tal ponto que os físicos dão hoje um grande valor à revelação da menor incoerência. Procuram-na, encurralam-na, pois esperam dela bem mais um progresso capital do que dela temem um real perigo. E no entanto, apesar dessa confiança quase cega, a fé que podemos ter na ciência está ligada sobretudo a essa grandeza de triunfar aceitando a total vulnerabilidade de um guerreiro nu na arena.

De algumas espécies de leis

A ciência representa o mundo como encerrado numa estreita malha de regras. Essas regras ou essas leis têm uma imensa importância, mas é difícil alcançar sua natureza profunda; constatamo-las apenas, para em seguida reconhecermos sua ação permanente, onipresente.

Podemos, na realidade, distinguir várias categorias diferentes de leis. Embora os nomes que convém dar a cada tipo não sejam determinados por uma convenção unânime, é cômodo distinguir três delas: as regras empíricas, os princípios e as leis. As regras empíricas são inúmeras, pois há, em primeiro lugar, dentre elas as que poderíamos chamar de regras primárias, na verdade todas aquelas que provêm da experiência indefinidamente repetida. As folhas amarelecem no outono, o sol é vermelho no poente, os gatos têm vibrissas, a casca das laranjas têm certa cor; tudo isso é, por assim dizer, uma coleção de regras primárias vindas da repetitividade das coisas e que tecem nossa representação visual e nossa linguagem.

A ciência começa, muitas vezes, por uma análise atenta dessas regras primárias. É mais ou menos o que faz Lineu quando precisa as múltiplas semelhanças e as diferenças no reino vegetal. Obtém assim, podemos dizer, outras regras empíricas mais elaboradas, secundárias, que serão as únicas que chamaremos por esse nome, de agora em diante. Não raro elas assumem uma forma quantitativa: são as regras dos epiciclos de Ptolomeu para o movimento dos astros, as de Kepler sobre o mesmo assunto, a "lei" de Ohm na eletricidade, e muitas outras. Nem por isso elas deixam de ser, a cada vez, mais uma observação do que uma explicação, um resumo de fatos verificados que dá conta de suas aparências e não pode pretender mais do que isso.

O mesmo não ocorre no caso dos princípios, cuja ambição não tem medida comum com a modéstia das regras empíricas. Um princípio pretende-se universal. A ideia veio-nos da filosofia grega, antes de passar pela teologia medieval, mas nunca ela se mostrou tão violentamente exclusiva quanto na física. A biologia também tem seus princípios, mas eles têm uma margem maior de imprecisão. Assim, a evolução é um grande princípio, mas seus enunciados dão lugar a uma latitude de interpretação bastante confortável. Vimos que a primeira ciência que pretendeu ter princípios foi a mecânica, com Newton. Já dissemos como ele pretendera assim se libertar das limitações de nossa condição terrestre, mas que ele não queria, porém, ver em seus princípios mais do que uma outra maneira de resumir os fatos e as experiências, uma espécie de regra empírica de uma ordem ao mesmo tempo mais elevada e mais econômica. É preciso, porém, distingui-los delas, justamente por causa de sua universalidade, cujo corolário é sua capacidade de predizer.

Propor que um princípio se aplique pode parecer algo louco. É, por assim dizer, uma aposta contra uma banca infinitamente rica e cujas sutilezas são imprevisíveis: a banca do Real. Com efeito, embora os princípios sejam universais, eles têm de regular todo fenômeno que seja de sua alçada, sem nenhuma margem de liberdade (e a ambição vai até exigências quantitativas refinadas). Isto também vale para experiências que nunca foram feitas, às vezes nem sequer concebidas: não era de modo nenhum evidente que as leis de Newton e a rotação da Terra implicassem que o plano de oscilação de um pêndulo girasse, e o de Foucault vem mais de um século depois do princípio que continha a previsão de seu movimento. A universalidade de um princípio estende-se, pois, tanto ao desconhecido quanto ao conhecido, e é isso que faz sua força e sua vulnerabilidade.

Uma tal exigência é loucamente severa, pois bastaria um só desvio verificado nas consequências de um princípio para que ele se tornasse digno de ser descartado. Mas também que triunfo, à medida que o princípio vai esquivando os ataques cegos da realidade! Olé! O princípio veste roupas cintilantes e a matéria é o touro!

Enfim, depois dos princípios vêm as leis. As leis, no sentido em que a entendemos aqui, são consequências particulares que podemos deduzir dos princípios e se aplicam a uma categoria específica de fenômenos. Assim, as regras de Kepler superaram há muito a fase empírica, para serem consideradas uma consequência direta dos princípios de Newton. Em nossa linguagem, elas passaram do estádio de regras empíricas ao de leis. Estas últimas são, portanto, por assim dizer, as filhas dos princípios, suas consequências, seu produto, bem como o meio de julgá-los. Pois como sabemos que a vitória foi alcançada e que um princípio é digno de fé? Só tendo verificado todas as suas consequências imagináveis e tendo-as experimentado, tanto quanto isto é possível. Esse trabalho de verificação estendeu-se por cerca de dois séculos no caso da mecânica clássica, e continua a acontecer, num ritmo menor. Poder-se-ia dizer que certas leis são duplamente estabelecidas, uma primeira vez enquanto consequência teórica dos princípios e uma outra vez por um estudo experimental que as transformaria, igualmente, em regras empíricas. A descoberta dos princípios de uma ciência muitas vezes leva, aliás, a uma mudança de estatuto, em que uma regra passa do estádio puramente empírico ao de lei, tão logo se torna possível derivá-la teoricamente dos princípios, como foi o caso para as regras/leis de Kepler.

A coerência da ciência contemporânea, particularmente nas ciências físicas, pode ser medida pelo fato de que o número das leis é agora muito superior ao das regras puramente empíricas. A existência de uma regra empírica sem ligação com os princípios pode, aliás, sugerir que estes últimos ainda estão incompletos. Pense-se, por exemplo, nas molas e na regra empírica que vincula o seu alongamento à força de tração. A mecânica de Newton não podia explicar isso para constituí-lo como lei. Na realidade, esse já era um pequeno sinal que indicava a estrutura atômica dos metais e a existência subjacente dos princípios quânticos, como hoje sabemos.

As transformações da ciência

Como todas as nossas representações, a ciência evolui. Este é seu lado humano, submetido à história, mas isso levanta um sério problema para os princípios, que podem, assim, se ver novamente postos em questão, eles que tinham pretensões ao universal.

Tomemos como exemplo o caso da genética. Mandel colocava a existência de genes como um princípio que transcendia as regras empíricas da hereditariedade, sendo esses gêneros oferecidos pelos pais e transmitidos a seus descendentes segundo as leis estatísticas do acaso. A descoberta dos cromossomos deu um suporte concreto aos genes, e mostrou de modo igualmente concreto que o acaso intervém no momento da meiose, ou seja, quando da formação da primeira célula do descendente a partir das células geradoras dos pais. O princípio de Mandel via-se, assim, reduzido a uma regra empírica, a regra do comportamento das células e de suas transformações quando observadas. Novos princípios deveriam aparecer mais tarde, com a descoberta do ADN e de suas regras de replicação, mas devemos, então, falar de princípios ou de regras? É difícil dizê-lo, pois a genética está num estádio intermediário em que, como todas as ciências da vida, ainda não se baseia realmente em princípios que possa considerar universais, ou pelo menos não os possui a todos. É, aliás, possível que essas ciências não tenham necessidade deles e possam contentar-se com princípios apenas muito prováveis, isto é, com regras frequentemente obedecidas, mas não totalmente sistemáticas.

O caso da física é diferente, mesmo que fosse só em razão da desmedida ambição à universalidade de seus princípios. Sabemos que isso quase lhe pregou sérias peças, pelo menos três vezes em sua história, e já contamos essas aventuras que marcaram, a cada vez, o advento de uma ciência nova: relatividade restrita, depois teoria relativista da gravitação e, por fim, mecânica quântica. A cada vez, a ciência nova fagocitava a antiga para se nutrir de sua substância e restituí-la sob uma forma não muito diferente: é assim que os princípios da mecânica de Newton se tornaram leis particulares da mecânica quântica relativista, ou seja, consequências de princípios mais gerais. Ao contrário dos princípios, aos quais sua suposta universalidade não impõe limites, a maioria das leis têm, com efeito, um domínio de aplicação bem determinado: aquele traçado pelas hipóteses que permitem deduzi-las dos princípios. Assim, tornando-se leis, os princípios decaídos da mecânica clássica encontraram também o domínio restrito em que se exercem, o dos fenômenos em que as velocidades são pequenas em comparação à velocidade da luz e em que a constante de Planck se mostra desdenhável demais para desempenhar algum papel.

Assim, estranhamente, o processo de evolução histórica da ciência parece confirmar a existência de princípios universais, ou pelo menos fortalece nossa crença nessa existência. Ele também nos convida a certa prudência, deixando-nos supor que os princípios que possuímos talvez sejam apenas o reflexo de outros ainda desconhecidos. Seja como for, seria completamente errôneo deter-se numa visão simplista que reduzisse a ciência à escala transitória de nossos valores humanos, algo cuja natureza muda com o tempo, não sendo as verdades de outrora nada mais do que as crenças caducas de uma época passada. A revisão dos princípios que acabamos de mencionar levou alguns filósofos a dizer que as leis da ciência são vulneráveis, mutáveis de acordo com as descobertas e até com o espírito do tempo, adaptando-se continuamente. Isso é realmente ignorar demais a presença tutelar e constante do Real por trás da ciência e levar o humanismo até as exibições de Diógenes.

É preciso ressaltar este ponto. Ele é demasiadas vezes incompreendido, e isso às vezes se deve ao fato de que os críticos se apegam mais às palavras pelos quais os princípios se exprimem num dado momento do que à sua estrutura formal, matemática, em suma. Mais uma vez, a pouca atenção concedida ao formal é a origem de graves mal-entendidos. Embora certos princípios tenham desaparecido enquanto princípios, nunca seria demais sublinhar que eles voltaram a ser leis e que isso decorre da descoberta de outros princípios, mais universais do que os anteriores. Nosso pensamento não deve deixar-se impressionar por essa mutação dos princípios, mas antes meditar sobre essa maravilha: toda vez que a ciência se ofereceu como sacrifício, ergueu-se mais alto, em vez de sucumbir, para chegar a um grau superior de universalidade. Tal aventura em nada se parece com os acontecimentos erráticos da história humana, mas traz a marca do apresentador do espetáculo: o Real e sua soberana ordem, de que a ciência é apenas a serva e o escriba.

Thomas Kuhn

Não podemos falar das transformações da ciência sem citarmos Thomas Kuhn e seu livro mais conhecido, *A estrutura das revoluções científicas* (1962). Nele são apresentadas duas teses principais, uma das quais é precisamente a existência das transformações das ciências, que ele chama de "revoluções". O termo é, sem dúvida, excessivo, como ele mesmo haveria de reconhecer mais tarde, mas sublinha bem a magnitude dos abalos que por vezes atingem a representação científica do mundo.

Outra de suas ideias principais é preferir os paradigmas aos princípios. Segundo ele, uma grande descoberta influi no curso da ciência mais pelo exemplo que ela oferece do que pelos princípios em que pode ser resumida. Assim, ela constitui um modelo que é imitado, uma referência que serve de apoio, ou seja, um paradigma (o termo, note-se, pertencia antes sobretudo ao vocabulário da gramática, em que designa um exemplo de construção sobre o qual muitos outros podem ser moldados). Assim, quando Euler aplica os métodos de Newton à mecânica dos fluidos, deve-se crer que ele concede maior importância ao exemplo oferecido pelos bons êxitos da dinâmica de Newton do que à aplicação estrita a massas fluidas dos princípios que este último enunciava.

A comparação dos paradigmas e dos princípios, porém, não parece muito importante, do ponto de vista que aqui adotamos. Meu propósito não é, com efeito, estudar a psicologia dos pesquisadores, e parece que a diferença entre a imitação de um paradigma e a aplicação de um princípio pertence a essa disciplina. Acho, pelo contrário, que o importante é o juízo que se faz retrospectivamente quando uma descoberta aparece: ela confirma ou infirma os princípios já conhecidos? Na realidade, a tese de Kuhn, cujo interesse para o estudo da história não se pode negar, mereceria ser posta numa nova perspectiva, para melhor dar conta de duas transformações maiores da ciência que ele não registrou: a irrupção do formal e o avanço da coerência. Acho que esses acontecimentos, que se apresentam ambos bem mais como evolutivos do que como súbitos e revolucionários, podem ser melhor compreendidos por meio de uma reflexão sobre os princípios do que pela dialética dos paradigmas.

Assim é que ressaltamos anteriormente a importância histórica da manifestação do formal através das equações de Maxwell. Ora, se essas equações muitas vezes desempenharam o papel de um paradigma na inspiração das pesquisas, parece que isso jamais aconteceu por seu caráter formal, mas sempre por este ou aquele outro aspecto. O avanço do formal na relatividade e, em seguida, na física quântica tampouco parece ter sido inspirado por um paradigma, mas antes ditado pela necessidade. Portanto, trata-se aí do aparecimento de uma das características mais importantes da ciência, que se fez gradualmente demais para ser qualificada de revolução e que não procedeu pela imitação de paradigmas.

Kuhn tem, na realidade, a tendência de ligar demasiadamente as suas duas teses, como se cada "revolução" fosse a cada vez acompanhada de um novo paradigma. A continuidade da evolução científica aparece, assim, entrecortada como um romance em episódios. Para só tomarmos um exemplo, os genes de Mandel e a estrutura em dupla hélice do ADN descoberta por Crick e Watson são dois paradigmas e os pontos de partida de duas revoluções. Mas sua continuidade é, com certeza, muito mais importante que o seu acontecimento.

O termo "revolução" aplica-se, porém, com correção a alguns acontecimentos bem determinados. Descreve bastante bem as três transformações já citadas, em que nasceram a relatividade, a teoria relativista da gravitação e a física quântica. A cada vez, se tratava de uma crise em que a ciência – perdoem-me a expressão – podia "deixar sua pele". Mas será que o que conta é a crise? Não, mas certamente o seu resultado: novos princípios, e, nestes casos, altamente formais. Isto é que é importante, e Kuhn não podia vê-lo através do prisma de seus paradigmas, pois em matéria de paradigmas, apareciam muitos por ano naquela época, fogos de artifício, fogo de palha, estouros inconstantes ao olho deslumbrado: será que aquele que os acompanha com os olhos pode realmente ver?

Assim, se revisarmos a importância das mudanças de paradigma para só retermos as transformações realmente essenciais, as que dizem respeito aos princípios, constataremos que só houve uma grande evolução, acompanhada, em tudo e por tudo, por três revoluções, pelo menos no caso da física. Parece, então, excessivo extrapolar esses episódios como o fazem alguns, para transformá-los numa regra para o futuro e predizer uma avalancha de revoluções futuras. Que temos nós, em matéria de revoluções? Uma, duas, três, e é tudo. Daí a dizer "Uma, duas, três, sempre", há um passo que parece imprudente. Eu terei o cuidado de evitar pretender que a ciência não sofrerá outras revoluções, mas sinto-me tanto no direito de duvidar disso quanto de admiti-lo.

Sem dúvida, vão chamar-me de conservador, e já posso ouvir o argumento repetido sem cessar: os físicos acreditaram que sua ciência chegava a seu termo no final do século XIX, no momento mesmo em que se preparavam as suas transformações mais profundas. Ai daquele que cometer de novo esse erro! Mas quem disse que ainda será um erro? Não será melhor evitar pronunciar-se e simplesmente colocar a questão: se nos enganamos uma vez, acreditando que a casa iria ser terminada, significa isso que ela sempre continuará aberta a todos os ventos?

Podemos, por fim, registrar que a reflexão de Thomas Kuhn é bastante parecida com a de Michel Foucault em *As palavras e as coisas*. Para o primeiro, uma ciência é, em cada época, um mostruário de paradigmas e de imitações, todos marcados por uma inspiração comum. Para Foucault, é todo o conjunto das obras intelectuais de uma época que apresenta esse tipo de parentesco, para constituir a "episteme" do século. Em ambos os casos, os conceitos organizadores, episteme ou paradigma, parecem bons indicadores para uma história das mentalidades, mas nada têm em comum com a realidade, a única coisa que deve preocupar a ciência.

A questão do realismo

O espaço manifesto que não raro separa a epistemologia contemporânea daqueles cuja profissão é fazer ciência se deve acima de tudo, a meu ver, ao fato de que a primeira se interessa mais pela sociedade humana do que ao que constitui a preocupação essencial dos segundos: a natureza, o Real. Felizmente, devemos a Bernard d'Espagnat, que agiu ao mesmo tempo como físico e como epistemólogo, uma reflexão argumentada sobre o Real, que respeito e aprecio, sem aderir a ela totalmente, porém, nem, sobretudo, compartilhar a opinião de muitos sobre a importância da doutrina que é chamada de realismo e que me parece, pelo contrário, de algum modo, condenada de antemão.

A questão do realismo parte de uma interrogação: que nos ensina, então, a ciência sobre a realidade das coisas? A resposta mais espontânea, que para muitos parece ser óbvia, é que a ciência permite conhecer a realidade e saber o que esta última é verdadeiramente. Com efeito, é da realidade que vêm tantos conhecimentos cuja lista seria interminável, o fato de que a mesa é feita de átomos, como o sol brilha, como a seiva sobe pela árvore, quais são as funções do fígado e do coração, a hereditariedade, que sei eu mais? Sem o trabalho de gerações de homens que se consagraram à observação, à experiência e à reflexão, nada saberíamos de tudo isso e cairíamos, sem dúvida, nas ilusões do passado, em que o curso do Sol indicava a passagem do carro de um deus e o arco-íris era um xale jogado sobre a terra. A ciência ensina-nos o que é realmente o mundo.

Podemos qualificar essa posição como *realista*. Foi ela analisada com pertinência e atenção por d'Espagnat, que assim a definiu em *Le Réel voilé*: nela se admite como evidente que existe "algo", a realidade, cuja natureza não depende das capacidades cognitivas do homem nem de sua ação quando observa ou mede. Obtemos mais precisamente a doutrina do *realismo físico** quando acrescentamos a isso uma hipótese mais forte: a realidade é cognoscível graças às investigações da ciência.

Isso pode parecer evidente, e se poderia crer que essa ideia simples tivesse dominado os espíritos e a ciência antes que aparecessem os perturbadores formalismos do século XX. O cientista teria, assim, sido realista antes que um progresso extremo viesse forçá-lo a uma prudência maior.

Na realidade, não é nada disso, e foi quase desde a origem da ciência que se começou a meditar sobre a sua natureza, para erguer diante do realismo uma outra doutrina, que exibiu, ao longo do tempo, múltiplos matizes e podemos, *grosso modo*, definir do seguinte modo: a ciência oferece uma representação da realidade que preserva todas as aparências dos fenômenos. O que chamamos, neste caso, de fenômenos abrange tudo o que podemos ver ou tocar e, mais geralmente, alcançar pela percepção ou pela experiência. O que devemos entender por aparências é mais sutil, sobretudo se empregarmos o termo hoje, mas podemos contentar-nos em conservar a sua significação mais corrente: o que é percebido, sem que possamos estar totalmente certos de não sermos vítimas de uma ilusão.

Esse conflito entre o realismo e a representação foi particularmente bem mostrado por um dos maiores pensadores da epistemologia. Trata-se de Pierre Duhem (1861-1916), que também fez trabalhos importantes na termodinâmica e na química física, mas que aqui nos interessa por sua obra, em que, do *Système du monde* a *la théorie physique*, põe uma erudição prodigiosa a serviço da história e do estudo das ideias nas ciências físicas. Sua contribuição é ainda mais preciosa porque ele se situa muito precisamente, por sua época, na transição da física clássica para a física moderna. Ele tem conhecimento dos trabalhos de Einstein, mas continua a se interrogar a respeito deles e é pouco influenciado por eles. Em compensação, já tomou consciência da mudança formal acontecida com Maxwell, e pressente toda a importância do formalismo. O grande desenvolvimento da física quântica só ocorreu após a sua morte, de sorte que, em suma, Duhem é uma preciosa testemunha da física clássica que medita sobre a sua própria natureza.

Em primeiro lugar, observa ele que existe uma relação muito estreita desde a origem, isto é, no caso, em Aristóteles, entre o realismo e a noção de *explicação*. Explicar as coisas tais como elas são é um processo que se atribuía de preferência, na Antiguidade, aos que eram então chamados de "físicos", muito antes do nascimento da física como a entendemos. O melhor exemplo é oferecido pelos atomistas, que explicam os fenômenos ópticos supondo que átomos de luz são iluminados e recebidos pelo olho. A própria matéria é formada de outros átomos. A explicação consiste, então, em se figurar pela imaginação as coisas tais como *são*, não sendo os átomos muito diferentes de minúsculos corpos, que podemos facilmente imaginar pelo exemplo de outros corpos maiores mas mais familiares, como grãos de areia ou de poeira.

O realismo clássico é, em primeiro lugar, isto: toda a realidade é ali supostamente compreensível, visível aos olhos da imaginação e da razão. Quando Boscovitch (1711-1787) retoma a exposição da teoria atômica, cria condições para novas explicações dos fenômenos conhecidos em seu tempo, como as propriedades do ar sob a influência da pressão ou certas propriedades químicas, e não manifestará nenhuma dúvida sobre o fato de que os átomos são realmente tais como a imaginação no-los representa. Trata-se de um verdadeiro realista. Quando Descartes afirma que a matéria é a extensão, ele a "vê" com seus olhos de geômetra, certo de que o que imagina coincide com a realidade. É um realista. A posição de Galileu é mais matizada, mas parece que também podemos chamá-lo de realista, um pouco procrastinador também, talvez, pois tem consciência de que muitas coisas continuam por descobrir.

Descartes, Galileu, Boscovitch, e mais quem? Duhem estabeleceu a lista dos cientistas que podemos qualificar como realistas, e ela termina praticamente aí. Em todas as outras partes, encontramos, em compensação, uma certa prudência, uma prudência certa ou a certeza de que o realismo é uma imprudência.

Os primeiros sinais dessa circunspeção apareceram muito cedo, com as primeiras teorias astronômicas. Hiparco, com efeito, fizera uma perturbadora constatação que já tivemos oportunidade de mencionar: é possível dar conta dos movimentos da Lua e do Sol tanto pela teoria dos epiciclos quanto pela dos excêntricos. Como escolher uma das duas teorias? O próprio fato de que elas sejam duas, igualmente admissíveis, deixa pairar uma dúvida sobre a validade de cada uma delas, e até, afinal, sobre as duas ao mesmo tempo. Mais tarde, quando o estudo mais preciso do movimento dos planetas feito por Ptolomeu obrigou a aumentar o número dos epiciclos superpostos, a teoria dos excêntricos caiu, em parte, em desuso, mas os cientistas permaneceram conscientes do fato de que a mais simples descrição do movimento de Vênus é dada por um epiciclo que esse planeta percorria ao redor do Sol, que ele próprio podia deslocar-se sobre um círculo excêntrico.

A dúvida foi mantida ao longo do tempo por Posidonius (cerca de 135-51 a.C.), por Santo Agostinho e por Simplicius (primeira metade do século VI de nossa era). Encontramos a formulação mais clara dessas reservas em Santo Agostinho: "Os astrônomos esforçaram-se de diversas maneiras por explicar esse movimento. Mas não é necessário que as suposições que imaginaram sejam verdadeiras, pois talvez as aparências que os astros apresentam possam ser preservadas por algum outro modo de movimento ainda desconhecido dos homens". A frase célebre segundo a qual a ciência apenas "salva as aparências" reaparece sem cessar ao longo da história das ideias, e forneceu a Duhem o título de um de seus livros.

Quando surge a teoria de Copérnico, a questão é novamente levantada: gira a Terra realmente ao redor do Sol, ou essa maneira de descrever os fatos observados ainda é apenas um modo de salvar as aparências, sobre a qual de bom grado se admite que é a mais cômoda, pois leva a uma representação mais simples, com um menor número de epiciclos, os menores, que só trazem correções. Quando a Igreja de Roma tomar consciência do que está em jogo, no tempo de Galileu, ela se empenhará em defender a concepção de uma ciência puramente representativa, e não realista, de acordo, aliás, com a filosofia de Tomás de Aquino. É por ter recusado essa saída que Galileu se viu condenado; ele era, afinal, verdadeiramente realista.

As ideias atuais sobre o assunto, porém, estariam mais próximas de Tomás de Aquino do que do famoso "E no entanto ela gira" de Galileu. A teoria relativista da gravitação afirma, com efeito, que as leis da natureza são as mesmas, seja qual for o sistema de referência que se adote para descrevê-las, quer associado à Terra, ao Sol, quer a qualquer outra coisa. Acontece, porém, que sua escrita explícita é mais ou menos simples conforme o caso, sem que isso tenha uma significação objetiva decisiva, pois só a *forma* matemática das leis da física tem um valor universal. Essa forma engloba todas as visões particulares que podemos ter dos fenômenos, de acordo com o ponto de vista, o sistema de referência que decidimos adotar. Um realismo de hoje, portanto, não poderia identificar-se com o dos Antigos, e já não corresponde a uma "explicação" do mundo no sentido convencional.

Deixemos estas considerações demasiado modernas e voltemos à física clássica, para lermos o que Newton dizia sobre o assunto. Em primeiro lugar, nos *Principia*: "Expus os fenômenos que os céus e os mares apresentam com a ajuda da força da gravidade, mas a essa gravidade ainda não atribuí uma causa". Exprime ele, então, a convicção de que uma tal causa deve existir, e se estende um pouco sobre as características da gravidade, para concluir: "Mas até agora não pude tirar dos fenômenos a razão das propriedades da gravidade, e não finjo hipóteses. Pois tudo o que não se tira dos fenômenos deve ser chamado hipótese". Embora o texto seja perfeitamente claro, podemos sublinhar que a hipótese se opõe ao realismo. Quando a reconhecemos pelo que ela é, isto é, uma aposta, uma crença, uma convenção, uma possibilidade, mas, de um modo ou de outro, a ausência de uma certeza total, admitimos que, de qualquer forma, não conhecemos a realidade em si, ou pelo menos ainda não a conhecemos. Em suma, ao se abster, Newton se afasta do realismo, para nos deixar na presença de uma representação da realidade por princípios, a cujas fundações não temos acesso.

Esses princípios são apenas, afinal, um resumo muito condensado dos fenômenos observados. Pelo menos é o que diz Newton no final da segunda edição da *Óptica*: "Explicar cada propriedade das coisas dotando-a de uma qualidade específica oculta pela qual seriam gerados os efeitos que se manifestam a nós é absolutamente nada explicar. Mas extrair dos fenômenos dois ou três princípios gerais do movimento, explicar em seguida todas as propriedades e as ações dos corpos por meio desses princípios claros é verdadeiramente, na Filosofia, um grande progresso, mesmo se as causas desses princípios não forem descobertas; é por isso que não hesito em propor os princípios do movimento, embora deixando de lado a busca das causas".

Há de se notar que a posição de Newton não exclui a eventualidade de um dia aceder ao realismo. Ele se contenta em se abster a este respeito, só imaginando um conhecimento direto da criação no nível divino, e não no humano. Mais uma vez, ele toma cuidado em não seguir as pegadas de Descartes, que considera muito presunçoso por ter ousado dizer: "Quanto à física, eu acreditaria nada saber a seu respeito se não fosse capaz de dizer como as coisas podem ser, sem demonstrar que elas não podem ser de outra maneira". O que Pascal não deixou de notar, por seu lado, asperamente: "Deve-se dizer, *grosso modo*: isso se faz por figura e movimento, pois é verdade. Mas é ridículo dizer quais e compor a máquina; pois isso é inútil, e incerto, e penoso". Não há problema em descrever por figura e movimento, isto é, segundo regras matemáticas, mas é ridículo pretender conhecer a intimidade da realidade. Esse juízo peremptório sempre ameaçará, a partir daí, todas as tentativas dos realistas.

No entanto, quando dizemos, ao contrário dos realistas, que a ciência é uma representação da realidade que dá conta dos fenômenos de maneira ao mesmo tempo econômica, extensa e, sobretudo, coerente, seria excessivo transformar isso, por sua vez, numa regra metafísica, afirmando que é impossível, em princípio, que alguma vez as coisas sejam diferentes. Era essa, essencialmente, a posição dos inquisidores de Galileu, e seria desagradável conceder-lhes esse *satisfecit*. A ciência não se contenta em "salvar as aparências", inclusive para Newton, pois os princípios da dinâmica, para só citarmos a eles, são realmente, para ele, princípios universais. Se hoje fomos levados a delimitar o seu campo de aplicação, isto só ocorreu depois de os termos encerrado em princípios ainda mais gerais de que os deduzimos, os quais também são, talvez, limitados, mas garantidos em seu campo de aplicação. Os princípios de Newton, para nos restringirmos a eles, não se reduzem a um mero resumo dos fatos conhecidos, pois nesse caso toda experiência realmente nova viria inevitavelmente a pô-los em causa de novo. São, pelo contrário, princípios preditivos, e não somente efetivos. Serão aplicados, após Newton, à dinâmica dos fluidos, ao movimento do pêndulo de Foucault e a muitas outras coisas mais. A cada vez, eles fornecerão antecipadamente conclusões que a experiência apenas confirmará.

Esse caráter preditivo das leis e sua permanência por meio dos progressos realizados, a despeito das modificações que é preciso fazer que eles sofram para compensar a extensão de seu domínio, parecem indicar que a representação obtida pela ciência não se limita a salvar as aparências. Pelo contrário, ela as ultrapassa, embora o que alcance não seja a natureza íntima das coisas, mas antes a permanência de suas relações mútuas. Da mesma maneira que as matemáticas se tornaram uma ciência das relações abstratas, a física é a ciência das relações que se exercem na realidade. Nada do que sabemos parece tornar duvidoso esse conhecimento das relações ou, se preferirem, dos princípios. No entanto, como se trata apenas de relações, não podemos encerrá-las numa visão intuitiva e fiel e só podemos fornecer uma *representação* que passa pelas formas da lógica e das matemáticas e conserva, inevitavelmente, uma certa distância da realidade.

CAPÍTULO 14
O MÉTODO

Prosseguiremos aqui o nosso inventário, desta vez para falarmos do método das ciências. Uma tal discussão é, de fato, indispensável, num contexto em que muitas vezes ouvimos negarem até a existência de um tal método. Refiro-me, evidentemente, a Feyerabend e aos que o seguem. Vejamos o que se passa.

Um método para julgar, não para construir

Diante da imensa extensão e da coerência da ciência atual, só podemos ficar pensando no que as torna possíveis, e até no que torna possível uma tal ciência. A própria realidade é a causa dela, com toda certeza, mas por meio de que poderoso método é ela interrogada para dar respostas tão generosas, mas também, às vezes, tão estranhas?

Quando Bacon ou Descartes falavam de método, tratava-se do que normalmente se entende por isso, de uma regra de comportamento que pudesse levar infalivelmente a mais conhecimentos: um método para construir a ciência. Neste sentido, há uma certa contradição entre a crítica da filosofia feita por Bacon e a sua crença no poder dos métodos.

Supor que um tal método seja possível é, com efeito, um postulado filosófico. Um método que permitisse gerar a ciência com uma certeza suficiente suporia, de algum modo, a posse prévia de um princípio de ordem mais alta do que aqueles a que poderíamos chegar com o seu auxílio. Esse princípio existe em Descartes, é a preeminência da razão, diante da qual tudo é absorvido nas evidências. Em Bacon, admite-se que a experiência deva "falar" por si mesma e que basta interrogá-la. Trata-se, em suma, de uma fé quase cega na indução. Eu, de minha parte, prefiro, evidentemente, a outra possibilidade, que Bacon sugere quando fala de "proceder com regularidade e gradualmente de um axioma a outro, de modo que os mais gerais só sejam alcançados no final". Tratar-se-ia, segundo essa via, tal como a quero entender, de colher os princípios filosóficos na árvore da experiência, inclusive os que presidem ao próprio método da ciência.

O que vamos buscar, pois, não é um método para construir a ciência, mas antes um método para julgá-la uma vez que esteja construída, sem impor de antemão a forma que essa ciência deve assumir. Trata-se, antes de tudo, de regras práticas que permitam garantir a qualidade da correspondência entre a representação científica e a realidade. Em suma, de um conjunto de critérios de verdade, ou antes, deveríamos dizer, de conformidade com o Real. O método assim entendido pouco tem a ver com os caminhos seguidos pelos pesquisadores para acumularem a informação ou chegarem à descoberta. Ela concerne mais à humanidade que medite sobre o saber acumulado do que aos seus membros que pretendam aumentar esse saber. Podemos, também, ressaltar que esse método é inteiramente específico à ciência e que ele permite, portanto, separar radicalmente esta última das outras representações da realidade que poderíamos querer contrapor-lhe.

Que método?

A questão do método é um tema de viva polêmica entre os especialistas da epistemologia. A dificuldade deve-se, em parte, a uma confusão que se estabelece facilmente entre duas questões aparentadas, embora profundamente diferentes: como pode o pesquisador fazer descobertas? Como estabelece a humanidade a concordância entre seus conhecimentos e o Real? A primeira delas é que mais se presta à controvérsia, quando, na realidade, é antes de tudo a segunda que nos interessa.

Para limpar o caminho, talvez seja bom ver primeiro o que esse método não é. Não é um projeto de pesquisa, nem o estabelecimento experimental de uma base de dados, nem um conjunto de regras de conduta para a "direção do espírito", que permita moldar os problemas a fim de reduzi-los a uma forma simples, ou até à evidência, como Descartes acreditava poder fazê-lo. Longe de mim, evidentemente, a ideia de negar o interesse de tais tentativas ou de um tal comportamento. Mas isso é da competência apenas de um esforço de organização e de eficiência, que nada tem de particularmente científico.

Existe, afinal, algo que desempenhe o papel de método científico? Se Thomas Kuhn tivesse razão e o progresso das ciências fosse apenas uma sucessão de acontecimentos exemplares elevados, a cada vez, à condição de paradigmas, como modelos oferecidos à imitação, seríamos tentados a responder pela negativa. Não haveria, então, tantos métodos quantos paradigmas, os quais mudariam conforme o espírito do tempo e mais se assemelhariam a uma inspiração do que a uma regra? Feyerabend foi ainda mais longe, negando até, explicitamente, a existência de um método na construção da ciência.

Na realidade, é importante deixar bem claro de que ciência se fala e que finalidade se atribui ao método. Uma ciência ainda balbuciante ou, na melhor das hipóteses, empírica não pode contar com o fato de que um método miraculoso seja suficiente para lhe garantir certezas ou para sancionar seus conceitos ainda frágeis. Limitar-nos-emos, portanto, apenas às ciências que já alcançaram um alto nível de coerência, a esses monumentos do conhecimento que Roger Penrose chama de "soberbos". Com efeito, são elas que provocam o espanto e a meditação.

Quanto ao objetivo que conferimos ao método, ele não poderia ser, mais uma vez, um código de comportamento que dê a garantia de chegar a descobertas: adotem-no e ficarão satisfeitos, ou seu dinheiro de volta. De fato, é perfeitamente claro que a posse de um método que permitisse revelar a intimidade do Real pressuporia, de algum modo, um conhecimento do Real já quase perfeito. Não existe método para traçar de antemão um itinerário em terra desconhecida. É esse argumento muito simples que me convence que a crítica de Feyerabend é, em parte, justa, embora óbvia. Os exemplos que ele dá confirmam-na, em compensação, de maneira concreta, e podemos, pois, abandonar essa ideia outrora atraente e hoje caduca.

O método a que nos referimos é o que permite compreender como podemos reconhecer *retrospectivamente* se uma ciência está firmemente estabelecida e se ela chegou a um conhecimento *coerente*.

Há de se observar que definir assim o método supõe, por assim dizer, um axioma prévio, segundo o qual o Real é cognoscível (pelo menos em parte) de acordo com critérios de universalidade e de coerência lógica. Essa é, evidentemente, uma hipótese muito forte, mas corresponde também a uma constatação muito surpreendente, mas irresistivelmente imposta pelos fatos e reforçada por cada fragmento de século que passa.

Enfim, não poderíamos falar de método sem citarmos Karl Popper e seu critério essencial, que restringe a ciência a formular apenas sentenças refutáveis pela experiência. Essa contribuição de Popper é, hoje, clássica, e pode ser considerada definitiva, integrando-a plenamente, aliás, o método de que vamos falar.

Um método de quatro tempos

Podemos afirmar que existe um método bem definido que ressalta a especificidade da ciência. Vamos chamá-lo de método de quatro tempos, vindo esse nome de que ela emprega quatro atividades diferentes da experiência e do pensamento, correspondendo às vezes, mas não necessariamente, a quatro estádios da história de uma ciência. São de preferência quatro estruturas do conhecimento que se completam, às quais daremos os nomes de empirismo, conceptualização, elaboração e verificação.

Esse método recobre, por assim dizer, a física contemporânea e faz parte de seu "folclore", do que todos sabem sem saber onde encontrar. Podemos encontrar a sua origem no livro de Pierre Duhem *A teoria física*, onde tudo é dito claramente, com exceção de alguns matizes que se devem à presença hoje mais manifesta do caráter formal da ciência. É pouco provável, porém, que esse livro tenha sido lido o suficiente para ter tido grande influência nos meios científicos, e encontraremos, pois, fontes mais seguras na correspondência de Einstein, nos tratados de Heisenberg ou no livro de Richard Feynman *A natureza das leis físicas*.

Acontece que os quatro tempos em questão cingem bastante de perto diversos estádios da história da dinâmica clássica que já tivemos a oportunidade de encontrar, o que faz dessa ciência um exemplo cômodo. O estádio empírico, ou de exploração, passa pela observação dos fatos, por experiências "para ver", pelo estabelecimento de um catálogo de dados e, eventualmente, pela constatação de regras empíricas. Reconhecemos aí as observações e as medições de Tycho Brahé e de Galileu, bem como as regras empíricas de Kepler sobre o movimento dos planetas ou as de Galileu sobre a queda dos corpos. Podemos admitir que um campo de conhecimentos que se encontre apenas nesse estádio de cultura ainda não é realmente uma ciência madura, sujeita a critérios de coerência.

O segundo estádio é o da conceptualização ou, melhor dizendo, da concepção. Consiste em elaborar e em selecionar conceitos adequados a uma representação do Real, em inventar o princípio ou os princípios que poderiam regê-la. Empregamos de propósito a palavra "inventar", e não "descobrir". De fato, só haverá descoberta depois de uma verificação. Como é impossível dizer como inventar, esta fase de concepção jamais revelou o processo de sua gênese. Determinado cientista atravessará este estádio por meio de uma série de atos lógicos. Ele nos dirá: "Esse exemplo sugeriu-me que tal conceito deveria ser central e que o que ele representa deveria agir de tal maneira, esse outro exemplo limitou o campo das possibilidades, este terceiro me obrigou a ir procurar mais adiante. Então, eu fiquei pensando se a hipótese mais simples não seria esta ... Experimentei-a e eureka!".

Em oposição a esse logicismo, não raro se citam exemplos perfeitamente irracionais, como o da invenção da estrutura cíclica do benzeno feita por Kekule: ele viu, num sonho, uma serpente que mordia a cauda. "Mas é claro, a molécula de benzeno é um ciclo!" Poder-se-ia dizer também, sejam quais forem as circunstâncias, que este segundo momento é o do gênio, no sentido etimológico do termo.

Podemos sonhar com a maneira como Newton passou, sem dúvida, por essa fase de concepção, quando estava formulando a dinâmica. Precisou primeiro depurar os conceitos de massa, de força, de posição e de velocidade, e também inventar o de aceleração. O conceito que poderia figurar num princípio iria ser a aceleração, e não a velocidade, mas isto não era nem um pouco óbvio. Inventou a lei que tem o seu nome ao enumerar diversas possibilidades, ou impôs-se ela a seu espírito? Ele próprio diz que foi o segundo caso, uma iluminação acompanhada de uma sensação de certeza que encontramos com frequência em outros descobridores. Esse tipo de conhecimento súbito, que poderíamos chamar de terceira espécie, à maneira de Espinosa, é fascinante, mas também pode ser enganoso, e o classificaremos, portanto, a contragosto, na categoria dos aspectos humanos da ciência, que não faz parte de nosso assunto.

O terceiro tempo, o da elaboração, é, em compensação, razoavelmente bem-regido pela lógica, ainda que esta última porventura sofra sobressaltos e solavancos ao percorrê-lo. Consiste em enumerar todas as consequências possíveis dos princípios, o que pode exigir muitos esforços e muita imaginação. No mais das vezes, retemos primeiramente apenas uma parte dessas consequências, e, prioritariamente, as que dizem respeito a fatos já conhecidos. Assim é que Newton começou retomando o movimento dos planetas e a queda dos corpos. Vêm mais tarde, com o tempo e com o trabalho dos homens, os esforços ambiciosos que visam à totalidade.

No caso da física, essa elaboração muitas vezes se traduz por cálculos, pois a representação nova que é preciso pôr à prova é ela própria formulada em termos matemáticos. Este não é praticamente nunca o caso na biologia, em que a lógica do senso comum, esclarecida por conhecimentos suficientemente vastos, aparece normalmente sozinha ao longo dos raciocínios. *A origem das espécies* de Darwin é, sobre este ponto, um livro muito revelador.

O quarto tempo é o da verificação. É dele que fala Popper quando diz que a teoria deve oferecer-se ao "falseamento", isto é, expor-se a ser refutada. É a fase em que a teoria, a ideia ou o princípio, que ainda estão apenas no estado de hipóteses, mas já armados de suas predições, vão oferecer-se à refutação. Cada previsão é sistematicamente submetida à experiência. Que diz esta última: é verdadeira ou falsa a previsão? Que dizem as miríades de previsões e de experiências (a palavra não é forte demais no caso da mecânica quântica)? Todas as vezes a resposta é sim, então a ideia é, sem dúvida, verdadeira, e a natureza a julga digna do coração e da medula das coisas. E se a resposta for não, mesmo que seja uma só vez? É a teoria que é falsa, ou pelo menos incompleta, e é preciso rejeitá-la ou, no melhor dos casos, mantê-la sob suspeita, até novos esclarecimentos. Só há realmente verificação, para uma teoria "soberba" que unifique vastas áreas do conhecimento, se a resposta da experiência não for nunca, estritamente nunca, negativa no domínio abrangido pela teoria. Senão o edifício vacilaria e, para salvá-lo, só restaria a esperança de uma transformação profunda que o levasse a um nível de coerência mais alto.

As características dos quatro tempos

Seria muita ingenuidade pretender que este método estivesse sempre manifesto em todos os exemplos oferecidos pela história das ciências, quando uma ciência se cria ou se transforma. Com efeito, o método traz, lembremo-lo, uma sustentação à ciência, e de modo nenhum uma lei da história. Pode acontecer que, na prática, alguns desses estádios pareçam ausentes, muitas vezes porque são atravessados com demasiada facilidade para que a atenção se detenha neles. Pode ser que as observações iniciais sejam a tal ponto "reveladoras", que o segundo tempo passe a não ter mais nada de genial e se reduza a uma evidência. Ou o tempo de elaboração pode reduzir-se à banalidade de um raciocínio elementar. A história pode, também, misturar as cartas, até tornar o jogo difícil de se entender, o que é frequente. Podemos, ainda, mencionar que a descrição do método que acaba de ser apresentada não se aplica ao caso das matemáticas e só diz respeito às ciências da natureza, ou seja, aquelas ciências cujo tema de estudo é o Real, sob uma qualquer de suas formas.

Reconhecer, assim, em que consiste o método permite compreender melhor como a representação científica se constrói e qual é a sua relação com a realidade. Constatamos que o Real é nele interrogado duas vezes, na entrada e na saída do processo, o que o faz mandar no jogo. Tudo só se faz graças a ele e tudo é sancionado por ele. No momento da exploração, ele fornece as informações prévias sobre as quais o pensamento poderá debruçar-se. No momento de verificação, que às vezes pode estender-se por séculos, o Real intervém não dando nenhuma resposta negativa ao acúmulo das predições que o homem se empenha em tornar completo. É então que podemos considerar o conhecimento garantido, na medida em que esta palavra tenha um sentido.

O terceiro tempo, o da elaboração, é um grande exercício de lógica. É aquele sobre o qual insistimos no ensinamento, a tal ponto que ele acaba aparecendo aos olhos ingênuos como o arquétipo do método científico. Sem dúvida, era em parte para contrabalançar essa tendência nefasta que Popper insistia com tanta força na verificação, com o risco de desequilibrar, por sua vez, o edifício. Na construção de uma representação, a elaboração tem, com efeito, como papel principal preparar o quarto tempo, a verificação.

O segundo tempo, o da concepção, é fascinante, e apaixona todos aqueles que se interessam mais pelos homens do que pelo Real. O romantismo pode vir se misturar a isso, e podemos nele assistir à atividade do gênio em que vai surgir a luz, recompensa de uma interrogação incansável. É o Balthazar Claës de Balzac, que encontra o "absoluto". Esse estádio muitas vezes surpreendente intriga também pela irrupção, por vezes, em seu desenrolar, de um pormenor ilógico, irracional ou até aberrante (o sonho de Kekule), pelas tentativas, pelas associações e pelas analogias em que mergulham os criadores durante esses períodos. Um espectador racionalista que o ensinamento recebido convidaria a identificar a ciência a um comportamento puramente lógico do pesquisador descobriria então, com espanto, a atividade irrequieta de mentes excitadas, bem descrita por Arthur Koestler em *Os sonâmbulos*. É bem provável, porém, que esses aspectos irracionais possam ser explicados por uma atividade intelectual intensa, estendendo seu domínio a todos os componentes da personalidade, que neles se manifestam à sua maneira. Afinal de contas, essa algazarra da mente dará lugar ao silêncio, quando o alvo for atingido. Tudo será, então, cuidadosamente limpo pelo autor, que passará à forma convencional e cômoda das publicações científicas, onde só permanece a ideia-chave, Vênus Anadiomene de pés limpos da espuma.

Quando temos como *parti pris* dar prioridade ao Real, a maravilha não está aí. Ela está na dança do Real consigo mesmo, quando o cérebro do homem, pelo Real engendrado, produz uma imagem tão perfeita quanto imprevisível desse Real.

A lição das tentativas abortadas

A história e o ensinamento muitas vezes só retêm das ciências as tentativas que tiveram bom êxito, o que às vezes leva a uma imagem falsa do processo da descoberta. Pareceria, assim, que fossem precisos indivíduos radicalmente excepcionais para "engendrar" a ciência, mas o erro mais grave que poderia decorrer de um desconhecimento dos fracassos seria mostrar a verificação como uma formalidade acessória. Com efeito, é tão inacreditável que um homem possa encontrar para os fenômenos naturais uma explicação completa ou alcançar um princípio universal, que parece que a natureza não poderia recusar-se a sancionar um tal milagre quando ele se produzisse. Nada mais falso, e o conhecimento das tentativas abortadas é, pelo contrário, muito instrutivo.

A física das partículas elementares é uma ciência ainda jovem, cuja maioria dos especialistas ainda está viva. Eles se lembram de muitas teorias que propuseram, ao longo dos últimos quarenta anos, este ou aquele princípio, cujas consequências se viam verificadas quantitativamente por múltiplos dados. Numerosos pesquisadores partiam, então, entusiasmados à busca de outras predições que fossem no mesmo sentido. As experiências de verificação eram desenvolvidas junto aos grandes aceleradores e com frequência, infelizmente, uma ou várias dessas experiências infirmavam o efeito esperado ou mediam um valor de um parâmetro diferente do que se esperava. Às vezes, o esforço não era totalmente perdido; os novos resultados experimentais assim armazenados sugeriam uma tentativa nova, que o sucesso acabaria coroando. Na pior das hipóteses, as regularidades até então insuspeitadas que a teoria abortada revelara vinham enriquecer a coleção das regras empíricas.

Seria interessante, neste sentido, descrever o longo caminho que levou às duas principais descobertas da física das partículas: a unificação das interações fracas com as interações eletromagnéticas e a descoberta dos quarks, sem omitir os caminhos abandonados, a que se aplicam os versos de Rilke.

> Caminhos que não levam a nenhum lugar
> E parecem pelo acaso
> Desviados,
> Caminhos que se perderam.

É certo que o cemitério das belas ideias mortas é imenso, e a física das partículas não é a única que pode dar seu testemunho sobre isso. Eu não me lembro sem sorrir de um provérbio irônico que servia de epígrafe à participação de falecimento de uma ideia de cosmologia que me era cara, morta sob os golpes da observação: "Nada é mais atroz do que o assassínio abjeto de uma bela teoria por abomináveis fatos". Retenhamos sobretudo de tudo isso a espantosa faculdade de imaginação e a fecundidade profusa dos pesquisadores em sua criação de hipóteses, verdadeiras saraivadas de flechas lançadas em direção ao Real.

Método e ciências humanas

A observação anterior leva-nos a fazer uma breve incursão no domínio das ciências humanas. Não se trata, evidentemente, de criticá-las, mas sim de examiná-las à luz do método. Podemos, para começar, observar que muitos estudos, e até mesmo ciências inteiras, como a demografia e a economia, fazem um uso intensivo das matemáticas, e sobretudo dos métodos estatísticos.

Ouvimos muitas vezes dizerem que as ciências que recorrem a esse tipo de métodos estão mais próximas do que as outras das ciências da natureza. É verdade que os métodos estatísticos permitem estabelecer correlações, ou seja, a simultaneidade parcial ou total da manifestação de dois ou vários caracteres. Na epidemiologia, para tomar um exemplo trivial, constatamos uma correlação entre as populações em que o consumo de alimentos ricos em gordura é alto e aquelas em que os acidentes cardiovasculares são frequentes. A correlação é muitas vezes o indício de uma cadeia causal, mas nada diz sobre essas causas nem sobre sua ação, nem sequer se há realmente uma causa. No exemplo citado, os estudos clínicos, os exames minuciosos e os progressos realizados pela fisiologia sobre o metabolismo das gorduras permitem substituir a constatação da correlação pelo conhecimento dos mecanismos em jogo, pelo menos em parte. O estádio assim alcançado situa-se no nível do que o método científico pode julgar, mas ainda se estava muito longe disso quando só se dispunha da constatação da correlação no estado bruto.

Sem tentarmos entrar nos detalhes, admitiremos, pois, quanto ao essencial, que os métodos estatísticos oferecem um meio precioso de acelerar a descoberta de regras empíricas, mas que seria errado considerar que eles sejam suficientes para alcançar a coerência permitida pelo método científico completo.

A questão do método preocupou longamente os especialistas em ciências humanas, e foi nesse contexto, muito mais do que no das ciências da natureza, que se desenvolveu a análise de Popper. A questão é delicada, e eu gostaria de apresentar a minha modesta contribuição a ela, analisando o notável método estruturalista introduzido por Claude Lévi-Strauss na antropologia. Se, mais uma vez, as conclusões levam a reconhecer a existência de um hiato intransponível na comparação com as ciências da natureza, o próprio Lévi-Strauss não deixou de reconhecê-lo.

Resumindo-o grosseiramente e esperando não introduzir nele um erro considerável, o método estruturalista procede assim: interessamo-nos por certa categoria de fatos, como os laços de parentesco ou os costumes de mesa. Começamos, numa fase preliminar, pela constituição de um *corpus*, ou seja, pelo sumário de todos os fatos conhecidos sobre o assunto. É um trabalho considerável, que se assemelha à fase empírica do método de quatro tempos. O segundo estádio, o da concepção, também está presente, pois imaginamos, inventamos ou, mais simplesmente, constatamos (o termo pouco importa) um princípio que ordene esses fatos, ao qual se dá o nome de estrutura. O terceiro estádio, o da elaboração, consiste, então, em reencontrar sistematicamente no *corpus* a presença universal da estrutura.

Falta, infelizmente, o quarto tempo, em que a teoria pudesse oferecer-se à refutação. Percebe-se a razão dessa ausência: se o *corpus* está completo, nada podemos predizer sobre o que restaria a observar fora dele, pois não há nada além dele. Inversamente, seria ilusório acreditar que o pesquisador pudesse impor-se ignorar inteiramente uma parte importante do *corpus* para fazê-la servir ulteriormente de prova de verificação. Na melhor das hipóteses, só podemos esperar a descoberta ulterior de novos fatos que teríamos conseguido predizer. A bem conhecida dificuldade continua sendo, afinal de contas, o poder de predição das ciências humanas ser limitado demais.

Outra dificuldade parece ser, no entanto, menos comumente notada: é que a criatividade dos autores pode voltar-se contra eles, para fazer que se duvide mais da existência real das estruturas descobertas por eles. Os antropólogos não são, por certo, menos imaginativos do que os físicos que chegaram a descobrir estruturas na massa dos dados acerca das partículas nos anos 70. Contudo, algumas dessas estruturas eram ilusórias. E o que é mais, as que os físicos propunham levavam a verificações quantitativas muito mais exigentes do que as relações qualitativas das estruturas antropológicas, que toleram uma margem bastante larga de interpretação. Ora, ignoramos tudo dos limites da inteligência e da imaginação. Quando se trata de criar estruturas, sempre podemos ficar pensando se um homem de pensamento suficientemente amplo não é capaz de impor estruturas plausíveis a qualquer *corpus* que seja. Como, então, escapar à perplexidade, quando constatamos que o mesmo método, empregado alhures com maiores exigências, pôde levar a ilusões? O método estruturalista pode justificar uma íntima convicção, mas não parece permitir a prova irrecusável, que só a verificação traz.

Coerência e beleza

Já dissemos o quanto cada experiência que põe à prova uma ciência de vocação universal é uma partida de dados em que um princípio oferecido como aposta pode encontrar a ruína. Quase todos os dias, nos laboratórios, a ciência é assim confrontada com o Real. Para realmente apreciar essa relação de admiração e de provocação dos pesquisadores diante do Real, é preciso conhecer o alegre maquiavelismo dos que preparam durante anos a fio uma experiência crucial, com todos os recursos técnicos que podem reunir ou criar. Descobrimos, então, o clube dos "milionários inversos", dos especialistas que medem quantidades físicas com seis ou mais algarismos, com o objetivo confesso de verificar com maior rigor as consequências dos princípios aceitos e, sobretudo, na esperança mais ou menos confessa de constatar, pelo contrário, um desacordo que reabriria a temporada de caça aos princípios. Assim, constrói-se a ciência oferecendo-a à destruição, e sua sobrevivência é a prova, administrada a cada dia com tanta certeza quanto o nascer do Sol, da persistência do Real e da existência de suas leis.

O que é ao mesmo tempo profundo e coerente provoca irresistivelmente em nós uma sensação de beleza, e cumpre dizer, portanto, algumas palavras sobre esse aspecto da construção científica, pelo qual ela integra uma das mais ricas facetas de nossa humanidade, a da estética. Esta aproximação não é fortuita, pois não se desenvolveu inicialmente o senso da beleza pela plenitude de um gozo do Real, na harmonia de uma paisagem, de um rosto, traduzidas, talvez, para a flauta pela beleza a um só tempo formal e sensível da música? A beleza, quando se revela por um equilíbrio perfeito e uma pura economia dos meios, está sempre presente no quadro da ciência.

Embora a conceptualização da ciência não conheça regras, ela não raro se dobra a uma busca da harmonia. Dirac chegava a dizer que reconhecemos em primeiro lugar uma teoria verdadeira pelo fato de ser bela. Sem dúvida, isso se refere a uma forma de beleza prezada sobretudo pelos matemáticos, difícil de distinguir da coerência: "Ali, tudo é ordem e beleza"... Por que a coerência lógica, quando abarca um domínio bastante amplo para provocar o nosso espanto, cria em nós a mesma emoção, a mesma espécie de alegria que as provocadas pela beleza das coisas? Ignoro-o e, sobre isso, só posso calar-me. No entanto, este é um aspecto importante da ciência, e se pensarmos no que une a filosofia à estética, o mínimo que podemos fazer é mencionar um exemplo.

Assim, que beleza tem o princípio de inércia, de que já falamos repetidas vezes! Ele aparece inicialmente como um princípio modesto, que diz respeito aos movimentos horizontais sobre a Terra. Torna-se universal com Descartes, depois com Newton, que o prende ao tempo e ao espaço absolutos. Ele se livra dessa ganga para reaparecer intacto com a relatividade. É então que a restrição a sistemas de referência indevidamente privilegiados se revela um defeito insuportável para o nosso desejo de beleza. O princípio liberta-se disso, englobando os efeitos de gravitação, para ganhar uma universalidade ainda maior. Como um fogo de artifício que morre num buquê, ele hoje não é mais do que uma lei, uma consequência secundária dos princípios que regem a curvatura do espaço-tempo: as equações de Einstein da teoria relativista da gravitação.

Não dizia Arthur Rimbaud: "Acabou. Posso agora saudar a beleza", palavras do poeta que exprimem melhor do que tudo o que sente o cientista?

A flexibilidade dos princípios

O que acabamos de dizer sobre a relatividade sugere uma outra observação acerca dos princípios. Já assinalamos que a linguagem do espaço-tempo pode servir para formular a relatividade restrita, bem como a linguagem que se baseia num espaço e num tempo bem separados em cada referencial. A primeira descrição é geométrica e a segunda algébrica: ela se exprime em termos de dilatação do espaço e de contração do tempo quando se passa de um referencial a outro. Isso mostra que a codificação das leis da natureza não tem, de modo algum, a rigidez das leis votadas por um parlamento, com títulos e artigos definitivos e determinados de uma vez por todas. Não raro ela permite traduções para formas lógicas aparentemente distantes, cuja equivalência, porém, não deixa de ser perfeita. Vimos um outro notável exemplo disso com a mecânica quântica e suas múltiplas versões, todas equivalentes, dentre as quais as das matrizes de Heisenberg e a das funções de onda de Louis de Broglie.

Constatamos, assim, que a forma da teoria nada tem de único, assim como nada tem de único *a* questão certa que supostamente levaria até ela, nem sequer, às vezes, seus conceitos centrais. É possível um jogo em que princípios e leis, conceitos fundamentais e derivados podem intercambiar-se e desempenhar indiferentemente o papel reservado a um deus ou o de um mero avatar. Nem por isso a teoria deixa de ser única, pois todas essas formas são equivalentes: têm as mesmas consequências e podem, muitas vezes, ser derivadas umas das outras.

Parece que a forma dos princípios, o caminho a trilhar não sejam impostos, a exemplo de certas paisagens montanhosas em que não existe um único caminho de acesso ao pico. Tudo se passa como se um pico do conhecimento fosse uma "realidade no Real", existente em si e acessível a partir de todas as suas faces exploradas pela ciência.

A coisa do mundo melhor partilhada

Para terminar, podemos ressaltar um vínculo estreito entre o método de quatro tempos e o desenvolvimento das ciências formais, bem como seu corolário recente, a mudança de estatuto do senso comum.

O método científico contemporâneo seria, de fato, um motivo de espanto para nossos predecessores. Nada se parece com ele em todos os métodos enumerados por Bacon, para quem o método de indução ocupa, em compensação, o lugar de honra. Segundo esse velho método, a consideração atenta dos fatos permitiria extrair deles quase diretamente as leis a que eles obedecem, "induzir", em suma, as leis a partir dos fatos. Nada está mais distante da ideia moderna de um estádio de concepção, e nada é mais diferente do senso comum cartesiano do que o livre voo da imaginação que se realiza nesse estádio.

Não voltaremos a tratar em pormenor das relações entre o formal e o senso comum, já analisadas. Observemos apenas que, depois de Hume, a psicologia contemporânea iria reconhecer, com Jean Piaget, a origem dos conceitos e do senso comum em cada criança (sua epistemologia genética) na observação do mundo circunstante. Mas nossa infância não foi testemunha de trens que passam a velocidades próximas à da luz, nossos berços não estavam situados perto de buracos negros em que o espaço se encurva a olhos vistos. Jamais vimos elétrons se difratarem, mas, no máximo, a luz assumir um brilho ondeado numa teia de aranha. O que há de espantoso, nestas condições, que não possamos imaginá-los, "imageá-los", segundo a expressão de Jean-François Le Ny? Nosso tesouro de imagens não as contém, e nosso cérebro se mostra incapaz de criá-las.

Poderia acontecer que o mundo fosse simples e em toda parte semelhante ao que mostra de si mesmo à primeira vista. É o que imaginavam os filósofos de antigamente, e construíam sobre isso vastos princípios. A ciência teria, então, permanecido clássica, uma ciência de bom senso, em suma, e o formalismo jamais teria passado de um revestimento destinado a lhe dar maior precisão. As coisas teriam podido ser assim, mas não é este o caso. Isto é um fato, e quem somos nós para ditarmos o que o mundo deve ser?

O espantoso não está aí, mas sim na capacidade da ciência formal de derrubar as paredes que nos pareciam encerrar para sempre. Hume estava enganado quando julgava que o homem fosse incapaz de alcançar a fonte da ordem das coisas, essa ordem que permite nomeá-las. Kant estava enganado ao impor o jugo das ideias inatas a nosso desejo de compreender, para confiná-lo ao que a imaginação representa com imagens e palavras. Outros meios nos permitiram ter acesso ao que é inacessível à linguagem comum, irrepresentável por ela, ao que está fora do espaço indefinidamente liso, e até a objetos que não ocupam um único lugar. É aí que está a maravilha. A questão do filósofo deve ser, então, meditar sobre a origem desta libertação do espírito.

A resposta é clara, e está no método científico que acabamos de descrever. Ao passo que a visão clássica do mundo é intrinsecamente limitada, nada disso, em compensação, limita a representação científica. Durante a fase de concepção, seu método é livre para formar todas as hipóteses, por mais loucas que sejam, para imitar o Real. Ela tenta de tudo, usa de tudo, pode tentar uma abstração mais ousada a partir de outra que já teve êxito em outro lugar, apega-se ao menor indício, lança-se pelos espaços vazios. O pico aonde ela chega só traz como garantia a experiência e a coerência como moral. Essa fase de concepção não se dobra realmente a nenhuma condição prévia: quem somos nós, mais uma vez, para obrigarmos o mundo a seguir as nossas regras? Só podemos partir em busca das suas, e elas são admiráveis. O fato de que as matemáticas nos permitam alcançar essas leis deve ser aceito como uma revelação filosófica capital.

Assim, o método existe, nenhum horizonte parece limitá-lo, e ele encontra seu fundamento último na liberdade do espírito.

CAPÍTULO 15
PERSPECTIVAS FUGIDIAS

O que há de novo neste inventário atual em relação ao que conhecíamos comumente pode, em suma, resumir-se em três pontos: a lógica penetra o mundo no nível da matéria, e não no de nossa consciência; nosso conhecimento das leis da realidade é presentemente maduro o bastante para que essa consciência, sua representação intuitiva e visual e o senso comum que nela habita possam mostrar-se, com uma quase certeza, como os frutos oferecidos por princípios bem mais gerais; enfim, podemos admitir, sob reserva de inventário, que existe uma disjunção irredutível, um abismo, entre o domínio das teorias e a realidade.

É isso, pelo menos, que uma nova filosofia do conhecimento deverá levar em conta, sem nos esquecermos, evidentemente, do que a ciência ainda possa trazer. Parece que tudo está pronto para construir uma tal filosofia: os materiais estão aí e os planos estão sendo desenhados. Não poderíamos, porém, fazer às pressas um empreendimento que sem dúvida vai requerer tempo e as meditações de muitos homens, e por enquanto quase que só podemos enunciar hipóteses, na espera de que outras logo surgirão, por sua vez, e que confrontando-as, analisando-as, aprofundando-as, veremos aparecer um progresso. Permitir-me-ei, assim, propor algumas hipóteses, cujo caráter especulativo admito de bom grado, mas que fique bem claro que elas se pretendem apenas pistas a desbravar.

A teoria do conhecimento

É cômodo começar pela teoria do conhecimento, pois o que vimos já oferece todas as suas grandes linhas, e resta pouca coisa a lhes acrescentar. Entendamo-nos, para começar, sobre os termos: uma teoria do conhecimento é, no sentido adotado por mim, um esquema explicativo que visa compreender como a consciência humana pode conhecer o mundo, estando ele próprio ordenado por suas leis. Trata-se, pois, de um jogo de correlações entre o mundo e a consciência. Mais precisamente, a teoria que aqui preconizamos vê a origem da consciência e dos vínculos que ela estabelece com o mundo nas leis a que ele obedece. A filosofia do conhecimento, por sua vez, se situa além. Ela se debruça sobre o mundo e sobre a consciência que dele temos, que supõe compreendida, para penetrar na natureza desse mundo em si. Poderia ela, no limite, até fazer abstração da existência do homem, que não parece muito mais, sob este aspecto, do que a morada de um certo pensamento, o porta-chama precioso, mas sem dúvida temporário e contingente, do universo que se contempla.

A teoria do conhecimento a que somos levados é quase evidente. Quase que somos obrigados a adotar o ponto de vista de Hume e das ciências cognitivas contemporâneas, para admitirmos que, efetivamente, a percepção do mundo circunstante gera em nosso cérebro, em nosso espírito, uma representação que nos é suficientemente comum para que a linguagem possa comunicá-la e suficientemente ordenada para que o senso comum exista. Isso são frutos de um aprendizado feito pelo indivíduo, e também pela espécie, e até, antes disso, de uma longa cadeia evolutiva em que outras espécies, antes da nossa, se adaptaram ao mundo.

Esse mundo que apreendemos não é o mundo, mais fundamental, dos átomos, e todos os objetos que nele encontramos e percebemos são incomparavelmente maiores. É dessa escala diferente que recebem as características especiais, cuja origem reside em leis universais, válidas em qualquer nível – mas essas leis, no nível atômico, têm outras características. Assim, o mundo ao nosso alcance se apresenta sob forma de objetos perceptíveis à vista, ao tato, à audição. Sabemos agora que tudo isso, o "evidente", é apenas a manifestação sutil de leis quânticas que não se submetem a isso universalmente, a metamorfose que elas sofrem em grande escala. De resto, pode ser divertido notar que, dentre nossos sentidos, o olfato e, em grau menor, o gosto são já detectores de moléculas e abrem para uma escala mediana (é também o caso da vista, que é capaz de detectar um minúsculo número de fótons luminosos, mas em circunstâncias excepcionais demais para que isso tenha uma real importância). De qualquer forma, o nosso mundo assinala-se também por longas persistências: os acontecimentos podem nele deixar rastros duradouros. É essa, do ponto de vista da física, uma das formas do determinismo; é sobretudo a possibilidade da existência da memória, isto é, dos rastros do passado em nós mesmos, da percepção desse passado e, graças ainda ao determinismo, por mais moderado que ele seja, da antecipação do futuro. Muitas vezes, nosso mundo se comporta, com efeito, de maneira previsível, repetitiva, e as leis da física não desempenham nisso um papel maior do que as regularidades do mundo vivo codificadas por comuns regras genéticas. É a essa monotonia providencial, a essa ordem onipresente, que devemos, em definitivo, a possibilidade de formar uma imagem "interior" do mundo e de descrevê-lo por meio da linguagem.

Todos os traços pelos quais o mundo se imprime em nós podem, pois, ser derivados dos princípios fundamentais que regem a substância do Real. Isso fornece um quadro preciso a uma teoria do conhecimento em que esses princípios são primeiros e as formas da consciência são secundárias. Essa dedução, hoje, já aconteceu, pelo menos quanto ao essencial, e a teoria do conhecimento assim obtida tem bases suficientemente firmes para que possamos construir sobre ela com confiança.

Podemos, então, reconhecer como certos velhos "princípios filosóficos" ressurgem, embora assinalando que eles são específicos apenas no nível das grandes escalas. É assim que a inteligibilidade e a localidade são recuperadas efetivamente como *propriedades* válidas nesse nível, assim como a discernibilidade. A causalidade está, por seu lado, intimamente associada à nossa experiência quotidiana do determinismo, cujos limites conhecemos.

Os "problemas filosóficos" que as leis quânticas pareciam gerar dissipam-se, assim, por si mesmos. O campo de aplicação dos "princípios" aceitáveis é, com efeito, bem circunscrito, sendo a afirmação de cada um deles sempre acompanhada, num caso específico, de uma certa probabilidade de erro, ridiculamente mínima nas circunstâncias comuns (aliás, é por isso que os pensadores do passado acreditaram poder formulá-las). No entanto, à medida que procuramos estendê-las a objetos cada vez menores, essa probabilidade de erro vai aumentando, até chegar no nível dos átomos, onde se torna insuportável, pois todos os princípios de Aristóteles e de Kant são, ali, impregnados de erro.

Note-se bem, para terminar, que de modo nenhum supomos que a teoria do conhecimento de que estamos falando aqui esteja acabada, longe disso. Pudemos, no máximo, apenas limpar o seu limiar, e o simples fato de que só tenhamos falado das ciências da natureza, sem quase nada dizermos das ciências da vida, ou ainda das leis próprias das partículas, sem evocarmos todas as riquezas da complexidade que se elabora na escala do vivente, bastaria para lembrar que a tarefa das ciências cognitivas está apenas começando.

O Logos

Só agora, quase no momento de encerrar este livro, realmente abordamos a filosofia do conhecimento, que seria inútil, repetimos, tentar tratar às pressas. Só pode tratar-se de pistas. Esta entrada na filosofia parece dever começar com um retorno a um assunto que havíamos deixado em suspenso: a natureza das matemáticas. Ele se impõe irredutivelmente, pois, mais do que nunca, a imanência do formal o exige, e o "Ninguém entra aqui se não for geômetra" deve permanecer gravado nos frontões.

Sabemos que argumentos aventavam os defensores do "realismo matemático", partidários de um Logos existente em si e de uma natureza diferente da do Real; não é necessário voltarmos a isso. Vimos, também, o nominalismo e as suas variantes, cuja dialética parecia mais frágil e muito limitada em suas explicações, afora, evidentemente, o fato de que ela não exige que admitamos a existência de um real que não seja o Real.

Acrescentarei a isso apenas um ponto de história das ciências contemporâneas, que parece revelador. Sabemos que, há vinte anos, a física de partículas deu passos de gigante para a sua própria unidade, conseguindo primeiro a síntese das interações eletromagnéticas e das interações fracas (responsáveis pela radioatividade beta dos núcleos, pelo calor dos vulcões, pelo primeiro estádio das reações nucleares no coração do Sol e pelo mecanismo de explosão das supernovas). Veio em seguida a unificação das formas múltiplas das interações fortes (responsáveis pelas forças no interior do núcleo atômico), para as quais foi preciso admitir que muitíssimas partículas (dentre as quais o próton e o nêutron) são feitas de constituintes mais elementares, os quarks. Não é preciso dizer que os dados experimentais desempenharam um papel essencial nesses progressos, mas é menos sabido que o esforço teórico foi, neste caso, quase puramente matemático, conjugando considerações de simetria (ou teoria dos grupos) com outras que provinham da geometria dos espaços abstratos. Nunca a força de penetração das matemáticas no coração do Real se revelou tão prodigiosa, e nenhuma furadeira fura mais do que elas.

Com isso, ficamos ainda mais perplexos diante da natureza das leis. Com efeito, elas são extraordinariamente sutis, e vemo-las, porém, exercer-se sobre objetos por assim dizer sem estrutura: elétrons, fótons ou quarks. Tomemos como exemplo um elétron e um fóton, sozinhos numa região bastante vasta do espaço: que podemos ter de mais reduzido? São apenas partículas, quase nada, monstros de simplicidade, comparados ao oução de Pascal. Como poderia cada uma delas trazer consigo mais do que um símbolo elementar, 1 ou 0, para indicar que está ali ou não, e onde estaria sua capacidade de conter mais alguma coisa? Eis, porém, que elas se comportam segundo leis cujas predições só podem ser obtidas por longos cálculos que mobilizam um poderoso computador – e as duas partículas confirmam, com um erro de um décimo milionésimo, os resultados desses cálculos. De onde lhes vem isso, a essas bolas estúpidas e cegas (nem sequer bolas, aliás: pontos, sem nem mesmo um lugar bem definido). Não compreendemos absolutamente como as leis *agem* nem onde elas se escoram. Tudo parece indicar que elas regem e não agem.

É essa constatação, somada à da escâncara de que falávamos anteriormente, ambas somadas, enfim, aos argumentos dos matemáticos sobre a coerência total e a fecundidade mirífica das matemáticas ("É belo demais, é belo demais, mas é necessário"), que nos leva a ter, em última instância, como muito verossímil a hipótese da existência do Logos.

Assim, à questão "São as matemáticas do Real, pelo Real ou em si?", respondemos: do Real? Não, por causa da escâncara, do irredutível hiato que parece querer separar a pele da realidade do traje das formas que a encerram. Pelo Real? Não, por causa da árida pobreza das partículas reduzidas a si mesmas, em que não se sustentaria nenhuma floração de símbolos rica o bastante para conter as leis. Logo, em si, como já o sugerem a coerência e a fecundidade das matemáticas descobertas pelo homem.

A instauração

A dualidade profunda que aqui encontramos, em que Logos e Realidade se separam, bem como a própria existência desse Logos, são vistas oferecidas pela ciência, cujas perspectivas demasiado amplas avaliamos mal, inicialmente, para que pensemos em explorá-las em algumas poucas meditações. Quase que só podemos levantar a respeito uma ou duas questões triviais, primeiras, mesmo que seja só para dar uma ideia da amplidão, das dificuldades e também das promessas da tarefa.

Mais vale indicar, primeiro, por onde o empreendimento corre o risco de ser vulnerável e de ser questionado por essa mesma ciência que o sugeria. A existência da Realidade é evidente, mas só a vimos acarretar a existência, mais duvidosa, do Logos ao final de pelo menos duas etapas. A primeira, que parece impor-se de qualquer forma, é a impregnação do universo pelas leis. Quanto à segunda, a que chamamos de escâncara, ou seja, a última irredutibilidade do Real ao formal em sua essência e em sua totalidade, ela está muito mais aberta à crítica e a uma evolução possível dos conhecimentos. Embora certas filosofias estejam naturalmente prontas para aceitá-la, seus argumentos só se baseiam em princípios cuja fragilidade já vimos. A teoria quântica é a única que realmente permite opor Real e Logos, por assim dizer, em estado puro, ferro contra ferro, essência contra essência, e é esse confronto direto que continua sendo a chave de sua dupla e irredutível existência. A refutação deste argumento, a perda ao mesmo tempo de sua revelação e de sua força, nos tiraria a certeza, e bastaria, então, neste sentido, algum progresso decisivo da física, em que desaparecesse a escâncara, para que tudo tivesse de ser recomeçado.

Se descartarmos essa eventualidade, outras dificuldades não deixam de se apresentar. As primeiras são questões de método, pois, antes que a ciência chegasse ao limiar do Logos, ela precisou passar por uma severa ascese, abandonar em parte o senso comum, para revelar a que ponto são pouco confiáveis os princípios de natureza filosófica, em que acreditávamos sem restrições, antigamente. Ora, esses princípios são os mesmos em que se vêm apoiando até agora os exploradores do Logos. Quais deles?, perguntarão. Platão, evidentemente, depois sobretudo Plotino, o mais rigoroso num domínio em que é tão difícil sê-lo. Acrescentaria eu sem hesitar Espinosa, cujo pensamento me parece muito mais próximo daquele que parece dever delinear-se agora do que poderiam dar a entender as aparências. Com efeito, somos aqui dualistas, ao passo que o dizem monista, mas será que ele realmente o é? Não diz ele, na proposição primeira da *Ética*, "Chamo substância ao que é em si e conhecido por si", uma sentença em que o lógico só pode ficar impressionado com a articulação do "e"? Nele encontramos, com efeito, o que é, uma Realidade, e o que concebe e se concebe, um Logos, assim como encontramos claramente a mesma dicotomia na natureza, sob suas formas naturada e naturante. Há, por certo, muito a aproveitar de Espinosa, bem como de Leibniz e, evidentemente, nos dias de hoje, de Heidegger. Todos eles indicam caminhos a seguir, mas nenhum deles nos oferece, infelizmente, um método confiável para assinalar o Logos.

Uma outra dificuldade, fonte eventual de imensas perplexidades, consiste em cingir a própria noção de existência. Ela, evidentemente, levanta problemas quando a atribuímos ao Logos, mas de que se trata? A ideia de existência já tem algo de fugaz quando a aplicamos ao Real, de que cada elemento só existe durante um tempo mais ou menos curto: existem o que existiu e o que existirá? Há o que existe aí, o *Dasein*, para empregar o termo de Heidegger, e há o Ser, que esse mesmo filósofo imagina, às vezes, se não me engano, como uma entidade em que se reúnem Real e Logos. Seja como for, ser, existir, Logos e tempo, Ser e Tempo, *Sein und Zeit*, dançam um balé divino que o homem contempla sem penetrar o seu segredo.

Uma última dificuldade, mas também a mais fascinante, é cingir esse Logos, conceber a extensão do que ele abrange. O procedimento seguido pela ciência, prudente, atenta a cada um de seus passos, acaba por constatar, quase a contragosto, a extensão metafísica possível do que desde sempre lhe era familiar. Mas restringindo-nos desde o início àquilo a que a ciência tem acesso, ao que é verificável, quantificável, não nos reduzimos de antemão a só conhecer o que é mais árido? Tenho em mente aqui um episódio do *Mahabharata*, em que o herói Arjuna encontra Shiva na floresta. Inicialmente, ele tem à sua frente apenas um asceta rebarbativo e nu, e só depois de rudes provas ele vê desvelar-se o Senhor dos Mundos. É mais ou menos assim que o Logos se apresentou a nós, na nudez ascética da lógica e das matemáticas, que parecem a tantos de nós tristes, orgulhosas e inóspitas. Contudo, é desse mesmo nome que se servia Plotino para falar da Alma do Mundo, do objeto de sua contemplação bem-aventurada. Significaria isso que esse nome é enganoso, empregado sem prudência em sentidos indecisos e diversos, tendo como único pretexto uma origem comum encontrada em Platão, ou então se trata de um indício, de uma abertura? Até onde, até o que se estende, então, o Logos?

Como já dissemos, não fazemos agora mais do que traçar pistas, o livro está acabando e o que havia de firme está longe às nossas costas. Não mais convém a prudência, e avançamos por assim dizer ao acaso. Ousemo-lo, pois.

Tentemos, em primeiro lugar, afastar a questão do método, sem o que nada pode ser dito. Ao contrário do Real, o Logos nunca se oferece concretamente a nós, ainda que toque em toda parte à realidade que nos é acessível. No entanto, talvez haja um elemento de resposta para aquele que procura apreendê-lo, uma presa que se oferece. Embora pouco saibamos sobre o Logos, dispomos do que é, por assim dizer, seu espelho vivo: o cérebro, que só nasceu e evoluiu para se conformar a ele, explorá-lo, reconhecê-lo, que carrega o seu rastro matricial como um meteoro de um planeta inacessível. A ideia é simples, em suma: tudo o que o nosso cérebro traduz como uma forma de ordem talvez seja um reflexo de uma possibilidade do Logos. Evidentemente, a hipótese é grosseira, e nos precipita imprudentemente na direção de tudo o que havíamos tentado excluir até aqui, a imprecisão, os princípios precipitadamente colocados e a arbitrariedade. Impor-se-ia uma crítica cerrada, cujo começo confesso nem sequer ver, mas tomemos essa ideia como guia, não para afirmarmos doidamente o que pertence ao domínio do Logos, mas sim para imaginarmos até onde, talvez, esse domínio se estende. O importante é esta restrição, este "talvez", que abre os possíveis mas não os garante.

Assim, assinalamos repetidas vezes a existência de uma certa forma de beleza, fria e pura, nas matemáticas. Viremos ao contrário a ideia. Nosso cérebro parece capaz de fazer coincidir a ordem e a harmonia que ele descobre nessas ciências com o que é mais amplamente, para ele, sensação de beleza. Alguns dirão, sem dúvida, que isso não passa de uma confusão de mecanismos fisiológicos que nada têm a ver uns com os outros, que podem ser produzidos por causas múltiplas, um pouco de liluberina que faz cócegas no hipotálamo ou algum outro efeito hormonal cuja causa é ambígua. Lembremo-nos, porém, do que dizia Plotino sobre a beleza. A beleza da estátua de um Deus, para ele, não residia apenas na forma própria do mármore, mas também no que o escultor pudera captar da natureza divina, para oferecer o seu reflexo – a manifestação num objeto real e concreto de uma forma que pertença propriamente ao Logos. Empregando palavras já utilizadas, poderíamos resumir essa teoria do belo como de uma representação parcial do Logos no Real.

Correndo o risco de me aventurar num terreno muito distante dos que me são familiares e que só mestres de estética poderiam percorrer, acho que alguns deles nunca renunciaram a essa visão plotiniana, embora matizando-a. Se nos limitarmos, por prudência, ao que, na estética, está mais próximo das matemáticas, a importância das simetrias de uma figura, a justeza das proporções, que são, mais abstratamente, uma outra forma de simetria, um outro jogo do que chamamos de grupos, tudo isso é bem conhecido. Sabemos, também, que a ruptura discreta de um excesso de simetria quebra a frieza de uma obra, para nela introduzir uma espécie de presença do universo circunstante, uma manifestação da vida. Não se descobriu recentemente, com espanto, que a forma das ondas que se chocam, um céu coberto de nuvens, uma paisagem de montanhas podiam ser imitados a ponto de confundir por formas oriundas de cálculos que representam fractais, ou seja, objetos matemáticos com uma sutil simetria que os torna semelhantes a si mesmos seja qual for a escala em que são vistos? Também ali, certa ruptura dessa simetria afasta um pouco da perfeição matemática para dar uma impressão mais próxima da realidade, sem destruir o sentimento de beleza.

Pertence, o belo, de algum modo, ao Logos? Muitos acreditaram que sim, desde Platão, e o que dissemos dos fractais, esse piscar de olhos das matemáticas mais modernas dirigido aos estetas, torna a ideia hoje mais pertinente e insistente do que nunca. Não deixemos, porém, de manter uma atitude que conserve a memória da ciência. O belo se sente, é algo que se manifesta em nosso cérebro. Se podemos ligar a sua fonte ao Logos, também podemos imaginar transcender a fisiologia, pôr entre parênteses "este cérebro, este pacote branco verde e gorduroso" para passarmos à inteligência artificial (expressão algo infeliz, que abrange em parte as estruturas abstratas do pensamento) e encararmos uma extensão das ciências cognitivas à estética e, num paralelo teórico, uma exploração do domínio estético do Logos. Esta via ainda mal entreaberta mostra-se imensa, e, para nos valermos das palavras da *Grande instauração* de Bacon, não podemos esperar que ela seja obra de uma única geração.

Outra indicação numa direção próxima encontra-se em Heidegger, em suas obras tardias, onde ele propõe encontrar nos cumes da poesia a melhor via de acesso ao conhecimento do Ser ou, de nosso ponto de vista, pelo menos ao Logos. Se seguirmos o mesmo procedimento que acabamos de ter há pouco, em matéria de estética, para retomarmos essa sugestão, somos levados a perspectivas que só podem, sem dúvida, apavorar um especialista por sua audácia, mas que não são necessariamente absurdas: seria preciso explorar as estruturas da poesia, inspirando-se nas ciências cognitivas e na inteligência artificial, para cingir as formas semânticas, as simetrias e as rupturas que subjazem a elas. E que dizer, então, da música? E ainda mais adiante, até onde?

A extensão do Logos, onde quer que ele se estenda, poderia assim, ao que parece, abrir ao conhecimento novos campos cuja imensidão não parece oferecer limites. Seria errôneo ver aí apenas a invasão do domínio dos eleitos da Arte pelos primários da ciência, um ato improfícuo e cego, mas, pelo contrário, o fortalecimento, num pensamento articulado e sereno, dos mais belos sonhos e das contemplações mais lúcidas que o passado conheceu. Mas que caminho a percorrer!

Fundar a ciência

Gostaria de encerrar com uma questão que se enuncia muito simplesmente: como é que a ciência existe? Ou ainda: como é possível a ciência? A evidência desta interrogação e o silêncio que a rodeia oferecem-se como eco à bela frase de Aristóteles: "Como os noturnos cegados pelo brilho do sol, assim se comporta o olhar de nosso pensamento diante do que é mais luminoso".

Por que uma questão tão evidente é tão raramente colocada? Os homens de ciência estão tão cansados do espetáculo que se oferece a seus olhos que nele só veem um quadro quotidiano, banal, apagado? Só têm eles a preocupação de fazer mais uma descoberta ou de realizar um trabalho cuja elegância possa impressionar os colegas? Ou não será antes o hábito de ver um problema chegar à sua solução, uma experiência fornecer um resultado que os leva a uma espécie de certeza não questionada, a uma fé total de carvoeiro? Com efeito, há neles uma fé inabalável e tanto mais forte quanto não é jamais formulada.

Contudo, se fizermos a um cientista a pergunta: "Como é possível a ciência?", obteremos quase sempre a mesma resposta lacônica: "Não façamos metafísica". Subentendendo: trata-se de uma área com má fama, e não arriscarei minha reputação de competência e de seriedade frequentando-a. Mas não era essa a reação de Einstein, que dizia: "É uma maravilha que a ciência seja possível". Mas de onde vem essa maravilha?

A resposta é, talvez, tão evidente quanto a pergunta, desde que esta última seja colocada: a ciência é possível porque o Real é ordenado. As leis que estruturam a representação que dele temos são uma imagem de sua ordem própria. Toda a ciência sugere esta resposta, mas a ciência não pode, sozinha, estabelecer nem sequer formular isso, pois esta afirmação, se a ciência deve sempre manter-se no interior de sua própria representação, vai muito além. A ciência limita-se à parte já explorada do Real, e não pode nem sair dela, nem avaliá-la, nem ultrapassá-la. Ir mais adiante do que esse conhecido é propor uma hipótese sobre o que permanece desconhecido, sair da ciência. Trata-se realmente de metafísica.

Pois, em suma, esta afirmação muito simples, "O Real é ordenado", basta para virar o jogo da fundamentação da ciência. Ela vira o jogo, pois o longo percurso que havíamos seguido para compreendermos o que é a ciência se torna claro, então: o Real é, por assim dizer, a maior ordem possível (mas "possível" tem um sentido aqui?) ou uma economia perfeita (mas "perfeita" tem sentido?). Essa ordem organiza o Real no que ele tem de mais elementar, até o mais complexo, do menor ao maior, de uma só vez. Nas leis que regem as partículas da matéria, a potencialidade da consciência já está inscrita, e o tempo poderá fazê-la eclodir. A ciência é possível porque a ordem do Real gera a consciência que a descobre. Há uma estranha ressonância no "Conhece-te a ti mesmo" de Sócrates, que nos leva a uma forma de "Conhece-te a ti mesmo enquanto te conheces", pelo qual o Real se conhece a si mesmo na consciência humana que lhe pertence.

Cumpre ressaltar que essa afirmação só se sustenta se, ante o Real e diferente dele, houver o Logos. Por certo, a existência própria deste último tem uma carga menor de convicção do que a presença de uma ordem universal, mas só ela lhe confere um sentido. A ordem do mundo é de natureza lógica e matemática, e toda forma de nominalismo equivaleria a dizer que, se o universo é ordenado, sua ordem procede da arbitrariedade de um jogo hipotético-dedutivo, da arbitrariedade de minhas próprias escolhas. Ou então suponho que as matemáticas procedem do Real (em que elas constituem uma "superestrutura"), mas vimos por que esta posição é, por sua vez, insustentável.

Tudo fica claro, porém, se o Logos for uma entidade coerente independente do Real. Essa ordem que parecia inapreensível ganha corpo numa correspondência que se estabelece entre eles, entre o que é ordem em si e o que é o perpétuo movimento. É normal, então, que a representação do Real oferecida pela ciência contemporânea passe pela lógica e pelas matemáticas, pois elas constituem a imagem que alcançamos, a representação do Logos. Se a nossa linguagem banal e o nosso senso comum se ressentem dessa ordem que exprimem, é porque são, também eles, a consequência dessa ordem. Podemos até pensar em retomar sobre estas novas bases o velho problema dos universais, ou seja, da capacidade de significação da linguagem, cuja urgente atualidade Russell sublinhava não há muito.

Separar o Logos do Real parece, assim, a hipótese ao mesmo tempo mais sedutora e de fecundidade mais promissora. É também a única que parece ajustar-se convenientemente com o que chamávamos de escâncara, o afastamento último entre a realidade e a sua descrição teórica. Permite ela conceber a correspondência dessas entidades como uma penetração parcial de uma pela outra, que confere um sentido imediato à frase-chave "O Real é ordenado", a qual responde à pergunta necessária: como é possível a ciência? A imagem dessa penetração que se manifesta no nível de nossas representações não é senão o papel das matemáticas na constituição da ciência. Os aspectos violentamente formais que ela pode assumir não têm mais nada, então, que nos surpreenda.

Tudo isso desemboca num esquema metafísico, a partir do qual uma nova filosofia do conhecimento poderia constituir-se. Sua estrutura resume-se bem melhor por um diagrama do que por longos discursos, e ei-la, pois, em sua simplicidade:

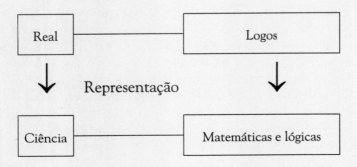

A ciência é aí uma representação do Real; matemáticas e lógica são a representação do Logos. Cada representação evolui graças ao esforço humano; ela recebe do humano a sua margem de incerteza, seus progressos, suas hesitações. Nem por isso deixamos de constatar claramente que as matemáticas e a lógica (que são representações) estruturam cada vez mais fortemente a ciência (ela própria uma representação). Isso é interpretado como o reflexo, a representação, em suma, de uma correspondência mais elevada, intrínseca, entre as entidades primeiras, simbolizada pelo traço que as une, no diagrama.

Poderíamos ser tentados a discorrer sobre a natureza desse laço, mas tenho escrúpulos em fazê-lo. Tudo o que eu acreditaria poder dizer sobre ele me parece irremediavelmente pobre, duvidoso ou, mais séria e mais filosoficamente julgado, prematuro.

As perspectivas dos pintores costumam levar a um ponto de fuga, e as que aqui apresento não são exceção à regra. O horizonte tende a se tornar indistinto perto desse ponto que os geômetras dizem estar no infinito, e sem dúvida aproximei-me demais dele. Mais vale ficar por aqui. Deixo a outros o cuidado de prosseguir, de melhorar, de corrigir ou de traçar outros caminhos. Podemos deixar esse trabalho para a juventude, para que ela ouça, sob os temas rudes que às vezes foi preciso fazer soar, o contínuo de um canto de esperança. Pois pouco importa se as poucas ideias aventadas neste último capítulo são dignas ou não de interesse. O que vale é saber que desobstruímos o caminho, que haverá festas do pensamento e que, talvez, a filosofia possa logo recomeçar.

GLOSSÁRIO

Tentamos, ao longo de todo este livro, evitar uma linguagem técnica ou científica, em que as palavras convencionadas muitas vezes só acrescentem certa imprecisão para quem não tem o hábito de empregá-las. Certo número de termos específicos, porém, se introduziu no discurso, assinalados por um asterisco no texto quando aparecem pela primeira vez de maneira significativa. Tentamos agrupá-los aqui, redefinindo-os de maneira mais ou menos eficaz, na medida em que a brevidade continua impondo-se. Os asteriscos que aqui reaparecem estão relacionados a termos neles contidos.

Axioma – Antigamente, nas matemáticas, era uma proposição elementar que aparecia como evidente. Na época contemporânea, é uma proposição pertencente a uma *linguagem formal** que é colocada como verdadeira por hipótese.

Cálculo de proposições – Na lógica, é o manejo das proposições de uma *linguagem formal**, com a ajuda principalmente das operações lógicas "não, e, ou", e o estabelecimento entre elas de relações de equivalência e de implicação.

Campo de proposições – Na lógica, o conjunto das proposições sobre as quais propomo-nos raciocinar. Ele pode ser definido com a ajuda de conjuntos, à maneira de Boole (ponto de vista exaustivo) ou construído por uma linguagem mais ou menos formal.

Comutação – Nas matemáticas e na mecânica quântica, são obtidos o produto AB de dois *operadores** A e B fazendo, primeiramente, agir o operador B sobre uma função qualquer u, para formar a função Bu, sobre a qual fazemos, então, agir o operador A, o que dá ABu e define o operador AB que age sobre u. As operações A e B comutam quando AB = BA. Em geral, chamamos de comutador de A e B a diferença dos dois produtos AB − BA.

Crível – Na mecânica quântica, uma proposição crível resulta de um fato observável, mas só tem sentido em certos quadros lógicos autorizados pela existência da *complementaridade**, e não em todos, ao contrário das proposições verdadeiras (vide *Verdade*). Ela não pode levar a uma contradição lógica, com a condição de que não se saia do quadro que lhe convém, o qual permanece arbitrário, e não objetivo.

Decoerência – Na mecânica quântica, a decoerência é um efeito físico graças ao qual os efeitos de *interferência** quântica entre estados macroscopicamente distintos desaparecem muito rapidamente.

Denkbereich – Vide *Campo de proposições*.

Difração – Na óptica, os fenômenos de difração são os que se manifestam por um desvio na propagação retilínea da luz, que mostra seu caráter ondulatório. Assim, a borda de uma sombra produzida por uma fonte pontual não é perfeitamente nítida quando a observamos atentamente.

Energia – Na física clássica, a energia é uma quantidade física que se conserva para um sistema isolado. Muitas vezes, ela se decompõe numa parte que depende apenas das velocidades (energia cinética) e outra que depende apenas das posições (energia potencial). Na mecânica quântica, a energia é uma *observável** que também é chamada de hamiltoniano.

Equação de Schrödinger – Na mecânica quântica, a equação de Schrödinger exprime a variação da *função de onda** ao longo do tempo e desempenha, assim, o papel da dinâmica. Vale-se de maneira essencial de uma *observável** particular que é o hamiltoniano ou *energia**.

Equações de Maxwell – Na física (eletrodinâmica), trata-se de um conjunto de equações que regem as propriedades dos campos elétrico e magnético, bem como sua evolução ao longo do tempo.

Escâncara – Termo introduzido no presente livro para designar a impossibilidade de descrever todos os aspectos da realidade física por meio da teoria, uma vez que o irredutível afastamento entre elas provém de um conflito entre a unicidade dos fatos e o probabilismo profundo da teoria quântica. Ele está ligado a fatos perfeitamente visíveis, e não, como o pretenderia o Real encoberto de d'Espagnat, a propriedades que são apenas concebíveis, às quais não se consegue atribuir um valor de *verdade**.

Espaço-tempo – Este termo de física designa a conjunção do espaço e do tempo num só sistema, entendido como uma entidade primeira e representado por um espaço matemático abstrato de quatro dimensões. Existem muitas maneiras de introduzir coordenadas nesse espaço abstrato, e cada uma delas pode ser interpretada como uma estruturação no espaço e no tempo, tais que podem ser constatados empiricamente por um observador particular em sua própria vizinhança.

Éter – Meio hipotético que preenche o espaço, durante muito tempo suposto pela física clássica. Ele deveria permitir a propagação da luz e depois, quando esta última foi identificada a um campo eletromagnético vibrante, a desse campo. Desapareceu dos conceitos atuais depois da experiência de Michelson.

Formal – Uma expressão utilizada no presente livro como adjetivo e às vezes como nome. O formal contrapõe-se principalmente ao intuitivo, ao representável, ao visual, ao que pode ser expresso pelas palavras que pertençam à linguagem do senso comum. Mais precisamente, um conceito relativo à realidade (na física, por exemplo) é considerado formal se só puder ser expresso, apreendido e plenamente utilizado quando recorremos às matemáticas. As matemáticas e a lógica são, por seu lado, formais num primeiro nível, quando só tratam de relações, e não de objetos significantes perfeita e unicamente definidos (assim, uma proposição sobre relações entre retas, objetos significantes, é estritamente equivalente, graças à teoria dos polares recíprocos, a uma proposição sobre pontos como objetos significantes). Matemáticas e lógica podem ser consideradas puramente formais quando seus fundamentos se reduzem totalmente a um sistema de *axiomas** pertencentes a uma *linguagem formal**.

Função de onda – Na mecânica quântica, o estado de um sistema é definido como um dado que permite calcular a probabilidade de qualquer *propriedade**. Esse dado é muitas vezes exprimido de maneira matemática por uma função (função de onda) que tem como argumentos as coordenadas das partículas que constituem o sistema. Assim, a função de onda é uma quantidade formal que contém e permite exprimir tudo o que pode ser afirmado acerca de um sistema físico num instante dado.

História – Na mecânica quântica, uma história é uma sequência de diversas propriedades que ocorrem em instantes sucessivos.

Impulsão – Na física clássica, a impulsão é o produto da massa pela velocidade. Na mecânica quântica, cada uma das componentes desse vetor é uma *observável**, ou seja, um *operador** que põe em jogo a operação de tomar uma derivada. Neste caso, portanto, é uma noção muito formal.

Interferências – Na óptica e na mecânica quântica, quando uma onda pode seguir dois caminhos diferentes (através de duas fendas de Young, por exemplo), sua intensidade (ou a probabilidade de presença no caso quântico) varia de lugar para lugar, mostrando máximos e mínimos (franjas luminosas e escuras, no caso da luz) cuja existência constitui o fenômeno de interferência. Fundamentalmente, ele se deve à existência de um princípio de superposição, segundo o qual as ondas que trilharam caminhos diferentes somam suas amplitudes.

Interpretação – Na física, sob a forma aqui descrita, a interpretação é a derivação a partir dos princípios formais de uma teoria (relatividade ou mecânica quântica) de uma representação lógica da realidade observável sob uma forma que pertence ao senso comum, podendo ser transmitida pela linguagem comum e bem-adaptada à descrição direta das experiências tais como são realizadas na prática.

Linguagem formal – Na lógica e nas matemáticas, uma linguagem formal se serve de signos convencionais, reunidos de acordo com regras prescritas para formarem proposições. Essas proposições existem, assim, por si mesmas, sem que tenhamos de supor que elas se referem à realidade nem que tenham uma significação única.

Lei – Na ciência, uma consequência lógica dos *princípios** que é justificada pela experiência.

Metalinguagem – Uma metalinguagem é uma linguagem formal que dá uma significação mais ampla a uma outra linguagem formal, cujas proposições se tornam, então, palavras (signos) da metalinguagem.

Modus ponens – Na lógica, a possibilidade toma como novo ponto de partida um *teorema** já demonstrado, sem levar em conta novamente a prova que o estabeleceu.

Objetividade – Um fenômeno, um conceito, um conhecimento são declarados, em diversos graus, objetivos por não dependerem, quanto à sua existência, do espírito humano. A noção introduzida por Kant, foi objeto das preocupações das ciências humanas e apareceu como problema na física com a mecânica quântica. Por vezes, se questionou se certos conceitos – o de *função de onda**, em particular – têm ou não um caráter objetivo, associado diretamente à realidade física ou somente à consciência que deles temos. A resposta de Bohr e a dada pelos trabalhos modernos concluem, efetivamente, pela objetividade da teoria.

Observável – Na física clássica, as quantidades físicas básicas são as coordenadas de posição e de impulsão e uma quantidade física geral (por exemplo, a energia) é uma função dessas coordenadas. O papel das quantidades físicas é desempenhado, na mecânica quântica, por *operadores** que possuem certas propriedades matemáticas (hermiticidade), às quais é dado o nome de observáveis. Trata-se de um dos aspectos mais formais dessa teoria.

Operador – Nas matemáticas e na mecânica quântica, um operador A é uma operação matemática que, agindo sobre uma função u (não raro uma função de onda), gera uma outra função, grafada como Au. Os operadores lineares, de longe os mais importantes, são os que preservam a soma de duas funções e o produto de uma função por uma constante.

Paradigma – Na epistemologia, uma noção introduzida por Thomas Kuhn. Um paradigma é um caso notável de sucesso científico, que ganharia um valor exemplar e seria imitado pelos pesquisadores. A estruturação do processo da pesquisa em termos de paradigmas contrapõe-se à da ciência em termos de princípios. A própria palavra, bastante mal definida desde seu aparecimento, tende a ser empregada atualmente em múltiplos jargões.

Positivismo – Na filosofia, a doutrina de Auguste Comte e de seu êmulo John Stuart Mill. Na epistemologia, designa sobretudo o ponto de vista segundo o qual o critério de um conhecimento verdadeiro é um consenso entre humanos (de boa-fé, competentes etc., com todas as dificuldades que essas condições supõem). Na mecânica quântica, é principalmente a doutrina segundo a qual a função de onda não tem uma realidade objetiva e representa apenas a informação de que dispõe um observador.

Pragmatismo – No sentido forte, é a doutrina filosófica de Hume, segundo a qual os fatos são primeiros, na origem do pensamento e da linguagem, sendo, por sua vez, a origem da ordem que os rege, em princípio, inacessível.

Princípio – Na ciência, uma proposição de caráter universal que rege a realidade física.

Princípio de complementaridade – Um princípio da mecânica quântica colocado por Bohr, segundo o qual não podemos empregar simultaneamente certas noções incompatíveis para descrevermos a realidade física, por exemplo, a posição e a velocidade no caso de uma partícula, o caráter de campo ou de partícula no caso da luz. Nas versões recentes da teoria, essa limitação permanece, mas deixou de ser um princípio autônomo para se tornar uma consequência dos outros.

Princípio de menor ação – Na física, um princípio do qual se deduzem as equações do movimento de um sistema clássico. Introduzido por Lagrange no século XVIII e ampliado por Hamilton, ele enuncia que o movimento minimiza (no caso mais simples) uma certa integral, a ação, que pode ser construída a partir do conhecimento da energia cinética e da energia potencial.

Princípio de inércia – Um dos princípios fundamentais da mecânica clássica. Sob a forma dada por Newton, ele enuncia que o centro de massas (diz-se também centro de gravidade) de um corpo que não esteja submetido a nenhuma força se desloca com um movimento retilíneo no espaço absoluto, uniforme em relação ao tempo absoluto. A mesma propriedade permanece em todo sistema de referência (galileano) ele próprio em movimento retilíneo uniforme sem rotação em relação ao espaço absoluto. Na teoria da relatividade restrita, o princípio de inércia é aplicado nos referenciais galileanos em movimento uniforme sem rotação uns em relação aos outros, os quais formam uma classe que não faz nenhuma referência a um espaço ou a um tempo absolutos.

Projetor – Nas matemáticas e, mais especialmente, nas aplicações à mecânica quântica, um projetor (P) é um operador de um tipo particular. Agindo sobre uma função u (por exemplo, uma função de onda), ele gera uma outra função v, que é chamada de Pu. A principal particularidade de P é permanecer o mesmo quando o reiteramos: $P^{2u} = Pu$. É uma propriedade compartilhada pela projeção de um ponto do espaço de três dimensões sobre um plano: daí o nome de projetor. A observável quântica (a quantidade física) associada a P só pode assumir os valores 1 ou 0, análogos a "verdadeiro" ou "falso". Vem daí o importante papel desses operadores nas questões de lógica.

Projeto cartesiano – Na filosofia, nome dado por Heidegger e por Husserl à hipótese fundadora da física teórica levada ao extremo, e que supõe que a realidade física pode ser inteiramente descrita por regras matemáticas.

Propriedade – Na mecânica quântica, uma propriedade significa que certa quantidade física (*observável**) se encontra num certo intervalo de valores num instante dado. As propriedades constituem o elemento de base de toda descrição da física.

Realismo – As diversas formas de realismo são doutrinas que pertencem à filosofia do conhecimento. O *realismo platônico* supõe a existência de um mundo das Ideias mais real do que o nosso. O *realismo matemático*, muito próximo dele, supõe a existência própria de uma entidade que as matemáticas apenas exploram, e não inventam. O *realismo físico* tem ele próprio muitas variantes, que admitem todas a existência de uma realidade física independente do espírito humano (o que se opõe ao idealismo) e não raro admite, além disso, que essa realidade pode ser conhecida tal como é (o que se opõe ao mesmo tempo ao positivismo e ao representacionismo). As dificuldades encontradas pelo realismo com a mecânica quântica levaram Bernard d'Espagnat a introduzir a ideia do Real velado, que limita a cognoscibilidade da realidade.

Redução da função de onda – Uma das principais hipóteses da interpretação da mecânica quântica segundo Bohr. Ao final de uma medição realizada sobre um sistema físico quântico (por exemplo, um átomo) com a ajuda de um aparelho, a função de onda do sistema medido deve supostamente mudar bruscamente, sendo sua nova expressão determinada pelo resultado da medição tal como é indicada pelo aparelho. A redução, enquanto regra prática que permite simplesmente calcular probabilidades, permanece aplicável nas versões mais modernas da interpretação, sem que devamos considerá-la como devida a um efeito físico particular.

Regra empírica – Uma regra constatada somente pela experiência acerca de uma categoria de fenômenos, eventualmente quantitativa, cuja explicação em termos de *leis** ignoramos.

Relações de incerteza* – Descobertas por Heisenberg, essas relações não constituem, como às vezes se diz, um princípio da mecânica quântica, mas sim uma consequência desses princípios. O caso mais conhecido envolve a incerteza estatística Δx de uma coordenada de posição x e a incerteza Δp da componente correspondente da impulsão: o produto $\Delta x \Delta p$ não pode de modo nenhum ser inferior a $h/4\pi$, sendo h a constante de Planck. Decorre daí que funções de onda que levam a valores cada vez mais precisos de x também dão valores cada vez mais incertos da impulsão.

Revolução científica – Uma noção introduzida na história das ciências por Thomas Kuhn. Designa mudanças descontínuas na história da ciência, por ocasião de descobertas capitais. Kuhn associa-as ao aparecimento de um novo *paradigma**, o que ressalta o caráter de ruptura com o passado da "revolução" em questão. Vista sob o ângulo dos *princípios** da ciência, trata-se, na maior parte do tempo, de uma revisão e de uma extensão desses princípios em que os antigos reaparecem como consequências dos novos, num domínio de aplicação bem específico, ou seja, passam do estádio de princípios ao de *leis**.

Spin – Uma quantidade que caracteriza um sistema quântico, de mesma natureza que um momento cinético próprio. É um vetor de que só podemos especificar uma única componente e a grandeza total, ambas apresentando apenas valores quantificados, múltiplos de um valor elementar igual a $h/4\pi$. Se o sistema em questão for macroscópico, seu spin indica se ele gira ou não sobre si mesmo. Esta interpretação não é diretamente válida para uma partícula.

Teorema – Nas matemáticas e na lógica, uma proposição estabelecida como verdadeira enquanto consequência da verdade imposta dos *axiomas** por uma demonstração.

Universo de discurso – Vide *Campo de proposições*.

Verdade – Na lógica, a verdade caracteriza-se pela possibilidade de atribuir um valor 1 (verdadeiro) ou 0 (falso) a uma proposição. Na lógica e nas matemáticas, os *axiomas** são postos como verdadeiros por hipótese e os *teoremas** são proposições estabelecidas como verdadeiras com a ajuda de uma demonstração. Nas ciências da natureza, e em particular na física, os fatos observados são considerados verdadeiros. Na mecânica quântica, existem *propriedades** verdadeiras que não são fatos observados diretamente, mas sim consequências desses fatos (vide *Crível*).

ÍNDICE ONOMÁSTICO

Abel, Niels Henrik (1802-1829), p.91
Abelardo, Pedro (1079-1142), p.40
Agostinho, Santo (354-430), p.134, 251, 267
Alberto, o Grande, santo (cerca de 1193-1280), p.38, 43
Alembert, Jean le Rond d' (1717-1783), p.77-8
Alexandre, o Grande (356-323), p.76
Ampère, André Marie (1775-1836), p.64-6
Anaximandro (610 – depois de 546 a.C.), p.13, 86
Arago, François (1786-1853), p.61-2
Aristarco de Samos (310-230 a.C.), p.46, 48
Aristóteles (384-322 a.C.), p.33-7, 42, 46, 52, 73, 87, 128, 209, 248, 266, 290, 296
Arnauld, Antoine (1612-1694), p.38
Arquimedes (287-212 a.C.), p.51, 59, 73, 122, 124, 128
Avenarius, Richard (1843-1896), p.97
Avogadro, Amedeo di Quaregna e Ceretto, conde (1776-1856), p.164

Bachelard, Gaston (1884-1962), p.249
Bacon, Francis (lord Verulam), p.9, 26, 87-91, 192, 224, 247, 271-2, 284, 295
Banach, Stefan (1892-1945), p.138
Bell, John, p.181, 224, 230
Bernardo de Claraval, santo, p.42, 109
Bernoulli, Daniel (1700-1782), p.77, 162
Bessel, Friedrich (1784-1846), p.81, 83
Biot, Jean-Baptiste (1774-1862), p.61, 64-7
Birkhoff, George David (1884-1944), p.204, 209
Bitbol, Michel, p.105 n.1
Bohm, David, p.181, 236
Bohr, Niels (1885-1962), p.19, 20, 105 n.1, 166-7, 169-71, 175-84, 192, 210-1, 217, 224, 228, 232, 241, 305-6, 308
Bolyai, János (1802-1860), p.78
Bolzano, Bernhard (1781-1848), p.84
Boole, George (1815-1864), p.110-1, 113, 117, 119, 209, 302
Born, Max (1882-1970), p.169-70
Boscovitch, Roudjer Yossif (1711-1787), p.266
Bourbaki, Nicolas (autor policéfalo formado em 1933), p.112, 127, 144
Brahé, Tycho (1546-1601), p.49, 50, 275
Broglie, Louis de (1892-1987), p.168-72, 175, 181, 283

Broglie, Maurice de (1875-1960), p.169
Brouwer, Luitzen Egbertus Jan (1881-1966), p.143
Brown, Robert (1773-1858), p.163
Bruno, Giordano (1548-1600), p.48-9
Burali-Forti (paradoxo de), p.130

Caldeira, p.228
Cantor, Georg (1845-1918), p.84-5, 109, 127-8
Cardano, Gerolamo (1501-1576), p.76
Carnap, Rudolf (1891-1970), p.104
Carroll, Lewis (Charles Lutwidge Dodgson, 1832-1898), p.193
Cauchy, Augustin (1789-1857), p.79-80, 83
Cavaillès, Jean (1903-1944), p.105
Cavendish, Henry (1731-1810), p.63
Cayley, Arthur (1821-1895), p.82
Changeux, Jean-Pierre, p.137 n.3, 140-1
Chasles, Michel (1793-1880), p.82
Chevalley, Catherine, p.105 n.1
Clarke, J., p.229 n.2
Cleland, A., p.229 n.2
Clemente de Alexandria (cerca de 150 – cerca de 215), p.33
Comte, Auguste (1798-1857), p.97, 306
Connes, Alain (1947), p.137-40
Copérnico, Nicolau (1473-1543), p.48, 267
Coulomb, Charles Augustin de (1736-1806), p.63, 66
Crick, Francis Harry Compton (1916), p.263
Crisipo (281-205 a.C.), p.33-8, 120, 209, 238

Dalton, John (1766-1844), p.163
Darbon, André, p.140, 142
Darwin, Charles (1809-1882), p.276
Dedekind, Richard (1831-1916), p.85, 124, 127-8
Demócrito (cerca de 460 – cerca de 370 a.C.), p.13, 16, 19, 20, 59, 162

Descartes, René (1596-1650), p.25, 31-2 n.3, 33, 52-4, 56, 59-61, 76, 89-91, 94, 112, 136, 162, 266, 269, 271-3, 282
Devoret, M., p.229 n.2
Dieudonné, Jean (1906), p.107 n.1, 137, 142
Diofanto (cerca de 325 – cerca de 410), p.75
Diógenes, o Cínico (cerca de 413 – cerca de 327 a.C.), p.261
Dirac, Paul (1902-1984), p.169, 172, 282
Du Fay, Charles François de Cisternay (1698-1739), p.63
Duhem, Pierre (1861-1916), p.266-7, 274
Duns Scot, John (cerca de 1266-1308), p.43

Eco, Umberto (1932), p.41
Ehrenfest, Paul, p.217
Einstein, Albert (1879-1955), p.51, 56-7, 90, 99, 152, 156-62, 164, 167, 169-71, 175, 181, 225, 228, 236, 239, 250, 252-3, 274, 283, 297
Eliade, Mircea (1907-1986), p.252-3
Engels, Friedrich (1820-1895), p.97
Epicuro (cerca de 341 – cerca de 270 a.C.), p.162
Eratóstenes (284-192 a.C.), p.46
Espagnat, Bernard d', p.105 n.1, 224, 235 n.3, 264-5, 303, 308
Espinosa, Baruch (1632-1677), p.25, 91, 134, 138, 276, 293
Esdras (século V a.C.), p.251
Estève, D., p.229 n.2
Euclides de Alexandria (século III a.C.), p.34-5, 37, 40-1, 53, 73-7, 78, 85, 99, 160
Euclides de Megara (cerca de 450 – cerca de 380 a.C.), p.34-5, 37-8
Eudoxo de Cnido (cerca de 406 – cerca de 355 a.C.), p.73, 85
Euler, Leonhard (1707-1783), p.77, 262
Everett, p.239-40

Faraday, Michael (1791-1867), p.64-6

Fermat, Pierre de (1601-1665), p.76
Feyerabend, Paul (1924), p.57, 271, 273
Feynman, Richard P. (1918), p.68, 172, 228, 274
Fitzgerald, George Francis (1851-1901), p.155, 160
Foucault, Léon (1819-1868), p.259, 270
Foucault, Michel (1926-1984), p.264
Fourier, Joseph (1768-1830), p.77, 80, 84
Franklin, Benjamin (1706-1790), p.63
Frege, Gottlob (1848-1925), p.109-10, 112, 115, 119, 124, 127-30
Fresnel, Augustin (1788-1827), p.61-2, 231

Galileu (1564-1642), p.52-3, 56, 88, 91, 158, 275
Galois, Evariste (1811-1832), p.81
Gauss, Carl Friedrich (1777-1855), p.64-6, 77-8, 124, 161
Gay-Lussac, Louis Joseph (1778-1850), p.62, 163
Gell-Mann, Murray (1929), p.188 n.1
Gennes, Pierre-Gilles de, p.152
Gergonne, Joseph Diez (1771-1859), p.82
Gödel, Kurt (1906-1978), p.121, 128, 131-2
Gray, Stephen (cerca de 1670-1736), p.63
Griffiths, Robert, p.63, 188 n.1, 205-9, 211, 231, 235-6
Grimaldi, Francesco Maria (1618-1663), p.60
Guilherme de Occam ou de Ockham (? - 1349 ou 1350), p.38, 40-1, 43

Hamilton, sir William Rowan (1805-1865), p.62, 68, 306
Hartle, James, p.188 n.1
Hegel, Georg Wilhelm Friedrich (1770-1831), p.97
Heidegger, Martin (1889-1976), p.21, 55, 91, 241, 293, 295, 307
Heisenberg, Werner (1901-1976), p.169-72, 175, 179, 194, 274, 283, 308
Hepp, Klaus, p.228, 230

Heráclito (cerca de 576 – cerca de 480 a.C.), p.6, 18, 21, 39
Hermite, Charles (1822-1901), p.81, 85, 137
Hertz, Heinrich (1857-1894), p.69, 165
Hilbert, David (1862-1943), p.86, 108, 127-8, 130-1, 138, 144, 161-2, 169
Hiparco (século II a.C.), p.45, 47, 267
Hípaso de Metaponto, p.30 n.1
Hooke, Robert (1635-1703), p.57, 60
Hubble, Edwin Powell (1889-1953), p.250
Hume, David (1711-1776), p.25, 44, 95-7, 99, 143, 147, 180, 191, 246, 248, 256, 284-5, 306
Husserl, Edmund (1859-1938), p.55, 89, 97, 100, 307
Huygens, Christian (1629-1695), p.53, 60-1

Jacobi, Carl Gustav (1804-1851), p.81
James, William (1842-1910), p.97
Jevons, p.110
Joos, p.228
Jordan, Pascual (1902), p.170

Kant, Emmanuel (1724-1804), p.26, 55, 78, 96-100, 105, 156, 180, 192, 246, 251, 285
Kekule von Stradonitz, August (1829-1896), p.275, 278
Kepler, Johannes (1571-1630), p.45, 49, 52-3, 56-7, 167, 260, 258-9, 275
Klein, Felix (1849-1925), p.82
Kneale, William e Martha, p.27 n.1
Koestler, Arthur (1905-1983), p.278
Kuhn, Thomas, p.73, 262-4, 306, 308

Lagrange, Joseph Louis de (1736-1813), p.58, 68, 77, 306
Lakatos, Imre, p.145-6
Laplace, Pierre Simon de (1749-1827), p.58, 61, 64, 67, 77-8, 198
Le Ny, Jean-François, p.285
Legendre, Adrien Marie (1752-1833), p.81, 83

Leggett, Anthony, p.228-9, 231
Leibniz, Gottfried Wilhelm (1646-1716), p.25, 38, 77, 79, 106, 110, 134, 140, 142, 293
Leonardo da Vinci (1452-1519), p.60
Leucipo (cerca de 460 – cerca de 370 a.C.), p.13, 59, 162
Lévi-Strauss, Claude (1908), p.280
Lieb, p.228
Lobatchevski, Nikolaï Ivanovitch (1792-1856), p.78
Locke, John (1632-1704), p.44, 91-2, 94-5, 256
Lorentz, Hendrik Antoon (1853-1928), p.156-7, 159, 163
Lucrécio (cerca de 98 – cerca de 55 a.C.), p.59, 162

Malebranche, Nicolas (1638-1715), p.25
Mandel, Louis Georges (1885-1944), p.260, 263
Martinis, J., p.229 n.2
Marx, Karl (1818-1883), p.97
Maxwell, James Clerk (1831-1879), p.45, 64-9, 100, 151, 154, 168, 171, 178, 263, 266, 303
Mendeleiev, Dmitri Ivanovitch (1834-1907), p.168, 173
Michelson, Albert (1852-1931), p.155, 303
Mill, John Stuart (1806-1873), p.306
Morgan, A. de, p.111
Morley, Edward Williams (1838-1923), p.155

Neumann, Johannes von (1903-1957), p.172, 181, 204-5, 209
Newton, Isaac (1642-1727), p.54-8, 61, 63, 65,67-8, 77, 83, 106, 152, 154, 157-9, 161, 168, 171, 178, 180, 194, 197-9, 215-7, 219-20, 258-62, 268-70, 275-6, 283, 307
Nicolau de Cusa (Nikolaus Krebs ou Chrypffs, dito (1401-1464)), p.134
Nicole, Pierre (1625-1695), p.38

Nietzsche, Friedrich (1844-1900), p.26, 28

Oersted, Christian (1777-1851), p.64
Ohm, Georg Simon (1789-1854), p.64, 71, 258
Omnès, Roland, p.188 n.1
Oresme, Nicolas ou Nicolau (1320-1382), p.52

Parmênides (cerca de 544 – cerca de 450 a.C.), p.13, 15, 17, 34, 39, 46
Pascal, Blaise (1623-1662), p.182, 269, 291
Pauli, Wolfgang (1900-1958), p.169, 173
Peano, Giuseppe (1858-1932), p.115, 119, 124-5, 127-8
Penrose, Roger, p.176 n.1, 273
Perrin, Jean (1870-1942), p.164
Piaget, Jean (1896-1980), p.92, 284
Pico della Mirandola, Giovanni (1463-1494), p.256
Pierce, C. S., p.111
Pitágoras (século VI a.C.), p.13-4, 16, 28-30, 50, 73-4, 136, 138
Planck, Max (1858-1947), p.166-7, 170, 216, 261, 308
Platão (428-347 a.C.), p.31-4, 36, 39, 42-3, 73, 87, 134, 136-7, 292, 294-5
Plotino (cerca de 205-270), p.122, 135, 292-4
Plücker, Julius (1801-1868), p.82
Podolsky, p.181, 236
Poincaré, Henri (1854-1912), p.45, 51, 128, 144
Poisson, Denis (1781-1840), p.62, 64
Poncelet, Jean Victor (1788-1867), p.82
Popper, Karl Raimund (1902), p.104, 274, 276-7, 280
Posidonius (cerca de 135 -51 a.C.), p.267
Priestley, Joseph (1733-1804), p.63
Protágoras (cerca de 485 – cerca de 411 a.C.), p.15
Ptolomeu de Alexandria (90-168), p.48, 258, 267

Quine, Willard van Orman (1908), p.104
Rayleigh, John William Strutt, lord (1842-1919), p.164
Richard (paradoxo de), p.130
Riemann, Bernhard (1826-1866), p.78-9
Roscelino (século XI), p.43
Rosen, p.181, 237
Russell, Bertrand (1872-1970), p.42, 100, 104, 112, 127-30, 137, 140, 143
Rutherford, Ernest (1871-1937), p.164-6, 257

Savart, Félix (1791-1841), p.64-7
Schelling, Friedrich Wilhelm Joseph von (1775-1854), p.97
Schrödinger, Erwin (1887-1961), p.105 n.1, 169, 171-2, 175, 181, 183, 200, 207, 215-7, 223, 226, 233
Simplicius (primeira metade do século VI), p.267
Snell van Royen, Willebrord (1580 ou 81-1626), p.59
Sócrates (cerca de 470 – 399 a.C.), p.34-5, 73, 162, 297
Sommerfeld, Arnold (1868-1951), p.168, 171
Stark, Johannes (1874-1957), p.168
Stevin, Simon, dito Simon de Bruges (1548-1620), p.51
Stieljes, Thomas Jan (1856-1894), p.137

Tales de Mileto (cerca do final do século VII ou início do século VI a.C.), p.29, 72
Tarski, Alfred (1901-1983), p.196
Tartaglia (Niccolo Fontana, dito) (cerca de 1499 – 1557)), p.76
Thom, René (1923), p.144
Thomson, sir Joseph John (1856-1940), p.163
Tomás de Aquino, Santo (1228-1274), p.39, 268

Van Heijenoort, Jean, p.122n.1, 130 n.3
Verlet, Loup, p.54 n.1, 187 n.1
Vernon, Philip E., p.228
Volta, Alessandro (1745-1827), p.64
Voltaire [1694-1778], p.171, 199

Wallis, John (1616-1703), p.53
Watson, sir William (1715-1787), p.63
Watson, James Dewey (1928), p.263
Wegener, Alfred Lothar (1880-1930), p.256
Weierstrass, Karl (1815-1897), p.80, 85
Whitehead, Alfred (1861-1947), p.100, 112, 127, 143
Wilder, Raymond, p.144
Wittgenstein, Ludwig (1889-1951), p.90, 100, 104

Young, Thomas (1773-1829), p.61, 231, 304

Zeeman, Pieter (1865-1943), p.168
Zeh, p.228
Zenão de Eléia (cerca de 490 ou 485 a.C.), p.21, 39, 86
Zermelo, Ernst (1871-1953), p.131
Zurek, Wojciech, p.188 n.1

ÍNDICE REMISSIVO

Ação
　distância, 58; como quantidade matemática, p.58
Álgebra, p.75-6
Antinomias kantianas, p.99
Aporia, p.38
Astronomia, p.45-51
Axiomas, p.74, 301
　da aritmética, p.120

Cálculo integral, p.77
Campo de proposições, p.301
　vide Universo de discurso
Campo eletromagnético, p.65-6
Ciências cognitivas, p.92-4
Cinemática, p.193
Clássico, p.106
Coerência (na axiomática), p.121
Complementaridade, p.179-81, 209-11, 306
Comutatividade, p.202-4, 302
Conjectura, p.144
Conjuntos: vide Teoria dos conjuntos
Constante de Planck, p.166
Corrente de deslocamento, p.67
Correspondência, p.217
Curvatura, p.160-1

Dado de uma medida, p.231
Decoerência, p.228-31, 302
Denkbereich: vide Universo de discurso
Determinismo, p.197-9, 220-3
Difração, p.60-2, 302

Eléctron, p.163
Elementos de realidade, p.237
Eletromagnetismo, p.62-9
Empirismo, p.91
Energia, p.302
　de massa, p.157
Epiciclo, p.47
Epicicloide, p.47
Episteme, p.264
Escâncara, p.21, 238-42, 303
Espaço absoluto, p.55-6
Espaço-tempo, p.161, 303
Espectro atômico, p.167
Éter, p.58-61, 303
Excêntrica, p.47
Explicação, p.265-7

Fenômenos, p.98
Formal, p.104, 107-9

Formalismo (na filosofia das matemáticas), p.143
Formas platônicas, p.31-3
Fóton, p.170, 174
Frequência e probabilidade, p.182
Função
   contínuas, p.84; lógicas, p.36-7; de onda, p.170, 304 (vide também *Redução da função de onda*)
Geodésica, p.160
Geometria
   analítica, p.76; "moderna", p.82; não euclidiana, 78-9, 160-2
Gravitação
   na teoria newtoniana, p.56-7; na teoria relativista, p.157-62
Histórias, p.205-8, 304
   coerentes, p.207
Ideias
   a priori, p.97-8
   platônicas, p.31-3
Implicação, p.36, 111, 193, 206
Impulsão, p.304
Indução
   como método, p.62; eletromagnética, p.65-7
Inferência: vide *Implicação*
Infinito, p.83-6, 122-5
Integral, p.86
Interferências, p.61, 207, 225-31, 304
Interpretação, p.177-9, 304
Intuicionismo, p.143

Leis, p.95, 259, 305
Lógica, p.27-44, 109-12;
   na mecânica quântica, p.208-11
Logicismo, p.143
Logos, p.91, 290-6
   platônico, p.31

Massa
   gravitacional, p.159-60; inercial, p.158-9
Matrizes, p.82, 170-2

Mecânica
   clássica, p.51-8 matricial, p.170; ondulatória, p.171; quântica, p.18, 105, 177-84, 185-242
Metalinguagem, p.116, 305
Método
   de quatro tempos, p.274-276; axiomático, p.118-22; estruturalista, p.280-1
Modus ponens, p.40-1, 234, 305
Movimento browniano, p.164

Negação, p.111
Nominalismo, p.43, 141-44

Objetividade, p.305
Objeto, p.214
Observável, p.200, 305
Operador, p.179, 200-1
Óptica, p.58-62, 305-6

Paradigma, p.73, 262-3, 306
Paradoxo, p.38-41
   de Einstein, Podolsky e Rosen, p.236-8; e mecânica quântica, p.210; do mentiroso, p.39-40; de Zenão, p.39
Positivismo, p.306
Postulado, p.74
Pragmatismo, p.95-6, 306
Princípio, p.258
   de menor ação, p.58, 68-9, 306; de inércia, p.52, 56; do terceiro excluído, p.35; fundamental da dinâmica, p.56-7
Probabilidade, p.182, 206-8
Projeto cartesiano, p.21, 91, 241, 307
Projetor, p.201, 307
Proposição, p.35, 115-8, 195, 301
   crível, p.236, 302; verdadeira, p.235-6
Propriedade, p.201, 307
Prova, p.145

Quantidade física, p.200, 205
Quantum, p.166n.2

Radiação do corpo negro, p.165
Real, p.90-1
Realismo, p.33, 43, 60, 264-70, 307
   matemático, p.33, 136-41

Redução da função de onda, p.181-4,
    232-4, 239
Referencial, p.158-9, 161
Refração, p.59-60
Regras empíricas, p.257-8, 308
Relações de incerteza, p.308
Relatividade, p.105, 154-7
Representação, p.255-7
Resultado de uma medição, p.231
Retina, p.93
Revoluções científicas, p.362-4, 308-9
Ruptura, p.118

Sagrado, p.249
Salto quântico, p.167
Semântica, p.35
Senso comum, p.192-4, 197
Série, p.83
Silogismo, p.34

Sociologismo matemático, p.144-7
Spin, p.309

Tempo absoluto, p.55-6
Teoria do conhecimento, p.288-90
Teoria dos conjuntos, p.109-16, 127-31
Teoria da medida, p.230-2
Transformações por polares recíprocas,
    p.82

Ultrafinitistas, p.147
Universo de discurso, p.34, 110, 193, 301
Universais, p.41-4

Variáveis coletivas, p.215
Verdade, p.145-6, 309
    na mecânica quântica, p.234-8; e
    método axiomático, p.118-22

SOBRE O LIVRO

Coleção: Biblioteca Básica
Formato: 14 x 21 cm
Mancha: 25 x 44 paicas
Tipologia: Goudy Old Style 11/13
Papel: Pólen 80 g/m² (miolo)
Cartão Supremo 250 g/m² (capa)
1ª edição: 1996

EQUIPE DE REALIZAÇÃO

Produção Gráfica
Edson Francisco dos Santos (Assistente)

Edição de Texto
Fábio Gonçalves (Assistente Editorial)
Nelson Luis Barbosa (Preparação de Original)
Ada Santos Seles e
Fábio Gonçalves (Revisão)
Oitava Rima Prod. Editorial (Atualização Ortográfica)

Editoração Eletrônica
Oitava Rima Prod. Editorial

Projeto Visual
Lourdes Guacira da Silva Simonelli

Impressão e acabamento